地球時代の日本の多文化共生政策

―― 南北アメリカ日系社会との連携を目指して

浅香幸枝
ASAKA Sachie

明石書店

まえがき

　1974年、17歳の夏休み、芭蕉の奥の細道を旅しようと思っていたが、偶然、叔母が新聞で米国カリフォルニア大学（UCLA）の夏期講習の案内を見つけ、初めての海外短期留学に出かけることになった。羽田空港からロサンゼルスまでは直行便がなく、途中ハワイのホノルルで乗り継いで行った。寝言で話すほど英語にのめり込んでいたが、UCLAの芝生のキャンパスで実感したのは、スペイン語を学ぶことによって拡がるラテンアメリカ世界の可能性だった。英語とスペイン語をマスターして国際関係論を学ぶことによって大きく活躍する舞台が開かれていくことが分かり、この道を選び進んできた。ラテンアメリカへの憧れは、父の膝に抱かれて『こども科学館』（国際情報社）を読んでもらっている3歳の頃から芽生えたものである。世界一小さいハチドリと美しい民族衣装にとても惹きつけられた。その憧れは今でも消えない。あれから52年が経ち、本書を公刊する運びとなった。

　本書は名古屋大学大学院国際開発研究科に提出した博士論文「地球時代の日本の多文化共生政策——漂泊と定住とトランスナショナル・エスニシティ」をほぼそのままに、注の番号などを読みやすい形に一部修正し、写真も加えたものである。その論文によって、2012年2月29日に博士（学術、論国開博第18号）が授与された。学位審査してくださった委員長の二村久則教授、高橋公明教授、内田綾子准教授にお礼申し上げる。また、2008年9月から2009年9月まで南山大学から留学の機会をいただき、同研究科に国内研究者として滞在した。2009年10月から2012年3月まで名古屋大学大学院非常勤講師として教えながら、博士論文を書くために世界中から集まって来た院生や研究者と一緒に過ごしたことはとても幸福な時間であった。

　本書の刊行に際しては、明石書店社長の石井昭男氏、編集部の兼子千亜紀氏、営業部の皆さんのお世話になった。記して感謝申し上げる。また、筆者の母校であり、勤務先である南山大学の教育・研究支援に感謝する。日本人移民の持つ絵葉書に魅せられてアルゼンチンから日本へ宣教に来られたゼミの恩師ペドロ・シモン南山大学名誉教授、グスタボ・アンドラーデ上智大学名誉教授、鶴見和子上智大学名誉教授の学恩にお礼申し上げる。紙幅の都合で全てを記すこ

とはできないが、本書が出来るまでに多くの方々の支援をいただいた。

　17歳の夏、ハワイのお土産屋さんの商品がとても日本人好みだったこと、日本人の顔をしていながら日本語が話せない店員さんが親切を超える好意を示したことに素朴な疑問を感じていた。それから38年が経ち、この論文をまとめて、ようやくその謎が解けた。南北アメリカ13カ国に拡がる日系人ネットワークと日本との関係の知られざる歴史を一緒にたどっていただければ幸いである。地球時代の日本の多文化共生政策を考えるための鍵がそこには隠されているからである。

　2012年11月

浅香　幸枝

地球時代の日本の多文化共生政策
南北アメリカ日系社会との連携を目指して

目　次

まえがき　3

序論　漂泊と定住とトランスナショナル・エスニシティ……………　11
　　第1節　研究の背景　11
　　第2節　研究目的　12
　　第3節　研究方法　16
　　第4節　先行研究　17
　　第5節　研究の意義と独創性　25
　　第6節　本書の構成　26

第1部　日本・ラテンアメリカ関係の歴史的背景

第1章　国際関係史における日系人の145年の歴史 ………………　36
　　第1節　海外におけるもうひとつの日本人史　36
　　第2節　拡散する日系人を見る視座と方法　37
　　第3節　国際関係史における日本人拡散の145年の歴史　39
　　第4節　21世紀における日系人の役割　44

第2章　ジャポニスムと日本人移民の受け入れ ………………………　48
　　第1節　ジャポニスムとソフトパワー　48
　　第2節　親日のラテンアメリカ　53
　　第3節　ラテンアメリカのジャポニスム　56
　　第4節　エンリケ・ゴメス・カリーリョの日本へのまなざし　60

第3章　アメリカ大陸における日本のイメージの変遷 ………………　72
　　第1節　ショーウィンドーとしての日系人　72
　　第2節　各国日系人リーダーの見た日本のイメージ　73
　　　（1）調査の概要　73
　　　（2）戦時中までの日系人の抱いた相互認識と歴史的背景
　　　　　（1920〜1945年）　75
　　　（3）太平洋戦争中の相互認識と市民権などの問題　78

(4) 太平洋戦争後の日本復帰に対する協力と相互認識
　　　　　（1945～1960年）　80
　　　(5) 日本の発展期（1960～1980年）　82
　　　(6) 1980年代、環太平洋時代における相互認識と交流
　　　　　（1980～1992年）　85
　　第3節　民間外交官としての日系人　88
　　第1部のまとめと暫定的結論　89

第2部　パンアメリカン日系協会と海外日系人協会

　　第4章　南北アメリカ日系社会の形成と日本における日系社会の形成 … 92
　　　第1節　南北アメリカ大陸への日本人移民の概要　92
　　　　　(1) アルゼンチンの日系社会　94
　　　　　(2) ボリビアの日系社会　94
　　　　　(3) チリの日系社会　95
　　　　　(4) パラグアイの日系社会　96
　　　　　(5) ペルーの日系社会　96
　　　　　(6) メキシコの日系社会　97
　　　　　(7) ブラジルの日系社会　98
　　　　　(8) カナダの日系社会　99
　　　　　(9) 米国の日系社会　100
　　　　　(10) ラテンアメリカからの出移民　101
　　　第2節　南北アメリカと日本をつなぐ二つの日系人組織　102
　　　　　(1) パンアメリカン日系協会と海外日系人協会　102
　　　　　(2) 新たな日系文化を目指して　103
　　　　　(3) 南北アメリカを超えて　106
　　第5章　パンアメリカン日系協会 …………………………………… 108
　　　第1節　パンアメリカン日系大会とは　108
　　　第2節　パンアメリカン日系大会の実像　117

(1) パンアメリカン二世大会以前の会合の歴史　117
　　(2) パンアメリカン日系（二世）大会の歴史と問題点　121
　　(3) パンアメリカン日系（二世）大会と海外日系人大会との比較　127
　　(4) 日系二世と日本に住む日本人をつなぐもの　133
　第3節　トランスナショナル・エスニシティの可能性　134
　第4節　フジモリ政権誕生のインパクト　136
　第5節　パンアメリカン日系協会と国際協力　137
　　(1) 国際スポーツ大会と移住記念行事への参加（1967～1981年）　137
　　(2) アイデンティティ摸索期（1981～1987年）――戦時賠償問題と
　　　鬼塚大佐が宇宙から持ち帰った八つの国旗そしてメキシコ大地震　138
　　(3) 日本文化ルーツ期（1987～1990年）――戦時賠償問題解決と「デカ
　　　セギ問題」　141
　　(4) フジモリ大統領誕生と国際協力（1990～1992年）　142
　第6節　各国市民からパンアメリカン市民へ　145

第6章　海外日系人協会 ……………………………………………… 148
　第1節　海外日系人協会とは　148
　第2節　海外日系人協会の歴史（1957～2011年）　149
　第3節　新しい時代の海外日系人協会の役割　152
　第2部のまとめと暫定的結論　155

第3部　日本の多文化共生とラテンアメリカ

第7章　日本の多文化共生政策 ……………………………………… 158
　第1節　内発的発展論の視座から　158
　第2節　多様な日本・日本人の現状　160
　第3節　多文化共生概念が生まれた背景　168
　第4節　多文化共生政策の指針　172
　第5節　東海地域の事例から　175
　第6節　国民的なコンセンサスに向けて　179

第8章　日本の多文化共生政策決定過程 …………………………… 181
　　第1節　政策決定過程論の視座　181
　　第2節　日本の多文化共生政策の概観と特徴　182
　　第3節　日本に住む外国人の概要　186
　　第4節　「循環移民」という視座——出稼ぎとデカセギ　190
　　第5節　日本の多文化共生政策の問題　194

第9章　1990年「出入国管理及び難民認定法」の改正施行がもたらした
　　　　南北アメリカ日系社会の変化とネットワーク …………………… 197
　　第1節　地球時代の人口移動　197
　　第2節　人口移動と1990年入国管理法改正による日本と日系社会の
　　　　　　変化　198
　　　(1)　1985年と1990年の人口構成変化　198
　　　(2)　2003年度の国内の外国人と海外の在留邦人　200
　　　(3)　人間の安全保障と多様な文化・生き方　202
　　第3節　多文化共生と新たな文化・社会の創造を目指して　204
　　　(1)　多様な構成員と多様な可能性　204
　　　(2)　統合された多文化共生　205
　　　(3)　南北アメリカ大陸と日本を結ぶ日系人　206
　　　(4)　インターネット時代の日本人・日系人組織の構造と機能について　207
　　　(5)　「循環移民」と「開発」の視点から考察　212
　　第4節　連携を求めて　214
　　第3部のまとめと暫定的結論　216

結論　21世紀の日本の多文化共生政策のための提言 ………………… 219

参考文献　227

序論
漂泊と定住とトランスナショナル・エスニシティ

第1節　研究の背景

　長い鎖国時代（1639〜1853年）の後、1868年、明治元年に日本人のディアスポラは始まった。ハワイ、米国、カナダ、メキシコ、ブラジル、ペルー、アルゼンチン、パラグアイ、ボリビア、チリ、ベネズエラ、ウルグアイ、コロンビア、ドミニカ共和国、そしてアジア太平洋地域へと出かけていった。2005年の外務省の『外交青書』によれば、日系人（日本国籍を持つ永住者、および日本国籍を持たないが日本人の血統をひく者〔帰化一世、二世〕を含む）は約260万人である[1]。また、2011年の『外交青書　要旨』の「第4章　国民とともにある外交」では、海外に渡航する日本人は年間延べ1600万人に達し、海外に在留する日本人は年々増加し、約113万人（2009年10月現在）が国際社会の様々な分野や地域で活躍しており、日本との「架け橋」となって関係緊密化に貢献してきた日本人移住者や日系人の存在は日本が開かれた国を目指す外交を進める上で重要な資産であると捉えている[2]。一方、日本に入国する外国人は2010年には年間約944万人となり、日本に長期滞在する外国人（外国人登録者）は、2009年末で約219万人であり、長期滞在にともない、教育、雇用、住居などの分野で様々な問題が生じ、2005年から、地方自治体や国際移住機関（IOM）と共同で国際シンポジウムやワークショップを開催し解決を目指しているとしている。

---

[1]　外務省『外交青書　2005』太陽美術、2005年、285頁。
[2]　外務省『平成23年版　外交青書　要旨』2011年4月、31–33頁。

2005 年は、日本の人口において分水嶺となる年であった[3]。日本における外国人登録者数が 200 万人を超え、出身国も 186 カ国にわたるようになった。同時に 2004 年を頂点に初の人口減少が始まったからである。このため、国力維持のために外国人を含む人口増加策が必須と考えられるようになった。日本で多文化共生のガイドラインが総務省から示されたのは、2006 年 3 月のことであった[4]。しかし、2008 年 9 月の米国発の金融危機と急激な円高により、G7 の先進国を中心とする経済は悪化し、新興国が世界経済を牽引するようになった。さらに、2011 年 3 月 11 日に東日本を襲った大震災とその後の福島第一原子力発電所の事故は、主要同盟国であり民主主義と自由、技術革新、自律、構想力という米国のソフトパワーにもかかわらず、日本自身の身の丈にあった生き方を深く考えさせられるものであった。

とりわけ、日本が外国人移民を受け入れる代わりに、海外へ政府開発援助（ODA）を増やし、現地の人たちの自律を支援し、災害援助をしてきた実績に対し、海外から惜しみなく支援の手が差し伸べられた。外務省のホームページ[5]によると、2011 年 4 月 22 日時点で、142 カ国・地域および 39 国際機関からの支援の申し出があり、20 の国と地域（イスラエル、イタリア、インド、インドネシア、英国、韓国、豪州、シンガポール、スイス、中国、ドイツ、トルコ、ニュージーランド、フランス、米国、南アフリカ、メキシコ、モンゴル、ロシア、台湾）からの緊急援助隊および医療チーム、国連人道問題調整部（UNOCHA）、国際原子力機関（IAEA）専門家チームおよび国連世界食糧計画（WFP）が日本で活動を行なった。今回は、甚大な被害であったがゆえに、日本人とは何か、世界と共に生きるとはどういうことか、何が本質的に必要なのかを日本全体で考える機会となった。

第 2 節　研究目的

本書では、「地球時代の日本の多文化共生政策」を分析考察することを目的としている。文化を運ぶ人の移動を考察することによって、日本における多文化共生政策を地球時代にふさわしい日本の生き残り策として考察提言しようというものである。本研究は「漂泊と定住」「トランスナショナル・エスニシティ」をキーワードとして分析を試みる。この概念枠組みを利用して、145 年に及ぶ

日本人のディアスポラを射程に入れながら、地域の実情にあった日本人の海外発展のあり方を鳥瞰し、その中から日本の多文化共生政策を検討提案しようというものである。

　今日の日本の課題は、多様な文化背景を持つ外国人と共生し、地球時代に諸外国と良好な関係をいかに維持発展させるかにかかっていると言っても過言ではない。多文化共生の問題を論じる時、米国、カナダ、オーストラリア、イギリス、フランスを事例に研究されることは多いが、ラテンアメリカも移民受け入れ国であるのに話題になることが少ない。ラテンアメリカは日本人移民の最大受け入れ地域でもあり、ブラジル、ペルー、アルゼンチン、メキシコ、ボリビアの順に多く受け入れている。また、日本はかつて移民政策をもって海外に日本人を送り出していた145年の移民の歴史があるのに、その拡がりに言及しながら諸外国との関係を踏まえ、日本の多文化共生政策について論じられることは現在までのところなく、国内における諸問題に限定されている。筆者は、日本人一人ひとりのレベルから家族のレベル、地域社会のレベル、くにレベル、国民国家レベル、国際関係レベル、インターネットレベルの七つのレベルにおいて、多様な文化を持つ人の移動を考察することによって、日本の多文化共生政策を分析し、21世紀にふさわしいあり方を提言しようとしている。その分析の鍵概念が「漂泊と定住」と「トランスナショナル・エスニシティ」である。

　北米において日本人移民は帰化不能外国人として差別の対象となったが、南米ではそのように捉えられることがなかった。北米が移民の定住化を目指す型であったのに対してスペイン帝国の一員であった中南米は、1492年以来人々が本国と植民地をガレオン船で行ったり来たりしており、日本人移民や日系人が「出稼ぎ、デカセギ」と言っているのに近い社会状況であったからではないかと考える。そこでは北米のように植民地を開拓して定住するという１パターンだけではなく「漂泊と定住」という循環型の植民の型が存在したと言える

3　財団法人日本統計協会『統計でみる日本　2007』2006年11月、8-9頁、44頁。
4　総務省自治行政局国際室長、各都道府県・指定都市外国人住民施策担当部局長宛「地域における多文化共生推進プランについて」総行国第79号、2006年3月27日。
5　外務省「東日本大震災」（2011年4月23日にアクセス）
　　http://www.mofa.go.jp/mofaj/saigai/index.html#link_3

のではないか。「漂泊と定住」は、柳田国男の研究と自らのフィールドワークを基に鶴見和子 (1977) が提案した社会変動論である[6]。柳田民俗学の主役常民は原始により近い人々であり、デューイのコモン・マンを原型としている[7]。常民は、漂泊民との出会いによって覚醒され活力を得たり、あるきっかけで一時的に漂泊することによって社会変動の担い手になる[8]。定住者と漂泊者との関係は三つある[9]。第一が定住者の漂泊者に対するいわれない差別と蔑視、第二が交易の対象、第三が定住者の漂泊者への渇仰である[10]。

漂泊者は七つあり、第一が信仰の伝播者、第二が技術者集団、第三が芸能者集団、第四が山人、第五が旅人、第六が職業としての一時漂泊および職業を求めての一時漂泊（行商、出稼ぎ、国内の移住および国外への移民が含まれている）、第七がカミガミの漂泊と定住である[11]。

定住の場としての共同体は閉ざされた小宇宙ではなく、漂泊のカミガミとヒトが定住のカミとヒトに出会う場と設定されている[12]。鶴見は、定住者が大地であるとすれば漂泊者は水に例えることができ、循環し、両者が支え合っている関係であると話していた。日本帝国の時代であれば、国外への移住はこの枠組みで考えると理解しやすい。

しかし、第二次世界大戦の日本の敗北により外国籍となった日系二世の人々は 1981 年に国境を越えパンアメリカン二世大会を開催した。そこでは、日本と移住国とを行き来する漂泊と定住ではなく、Nikkei という宙に浮いたようなアイデンティティが摸索された。この大会は２年に一度南北アメリカで開催され、定住の地は南北アメリカである。ここで見られるアイデンティティは日本と移民という縦のつながりとして従来観察されていたものとは別の種類のものである。本書ではこれを「トランスナショナル・エスニシティ」と定義する。今後日本人が世界に進出して行く時、現地化し、日本のルーツの誇りと良さを活かして生きていく方法を先取りしている。また、柳田国男の「漂泊と定住」が定住者の視点によるものなのに対して、この「トランスナショナル・エスニシティ」は漂泊者が国外に定住した視点であり、鶴見が指摘し得なかったものである。

「トランスナショナル・エスニシティ」、国境を越える言語、価値観、歴史を共有する集団意識は、自己のアイデンティティが確かな一世や三世と異なり、

二世の人たちが実際の国境を越えた空間に横のつながりとして自らの「Nikkei」というアイデンティティを見出したものである[13]（浅香、1990）。1980 年代のパンアメリカン日系大会に見られる現象で、1990 年の「出入国管理及び難民認定法」の改正施行により、かつての日本帝国時代の「漂泊と定住」が復活している。ただし、国籍が日本ではなく、日本に文化的ルーツ、血縁を感じる人々の間では Nikkei というアイデンティティが今日でも南北アメリカ 13 カ国の人々を一つにつないでいる。これは日本人でも Japanese American でも Mexicano japonés でもない特別なものである。このような Nikkei アイデンティティを持つ者は、現地社会で有力なエリートたちである。

　ラテンアメリカ地域は、1492 年のコロンブスの新大陸「発見」以来、最もグローバル化（地球化）が進行した地域と位置付けることができる。植民地争奪戦に後発に加わったアングロサクソンのイギリスにより「黒い伝説」が流布され、国際社会であたかも他民族・異文化に不寛容であるような誤ったイメージが宣伝された。しかし実際にはイベリア半島の伝統は、異民族との混血に寛容であり、異文化を自らの文化に取り込むという「ハイブリッド型＝混血型」の文化形態を持ち、その伝統をラテンアメリカに拡大していったというのが正しい。その文化伝統の中では日本および日本文化は近代主義＝モデルニズモを象徴しており、日本人が日本人であることで尊敬を受けており、ありのままの自画像を受け入れられやすい地域でもある。このことは日本ではあまりに知らされていない。本研究では、この点も明らかにする。日本文化と言った時には、地方文化の様々な様態を含んでおり、多様なサブ・カルチャーも含む、日本人とか日本的な行動様式や価値観を含んでいる。

6　鶴見和子『漂泊と定住と――柳田国男の社会変動論』筑摩書房、1977 年。
7　同上、7 頁。
8　同上、202 頁。
9　同上、203 頁。
10　同上、203 - 205 頁。
11　同上、206 - 209 頁。
12　同上、212 頁。
13　浅香幸枝「トランスナショナル・エスニシティ――1980 年代パンアメリカン日系大会の事例研究」『ラテンアメリカ研究年報』第 10 号、日本ラテンアメリカ学会、1990 年、15 - 48 頁。

第3節　研究方法

　本研究は、1981年から始まったパンアメリカン日系大会と、海外日系人大会（1957年〜）に参加するという参与観察および関係者にインタビューすることを中心に資料収集することを基本データとしている。詳細な資料は各章に記してある。研究成果は公刊後、インタビューに協力くださった方たちや関係者にお渡しするということを長年続けてきた。そのため、関係者と研究者の間で相互作用が生じ互いに影響を与え合っている。同時代を生きる者として、日本に棲む日本人としてどのように研究成果がこれからの日本外交と日系人を結びつけるのかという課題を研究するようになったのは、このような理由からである。また、上智大学大学院のグスタボ・アンドラーデ教授からは、ラテンアメリカ研究をする際に日本人だからこそ貢献できる視点を持つように助言を受けたことも大きい。また、師からは実行されている政策が一体誰の利益になるのかを研ぎ澄まされた目で見ることの重要性を教えられた。

　幸い、スペイン語と英語、時々日本語の三つの言語を利用して、相手に応じてインタビューできたことは、相手に親近感を与え、その人が持つ言語世界の文脈で理解が可能となった。微妙な感じ方はそれぞれの慣れ親しんだ言葉でないと伝わらない。スペイン語圏、英語圏、日本語圏のそれぞれの文化圏独自の感じ方、共感の仕方があり、筆者はその言語を用いることによってインタビューの最中に相手に深く共鳴しており三つの言語世界の持つ楽しさと拡がりを同時に味わっていた。

　また、政策については日本政府の公式資料を利用し、世論の関係では、『日本経済新聞』『朝日新聞』『中日新聞』を中心に分析した。また、外国人集住都市会議や経団連の資料も分析対象としている。

　このようなデータを総合的に利用し本書を作成した。一次資料を分析する枠組みとしては、鶴見による柳田国男の仕事と現地調査から形成された日本独自の内発的な「漂泊と定住」理論（1977）と1980年代パンアメリカン日系大会から抽出された「トランスナショナル・エスニシティ」論（1990）を用いる。本書は「第1部　日本・ラテンアメリカ関係の歴史的背景」「第2部　パンア

メリカン日系協会と海外日系人協会」「第3部　日本の多文化共生とラテンアメリカ」の3部構成から成る。「漂泊と定住」「トランスナショナル・エスニシティ」の鍵概念を第1部では通時比較検討し、第2部では共時比較分析をする。第3部ではこれらの鍵概念から地球時代の日本の多文化共生をラテンアメリカとの関係を視座に入れモデル化を図る。日系人の南北アメリカへの移動と定住、日系人組織、日本へのデカセギを主な対象とした日本の多文化共生政策を検討し、21世紀の展望を考察する。理論分析することにより、現在生じている人の移動と異文化理解の問題のメカニズムが明らかになり、予測可能性が高まると考えられるからである。

第4節　先行研究

　近年の人の移動に関する研究は、グローバル化する世界の中で送出国と受入国双方間のネットワークの中で、モノ、カネ、人と文化がどのように影響を与え合っているかということに焦点が当てられている。グローバル化とヒトの移動を研究していた国際労働力移動という視点の研究はあくまでも数量化可能なヒト、モノ、カネであった。今日では移動する人々のもたらす文化変容も研究の重要な射程に入っている。なぜならば、移民ほど人類の歴史の形成に決定的に作用してきた現象は他にあまりなく、課題と恩恵の双方を移民がもたらすからである[14]。すなわち、移民はヒトという単位ではなく、「文化を運ぶ人」として人類の歴史形成に影響を与えている。

　2010年11月に日本で開催されたアジア太平洋経済協力（APEC）首脳会議は自由貿易の推進を目指しており、人の移動もともなう大きな社会枠組みの変動が生じると予測される。その意味で『叢書　グローバル・ディアスポラ』全6巻[15]（駒井洋監修、2009～2011）が刊行されたことは時宜にかなっており、社会への貢献が期待できる。日本が、多様な国々と多文化共生を目指すために、

---

[14] OECD編、ブライアン・キーリー、濱田久美子訳『OECDインサイト3　よくわかる国際移民——グローバル化の人的側面』明石書店、2010年、3頁。
[15] 駒井洋監修、中川文雄、田島久歳、山脇千賀子編『叢書　グローバル・ディアスポラ6　ラテンアメリカン・ディアスポラ』明石書店、2010年。

受け入れ、送り出しの国レベルでwin-win、人レベルでwin-winとなる政策が求められている[16]。こうしたwinとは具体的に各地域の人によって異なるのか同じなのかという基本的なデータを本シリーズは提供している。

『ラテンアメリカン・ディアスポラ』[17]（中川、田島、山脇編、2010）はシリーズ第6巻であるが、第2回配本である。6冊のシリーズの比較分析の枠組みとなるのが、「ディアスポラ」という概念である。駒井は、ギリシア語の動詞でスピロ（種をまく）と前置詞ディア（分散する）からできた単語であり、古代ギリシア人はこれを移住や植民という意味で使用したと説明しながらも、本シリーズは、「転地先と出身地ないし出身共同体との両者に二重に帰属している人々」と最大公約数的な定義としている[18]。とりわけ、こうした移動する人々が、これからの地球文化とグローバルな統治の確立に貢献できるという視座を持っている。出身地別にディアスポラを検討し、出身地に由来する諸特徴をどのように保持しているか、そして出身地とディアスポラ内のネットワークを統一的に把握しようとしている。文化は変化するものと捉え、多文化主義を文化の新たな創造と捉える駒井らしい魅力的な切り口となっている[19]。ディアスポラはダブル・アイデンティティを持つ者とも言える。

『ラテンアメリカン・ディアスポラ』は、19世紀後半以降から現在に至るまでの出ラテンアメリカ状況を分析対象としており、ディアスポラのタイプを時系列順に5種類に分類している[20]。

①国境の移動／宗主国の変化によるディアスポラ（例：米墨関係、プエルトリコ）
②政治体制の変化（社会主義革命・軍政）にともなうディアスポラ（例：キューバ、ニカラグア等／アルゼンチン、チリ、ブラジル、ペルー等）
③内戦・暴力の蔓延によるディアスポラ（例：中米諸国、ハイチ、コロンビア等）
④経済的機会の追求によるディアスポラ（例：近年のエクアドル、ペルー、ブラジル等）
⑤知識人・専門職・アーティストによる文化ディアスポラ（例：フランスへの移住）

複合的な要因があるものの、このように分類整理することは、出移民を適正に受け入れ、人の移動と開発を考慮する際に重要である。政治、経済、文化的要因とも言い換えることは可能であり、とりわけ、①②③は政治的要因であり、長らく亡命という形でのラテンアメリカからの人々の移動、またスペイン、フ

ランコ時代のラテンアメリカへの亡命者があり、こうした人々が民主化、富の再分配を政策課題とするべく推進力になってきたことは、今日のスペイン語圏、ポルトガル語圏の民主化の状況を見れば納得のいくことである。

④の経済的機会の追求によるディアスポラは、1990 年以降経済的な動機が主となり国境を越えた者たちである。かつては移民して定住していたが、近年のグローバル化で循環移民（Circular migrants）となって出身地と移住地を行ったり来たりしている[21]（Vertovec 2009、浅香 2010、Audebert and Doraï 2010、カースルズとミラー 2011）。本書では移住先と母国の間を頻繁に行き来するトランスナショナル・マイグラントと呼んでいる[22]（中川、田島、山脇 2010）。

⑤の文化ディアスポラは文化の先進地への人の移動である。④と⑤の人の移動は地球が一つの棲み家となっていくことを示す事例と考えられる。しかしながら、現実には人々はパスポートによって越境を管理されており、どの国籍を持つかによって自由に地球を移動できるか否か、またそこに棲み働くことができるか決定される[23]（押川 2004）。その意味で移民により建国されたラテンアメリカの人々は地球時代において出身国へ戻り、重国籍が可能となり有利である。

---

[16] Asaka Sachie 'Globalizing Diversity and Tolerance through Children's Books: A Case Study of Japanese Picture Books Loved by Many Readers', The Seminar Sessions Presentation, *The 32nd IBBY World Congress, Congress Theme: The Strength of Minorities*, September 11, 2010 at Santiago de Compostela.

[17] 駒井洋監修、中川文雄、田島久歳、山脇千賀子編『叢書 グローバル・ディアスポラ 6 ラテンアメリカン・ディアスポラ』明石書店、2010 年。

[18] 駒井洋監修、駒井洋、江成幸編『叢書 グローバル・ディアスポラ 4 ヨーロッパ・ロシア・アメリカのディアスポラ』明石書店、2009 年、3－4 頁。

[19] 駒井洋『グローバル化時代の日本型多文化共生社会』明石書店、2006 年、128－131 頁。

[20] 駒井洋監修、中川文雄、田島久歳、山脇千賀子編、前掲書、12 頁。

[21] Vertovec, Steven, *Transnationalism*, Routledge Taylor & Francis Group, 2009, London and New York, pp. 119-122. 浅香幸枝「日本の多文化共生政策決定過程——1990 年『出入国管理及び難民認定法』改正施行以後から 2009 年改正まで」『ククロス：国際コミュニケーション論集』第 7 号、名古屋大学大学院国際開発研究科、2010 年、5－9 頁。Cédric, Audebert and Doraï, Mohamed Kamel eds. *Migration in a Globalised World: New Research Issues and Prospects*, Amsterdam University Press, 2010, p. 206. S. カースルズ、M. J. ミラー著、関根政美、関根薫 監訳『国際移民の時代 第 4 版』名古屋大学出版会、2011 年、87－88 頁。

[22] 駒井洋監修、中川文雄、田島久歳、山脇千賀子編『叢書 グローバル・ディアスポラ 6 ラテンアメリカン・ディアスポラ』明石書店、2010 年、283 頁。

ラテンアメリカ人のディアスポラを大航海時代にヨーロピアン・ヘゲモニーに組み込まれ、20世紀にアメリカン・ヘゲモニーが構築される土台としての役回りを与えられた関係性の中で捉え、これらに対抗するリージョナル・ナショナル・ローカルなレベルでの市民運動を特徴としている。2001年、ブラジル・ポルトアレグレで初めて開催された「世界社会フォーラム」に結実し、人権・民主主義・平和をともにした公正な社会づくりを目指していると指摘している。面白い視点であり、駒井の課題への一つの回答とも読み取れるが、移動した人々は多様であり、必ずしもこの市民運動や見方に収斂する人ばかりではないと思う。

1990年に入ってからラテンアメリカの多くの国にとり出移民の存在が国内政治との関係で議論されるようになった[24]（山脇2010）。本論文によれば、メキシコでは1996年、二重国籍を認める憲法改正、2005年から大統領選挙における在外投票、2003年外務省内の在外メキシコ庁が設置され、コロンビアでは1991年に二重国籍が保証され、在外コミュニティから国会議員の立候補が認められ、2003年には外務省によって政府・民間・NGO共同開発プログラムが立ち上げられている。ペルーやアルゼンチンにおいて2001年外務省内に在外国民コミュニティ課が創設され、在外国民に対する行政サービスを向上させるだけでなく、在外国民の経済・社会・文化資本を母国の開発・発展に結びつける開発プログラムがある[25]。ここでは扱われていないが、ラテンアメリカの域内大国であるブラジルは多文化主義政策を採用することにより、多様な民族を資源として取り込んでいる[26]（二宮2009、渡会2009）。また、グローバル化においてもその出自の国々と交渉することにより、巧みに外交でのプレゼンスを高めている。対米依存から南米共同市場（MERCOSUR）、EU、アジア、アフリカと貿易を多角化することにより安定した経済成長を達成し、貧困層への所得・社会政策の実施により中間層を拡大し国内需要も増大させている[27]（堀坂2010）。

駒井が表題とした「グローバル・ディアスポラ」は、移民の比較社会学のためにロビン・コーエンが1997年に提唱した分析枠組みである。この分析枠組みは従来の国民国家内の民族集団の動向を扱うエスニシティ研究や、移住先と母国の出身コミュニティとの間を人々が行き来する現象を研究するトランスナ

ショナル研究と重なるが、問題設定に明確な違いがあると主張する。つまり、故郷と複数の移住先をつなぐ民族的ネットワークの事例を検討、機能を明らかにするアプローチである。さらに、帰属ないしアイデンティティは流動性を持つものと捉えている[28] (駒井、江成 2009)。流動性のあるアイデンティティはうまく経済的成功が移住地で達成できればよいが、そうでなければ流浪の民になってしまうだろう。出身地や出身国での国民生活を開発・発展させる政策が同時に必要だと考えられる。

かつて、馬場伸也が『地球文化のゆくえ　比較文化と国際政治』[29] (1983)で超国家の文化的アイデンティティ (transnational or global-cultural identity) の各次元の問題を扱い、新しい文化創造の主体たろうとした行為体が持つ多層的・文化的アイデンティティ (multi-cultural identities) の存在を予見した。ここでは労働移民はディアスポラのはじまりとして、根無し草となっていく亡命者の姿を「カインの末裔」として描写している[30]。今日では、国際機関や送り出し国や移民自身の働きかけにより、人権・民主主義・私有財産の保全は地球市民としては当然の権利として考えられるようになった。だからこそ、そこに代々棲む人であれ、そこで生まれた移民の子であれ、生まれ育った国や地域を受け継ぎ責任を持ち発展させることが大切である。1980 年代に南北アメリカ大陸のパンア

23　押川文子編「特集 1 パスポートをめぐる力学　国籍・市民権・移動」『地域研究』第 6 巻 2 号、国立民族学博物館地域研究企画交流センター、2004 年。
24　山脇千賀子「ラティーノの可能性——出移民地域としてのラテンアメリカをめぐる国際的取り組み」(駒井洋監修、中川文雄、田島久歳、山脇千賀子編『叢書　グローバル・ディアスポラ 6　ラテンアメリカン・ディアスポラ』明石書店、2010 年) 264 – 269 頁。
25　同上、142 – 146 頁、171 頁、268 頁。
26　二宮正人「ブラジルにおける多文化共生政策について——比較法的側面を手掛かりとして」(浅香幸枝編『地球時代の多文化共生の諸相——人が繋ぐ国際関係』行路社、2009 年)。渡会環「YOSAKOI ソーランが繋ぐ『ブラジル』と『日本』」(浅香幸枝編『地球時代の多文化共生の諸相——人が繋ぐ国際関係』2009 年、行路社)。
27　堀坂浩太郎「IBSA (インド・ブラジル・南ア) 対話フォーラム——もう一つのルーラ外交」『ラテンアメリカ時報』第 1391 号、2010 年、2 – 10 頁。
28　駒井洋監修、駒井洋、江成幸編『叢書　グローバル・ディアスポラ 4　ヨーロッパ・ロシア・アメリカのディアスポラ』明石書店、2009 年、22 頁。
29　馬場伸也『比較文化叢書　7　地球文化のゆくえ　比較文化と国際政治』東京大学出版会、1983 年、13 頁。
30　同上、234 頁。

メリカン日系協会で見られるトランスナショナル・エスニシティというアイデンティティは、それをすでに実施していた。

　従来の人の移動研究では、移住地では定住者が主な開発・発展の担い手と考えられてきた。移民は補助程度にしか捉えられてこなかった。柳田国男の「漂泊と定住」では定住者が社会の担い手であって、漂泊者は刺激を与える存在である。「トランスナショナル・エスニシティ：Nikkei」は「ディアスポラ」や「漂泊と定住」のように日本という出身地を基点として拡散しているのではない。これは空中に「Nikkei」というアイデンティティがあり、南北アメリカに漂泊し定住したNikkeiが集結している帰属意識なのである。Nikkeiという一つの国がある訳ではないので、1981年第1回パンアメリカン二世大会以来毎回この「Nikkei」を話し合っている。これは南北アメリカの定住者ではあるが、自分たちのルーツを活かして生まれた国へ貢献し、Nikkeiゆえにその長所を地球規模で活かそうとしている。2011年9月1日〜3日にメキシコ・カンクンで開催された第16回パンアメリカン日系大会の大会テーマは"Porque ser Nikkei no es ser diferente, sino el que hace la diferencia"（Nikkeiであることは異なる者ではないので、違いが出せる者ということだ）である。これはパンアメリカン日系大会に集う人たちの特徴である、帰属する国家に統合されながらNikkeiであることで貢献しようとする姿勢をうまく表現している。Nikkeiと言う時、実は国民国家を超えたもっと人類に近いようなニュアンスで使っている。

　この大会旗は2011年の第16回パンアメリカン日系大会で掲げられたものである。左下から時計回りに、ドミニカ共和国、ウルグアイ、コロンビア、カナダ、米国、ブラジル、メキシコ、ペルー、アルゼンチン、パラグアイ、ボリビア、チリ、ベネズエラの13カ国の国旗が描かれている。このうちの8カ国（米国、カナダ、メキシコ、ペルー、コロンビア、ウルグアイ、アルゼンチン、ブラジル）の小さな国旗は鬼塚エリソン中佐の最初の宇宙飛行（1985年の1月24日から27日）で、中佐が宇宙へ持参した旗である。第3回サンパウロ大会（1985年）から、この八つの旗とディスカバリー号の打ち上げの写真を大会のシンボルとして飾った。この意味は「当時国境のない世界を夢見ていた」からとパンアメリカン日系協会名誉会長のK・C氏は、第1回目から30年後に開催された第16回メキシコ・カンクン大会の開会式で語った。現在では南北アメリカ大陸13カ国プラス日

本、そして真ん中にパンアメリカン日系協会のロゴマークを配した大会旗となっている。この大会旗に描かれたパンアメリカン日系協会のシンボルマークこそが、「トランスナショナル・エスニシティ」の国際社会での位置付けを表わしている。

鶴見和子[31](1977)は柳田国男の社会変動論として「漂泊と定住と」という分析枠組みをつくり出し、定住者に対して七つの漂泊者を考え、6番目のものが職業としての一時漂泊および職業を求めての一時漂泊である。行商、出稼ぎ、国内の移住および国外への移民を含めている。

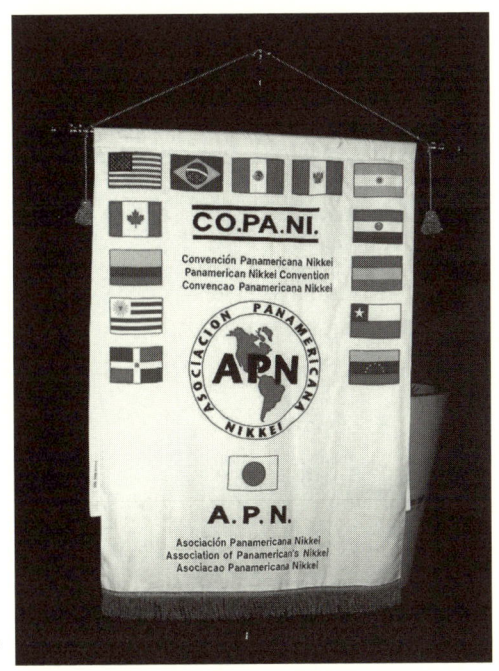

現在のパンアメリカン日系大会の大会旗

ラッセル・キングは『人類の起源と移住の歴史』[32](2008)の中で人類の97%は生まれた国で育ち死んでおり、やむをえず国元を離れ他の国で新しい生活をする人々はわずか3%であるとしている。これらの研究から『ラテンアメリカン・ディアスポラ』(2010)を考察すると、ラテンアメリカン・ディアスポラは出身地と世界に拡がる移住地に混血による多民族の人々のネットワークで結ばれており、プッシュ圧力により、生活条件のより良い移住地へと移動することが分かる。

今日問題となっているのは、受け入れ地域の住民との共生の問題であり、出身地および移住地の開発の問題である。1981年以来、南北アメリカ13カ国

---

31 鶴見和子『漂泊と定住と──柳田国男の社会変動論』筑摩書房、1977年、206–209頁。
32 ラッセル・キング編、蔵持不三也監訳、リリィ・セルデン訳『図説 人類の起源と移住の歴史──旧石器時代から現代まで』柊風舎、2008年、184頁。

に統合されたパンアメリカン日系協会に集う人々は、受け入れ国の実情に合わせて日本から持ち込んだものを文化変容させ貢献する努力を続けている。今日多文化共生を維持するためには、受け入れ国の国民の利益も考え、適正な規模の移住者数を策定し、移動する人々が自分の持っている有利さを自覚し、両地域の架け橋となる活躍が求められている。この現象は1990年代の経済機会の追求によるディアスポラによって、出身国と居住国を行ったり来たりすることにより、結びつけていることが確認できる。この文脈にラテンアメリカの日系人も入れることができ、戦前のラテンアメリカへの「出稼ぎ」、1990年以降の日本への「デカセギ」は、鶴見の社会変動論で人の移動と異文化との出会いを説明できる。鶴見のこのアイディアは国内移民、国外への移民と定住者の関係を扱っているので、「循環移民」が開発を担うことを考察する時に便利な分析枠組みである。また、日本人の漂泊者への見方も表わしている。

　国民国家の枠組みが地球社会の土台であり、国レベルでの政策により善くも悪くも移民は左右されているため、外交関係における人の移動の問題が研究される必要があるように思う。2011年の『外交青書』で、日本人移住者や日系人の存在は日本が開かれた国を目指す外交を進める上で重要な資産としている意味は大きい。また、2010年10月21日、第51回海外日系人大会の外務省飯倉公館歓迎レセプションで、前原誠司外務大臣は、日本が自由貿易をしていく際には日系人が先行モデルであると挨拶している。国と国、人と人を結ぶ人材は外交上の鍵となる。多文化共生政策は国内のみの関係性で論じられることが多いが、国際政治上のプレゼンスを高めるという視点から、2011年7月時点で日本と国交のある194カ国の国々から、日本語が使え、日本のルールにも従い、友情と知恵をもたらす人々を割り当てて受け入れるような政策が必要とされるのではなかろうか。なぜなら、移動する人々は文化を伝え、異文化との架け橋となるからである。かつて鶴見が日本移民学会の記念講演で指摘した「日本の文化伝統に深く根ざし、移民のもたらす異文化と格闘して新しい文化を創造する」[33](1995)ためには、日本に入国する人々の出自を多様化することで、特定の国の影響力を受けるリスクを冒すのではなく、機会を多様化し日本に居ながら地球文化をまるごと味わうことができるようにし、世界中と友好関係を強化することが大切である。遠回りのように思えるが、それが確実に日

本が国連の常任理事国や非常任理事国になるための土台であると考える。3.11 の東日本大震災への世界各国、民間からの支援は日本独自のやや「お人好し」ともいえる国際社会や人に対する態度が実は有効であることを示したのではなかろうか。

第5節　研究の意義と独創性

　「地球時代の日本の多文化共生政策」を研究する意義は、以下の四点にまとめることができる。第一に、今まで国内の統合問題として論じられることの多かった多文化共生政策を国際関係の中で位置付ける研究は今まで存在しなかった。国際社会における日本の位置付けを考慮することによって、長期的な日本が歩むべき方向性＝国家像を提案できる。第二に、今まで日本人移民史は「プッシュ・プル」理論や「ディアスポラ」といった外来の理論で研究されたが、日本発のホモロジカルな理論（鶴見）で長期の変動を扱ったものはなかった。本書では、日本人移民の145年の歴史を俯瞰し、その中で「漂泊と定住」「トランスナショナル・エスニシティ」という日本人移民の事例研究から内発的に形成された理論を用いて検討を加える。第三に、南北アメリカ13カ国で統合されたNikkeiを合わせ鏡として日本の多文化共生策の中で異文化と出会った時、残すべき要素の抽出を試みる。サブ・カルチャーを含む日本文化との比較によりNikkeiというものが何かも明らかになるだろう。第四に、多文化共生できないというパラダイムではなく、内発的な日本型の共生パラダイムを示すことにより、国境線と国益に翻弄される現代の国民国家に「くに」というレベルの視座を加え、地域の実情に合わせた多様な発展の型や外国人との関係を提示する。こうした研究成果により、日本独自の多文化共生政策を提示することができる。日本人の心にしっくりくる多文化共生政策を提案する。

　本研究の独創性は次の二点に集約することができる。第一に、多文化共生できない問題点を指摘する研究が多い中、実際に成功している多文化共生の事例

33　鶴見和子「日本移民学会第3回大会・特別講演　移民研究の意味――私にとって、日本にとって」『移民研究年報』創刊号、日本移民学会、1995年、115-131頁。

から法則なり手法を導き出す。第二に、近代化のモデル＝欧米というパラダイムに対して「多文化共生」という視点から再考を迫り、21世紀の諸文化のあり方を展望する。対立を回避しようとする日本的な方法が一つの地域の中で多文化の共存する時に重要なあり方となる可能性がある。多文化共生の成功例を分析してきた研究は国内外ともきわめて少ない。その意味で、ほぼ未開拓の分野と位置付けることができる。

第6節　本書の構成

　本書の構成は、序論「漂泊と定住とトランスナショナル・エスニシティ」、第1部「日本・ラテンアメリカ関係の歴史的背景」、第1章「国際関係史における日系人の145年の歴史」、第2章「ジャポニスムと日本人移民の受け入れ」、第3章「アメリカ大陸における日本のイメージの変遷」、第2部「パンアメリカン日系協会と海外日系人協会」、第4章「南北アメリカ日系社会の形成と日本における日系社会の形成」、第5章「パンアメリカン日系協会」、第6章「海外日系人協会」、第3部「日本の多文化共生とラテンアメリカ」、第7章「日本の多文化共生政策」、第8章「日本の多文化共生政策決定過程」、第9章「1990年『出入国管理及び難民認定法』の改正施行がもたらした南北アメリカ日系社会の変化とネットワーク」、結論「21世紀の日本の多文化共生政策のための提言」から成り立っている。「多文化共生」という視点から、21世紀を共有する地球に一緒に棲む者として、より良い未来のために、どのようなモデルないしは事例が有効かを「漂泊と定住」「トランスナショナル・エスニシティ」を分析枠組みとして検討する。

　多文化共生政策とともに、国境を越え集結してNikkeiであることを活かしながら、生まれた国、移住した国に貢献しようとするパンアメリカン日系協会のリーダーたちを考察する。研究する理由は、横断的なNikkeiアイデンティティが21世紀の国境線上に生活する人々に示唆に富む活動であるからだ。さらに、このような日系エリートの存在が日本では、ほとんど知られていないからである。国際関係をつなぐキーパーソンの重要性を考える時、このような架け橋となる力のある人たちを研究し、実際のネットワーク強化につなげることは大

切であると考える。従来、歴史的に差別の対象になりやすかった移民側に立ち、移民を保護する研究が多い。しかし、移動する人たちは決して弱い守られなければならない人ではなく、彼らが移住社会に貢献することによって、出身国と移住国をつなぐ重要な役割を担っていることについて着目されてこなかったように思う。

　総合研究開発機構（NIRA）はNIRA型総合国力として、市民生活向上力（福祉国家としての能力）、総合価値創造力（市場国家としての能力）、国際社会対応力（国際国家としての能力）の三つの力を八つの分野、人的資源、自然・環境、技術、経済・産業、政府、防衛、文化、社会において分析している。NIRAが使用しているデータは「総合国力の測定」を所掌事務としていくつかの試算を示していた旧経済企画庁の委託調査を基にしている。国力の国際比較をすると、日本は「環境」「先端技術力」などに関連したソフトパワーが強いが、国外との「ネットワーク力」や「モデル提示力・ルール制定力」は弱いと考察されている[34]（小林、小峰編2004）。日系人たちと共に、国境を越えた（トランスナショナルな）ネットワークを形成することは日本の二つの弱点を強化し、日本の長期的な国益をめざすことにつながる。また、これに類する海外で活躍する日本人や、日本ファンの外国人をつないでネットワーク化すると、日本人、日系人、Nikkei、日系、日本の文化というアイデンティティで地球時代の多文化共生に力を発揮する。「トランスナショナル・エスニシティ」「漂泊と定住」は、自国の文化伝統を維持しながら、多文化と共存していくネットワーク力、モデル提示力・ルール制定力となりうるのではないだろうか。

　本書の結論を先取りして述べると、日本各地の多様な文化を貫く「平等性、正直、勤勉、責任、技術、清潔、一番を求める求道性、我慢、頑張る」という特性があり、地球時代の日本および日本人、日系人、Nikkei、日本ファンの外国人に行動の規範を提供し社会に貢献する道筋を示している。2011年3月11日に発生したマグニチュード9.0の東日本大震災は、戦後最大の自然災害に加え、福島原子力発電所の放射能漏れ事故により、まるで、第二次世界大戦

---

[34] 小林陽太郎、小峰隆夫編『NIRAチャレンジ・ブックス　人口減少と総合国力――人的資源立国をめざして』日本経済評論社、2004年、26頁。

の焦土と化した日本を見るようなショックを筆者は受けた。だが、報道で現地で頑張る被災者を見た時、真っ先に思ったことは、日本人だから、決して負けない。亡くなった方の分まで日本を再建して、第二の不死鳥（フェニックス）のように、灰の中から蘇り、さらに世界に貢献し輝く日本になると強く思った。日本人移民がどんなに苦しくても日本人だから頑張ると、よく調査で聞かされていたことを自分自身がつぶやいた。危機に際して逃げるのではなく、日本人意識が一段と強くなったのは正直なところ驚きだった。

　また、日本が移民送出国であったことは、自然災害の多さにも関連していたのだと合点した。東日本大震災と原子力発電所の事故のあった福島県は、日本で7番目に多く海外移住者を送り出していた[35]。移民史研究の第一人者のひとりである阪田安雄の作成した「移住者統計」によると、1885年から1972年までに、約76万人が日本を出国した。第1位は、広島県（10万9893人）、第2位は、沖縄県（8万9424人）、第3位、熊本県（7万6802人）、第4位、山口県（5万7837人）、第5位、福岡県（5万7684人）、第6位、和歌山県（3万2853人）、第7位、福島県（2万8479人）、第8位、北海道（2万6874人）、第9位、長崎県（2万3129人）、第10位、岡山県（2万1760人）である。開発に役に立つと考えられる母国と移住国を行ったり来たりする「循環移民」は、日本国内・国外とも漂泊と定住を繰り返し、トランスナショナル・エスニシティで日本の良さを海外で活かし、人々と地域をつなぎ、伝統に深く根差した新しい文化を創造する可能性が高いのだと考えられる。日本における多文化共生政策もこの文脈の中で考えると、世界に開かれた明るい未来を予測できる。

　南北に長い日本列島の多様性とそこから出て行った人たち、入ってくる人たちをそれぞれの地域で縦横につなぐ。移動することによって発見する新たな知見や他地域での試みを取り込み、地域をそれぞれの担い手たちが、発展させていく。ラテンアメリカでは日系社会は学校を作って自分たちの受け継ぐ日本語、日本的価値観、行動様式を子どもたちに伝えてきた。また、このような小学校区が移民の拠り所となり定住化し日本の良さを活かす土台となっている。その意味で身近な小学校区というのは個人、家族、地域社会が可視化する場である。これは日本国内にあっても同様であり、子どもから老人まで一人ひとりの役割がある場合でもある。このようなところでは資源の独占は不可能であり、再分

配がより平等な形でされやすい。また人々は協力しやすい。日本の多文化共生政策を考える時に、この小学校区レベルでの人々の生活の安心・安全が重要となってくる。漂泊してやって来た人たちと定住者の具体的な出会いの場であるからだ。

　そして、かつて経済企画庁（1955〜2001年）が独立した省庁として、内閣から距離を置き、各省庁からデータを集め、日本の総合国力を示す『経済白書』を国民すべてに公開した戦後の良き行政の伝統は取り戻さなければならないと結論付けることができる。なぜならば、この省庁の内閣府への統合により、データを国民が共有しなくなったからである。小学生の時、筆者は新聞や報道で分かりやすく国の状況を伝えられていたのを思い出す。そこでは、大人も子どもも主人公として国の政治を見て、それぞれの立場でできることを頑張っており、国を誇りに思っていたからである。新聞や白書など難解なものには、振り仮名をつけてもよいのではないか。そうすれば、日本人だけでなく、外国人も日本語を読むことができる。英語を公用語に近い扱いにする必要がなくなるだろう。

　日本の子どもの本はその点、知識を伝達するのに優れた実績がある。1924年に創刊されて以来、ノーベル賞受賞者の益川敏英博士も子どもの頃読んでいた『子供の科学』（誠文堂新光社）は、東日本大震災と福島原子力発電所の放射能漏れ事故以後、速やかに毎月子どもたちに、最新の科学の状況を振り仮名付きで分かりやすく伝えた。このような災害に際しても、科学技術を駆使して解決を図り、未来に新たなビジネスを起こすことを、子どもたちと大人が共に挑戦することをめざしている。子どもを信頼して現状を分かりやすく伝え知恵を出し合っていくことは、明るい未来を確実に築くことになる。大人の知恵、子どもの発想がまさに新たな創造を生み出すのである。

　さらに、公文書として行政資料を保存し、30年したら原則公開することが必須である。こうすることによって、責任の所在を明らかにし、政策決定過程が残されるからである。一等国として必要な作業である。このような情報公開された国は海外からも信頼される。

35　阪田安雄「移住者統計」（海外移住資料館企画・編集『われら新世界に参加す──海外移住資料館展示案内』国際協力機構横浜国際センター、2004年）12 – 13頁。

また、多くの日本人がしているように最悪の事態を常に想定し、日本人が生き延びる手立てを常に用意することは行政の責任である。この文脈で考えれば、多文化共生政策はまさに最悪の事態が生じた時に、私たちの命綱となるものでなければならないと考える。職業に貴賎はなく、どの仕事も大切だという考えも重要である。どの分野でも一番になろうと地道に努力精進する姿勢があってこそ、われわれは便利で快適で当てになる生活を日々送ることができる。海外出張から帰国して一番感じる日本の良い点である。これは、日系を名乗る人々の作り出す世界にも共通している。

　「漂泊と定住」「トランスナショナル・エスニシティ」理論は、「ディアスポラ」「プッシュ・プル理論」と重なっている。ただし、「漂泊と定住」は移動する地域全体を拡張して飲み込んでいくような拡がりと気楽さと楽天性を感じさせる。これは日本の異文化の受容型が曼荼羅型である（鶴見）ことに起因する。「トランスナショナル・エスニシティ」は、それと比較すると才能にも機会にも恵まれた者の責任感と使命を表現している。日本国内には移民政策がなく、多文化共生政策が対象にしているのも定住者資格のある日系人が中心である。しかしながら、145年の日本人のディアスポラを「漂泊と定住」という社会変動論で考察した場合、漂泊者が日本の国内・国外を水のように循環していくイメージを持っている。そこでは、漂泊して移住地を征服しようとする意図はない。自然に生活圏が拡がっていくイメージである。こうしたイメージ内では、日本人以外の者でも漂泊して定住者に富をもたらしたり、利益を与える者に対してすんなりと内側に取り込んでいる。信仰にしても七福神というカミガミのうち六柱は外国由来であり、日本国内のカミは障害のあるえびす神のみである。先祖崇拝を土台に自然の中にカミガミを見る、良いものは自分に都合よく取り込んでいく貪欲さを日本人は持っている。キリスト教のクリスマス、イースター（復活祭）、ハロウィーン、バレンタインデーは既に日本の行事になっている。イスラム教のラマダン（断食）もそのうちダイエット・デトックス効果で日本の行事に取り込まれるように思う。こうした異文化の取り込みの型は、地球時代の異文化対立を防ぐ知恵を持っている。

　なお本書は以下の既発表の論文を基にしている。

序論　漂泊と定住とトランスナショナル・エスニシティ

(2009)「まえがき」(浅香幸枝編『地球時代の多文化共生の諸相——人が繋ぐ国際関係』)行路社、3 – 4 頁。

(2011)「書評　駒井洋監修、中川文雄、田島久歳、山脇千賀子編『叢書　グローバル・ディアスポラ 6　ラテンアメリカン・ディアスポラ』(明石書店、2010 年、294 ページ)」『移民研究年報』第 17 号、日本移民学会、120 – 124 頁。

〈第 1 部　日本・ラテンアメリカ関係の歴史的背景〉

第 1 章　国際関係史における日系人の 145 年の歴史

(2001.6)「トランスナショナル・エスニシティ——拡散する日系人の 134 年の歴史（1868 ～ 2001 年）」『アカデミア　人文・社会科学編』第 73 号、南山大学、391 – 407 頁。

第 2 章　ジャポニスムと日本人移民の受け入れ

(2004)「ラテンアメリカのジャポニスモ——エンリケ・ゴメス・カリーリョに見る日本へのまなざし」(南山大学ラテンアメリカ研究センター編『ラテンアメリカの諸相と展望』行路社) 145 – 167 頁。

第 3 章　アメリカ大陸における日本のイメージの変遷

(1993.2)「パンアメリカン日系協会の日系人リーダーが見たアメリカ大陸における日本のイメージの変遷」『国際政治　環太平洋国際関係史のイメージ』第 102 号、日本国際政治学会、15 頁、135 - 148 頁。

〈第 2 部　パンアメリカン日系協会と海外日系人協会〉

第 4 章　南北アメリカ日系社会の形成と日本における日系社会の形成

(2006)「1990 年入国管理法改正が与えた南北アメリカ日系社会への影響と日本社会の多文化形成」(二村久則、山田敬信、浅香幸枝編『地球時代の南北アメリカと日本』ミネルヴァ書房) 195 – 219 頁、i – ii 頁。

第 5 章　パンアメリカン日系協会
(1990.7)「トランスナショナル・エスニシティ――1980 年代パンアメリカン日系大会の事例研究」『ラテンアメリカ研究年報』第 10 号、日本ラテンアメリカ学会、15 – 48 頁。
(1991.10)「トランスナショナル・エスニシティと国際協力――パンアメリカン日系協会における国際協力に関する一考察」『国際政治　ラテンアメリカ 1980 年代の国際関係と政治』第 98 号、日本国際政治学会、10 頁、97 – 112 頁。

第 6 章　海外日系人協会
(2003.1)「トランスナショナル・エスニシティ――海外日系人協会における役割の変遷（1957～2002 年）」『アカデミア　人文・社会科学編』第 76 号、南山大学、171 – 186 頁。

〈第 3 部　日本の多文化共生とラテンアメリカ〉
第 7 章　日本の多文化共生政策
(2009)「第一章　日本の多文化共生政策：内発的発展論の視座から」（浅香幸枝編『地球時代の多文化共生の諸相――人が繋ぐ国際関係』行路社）15 – 35 頁。

第 8 章　日本の多文化共生政策決定過程
(2010)「日本の多文化共生政策決定過程：1990 年『出入国管理及び難民認定法』改正施行以後から 2009 年改正まで」『ククロス：国際コミュニケーション論集』第 7 号、名古屋大学大学院国際開発研究科、1 – 13 頁。

第 9 章　1990 年「出入国管理及び難民認定法」の改正施行がもたらした南北アメリカ日系社会の変化とネットワーク
(2006)「1990 年入国管理法改正が与えた南北アメリカ日系社会への影響と日本社会の多文化形成」（二村久則、山田敬信、浅香幸枝編『地球時代の南北アメリカと日本』ミネルヴァ書房）195 – 219 頁、i – ii 頁。
(2009.11.8)「ソフトパワーと平和構築：日本人・日系人組織の構造と機能に

ついての一考察」2009 年度研究大会、「国際関係論の新たな様相」自由論題部会、日本国際政治学会、神戸国際会議場。

結論　21 世紀の日本の多文化共生政策のための提言
(2009)「あとがき」（浅香幸枝編『地球時代の多文化共生の諸相——人が繋ぐ国際関係』、行路社）363 – 370 頁。

2008 年 9 月 16 日から 2009 年 9 月 15 日まで、南山大学から留学の機会をいただき国内研究者として、名古屋大学大学院国際開発研究科にお世話になった。二村久則研究科長をはじめとする諸先生方にお礼申し上げる。

本研究は、2006 〜 2008 年　南山大学地域研究センター共同研究「多文化共生の諸相——ラテンアメリカと日本の日系ラテンアメリカ人社会の事例から」（代表：浅香幸枝）と 2009 〜 2011 年　南山大学地域研究センター共同研究「ソフトパワーと平和構築」（代表：浅香幸枝）の研究成果の一部である。共同研究者の方々とこのような研究機会を下さった南山大学に感謝申し上げる。

アルゼンチン・ブエノスアイレス市中心部の広場。「ガンバレ日本！Fuerza JAPON！私たちの心はみなさんとともにあります。南米アルゼンチンより ARGENTINA」と記された横断幕が東日本大震災の支援のために掲げられた（2011年3月18日）。
［提供：外務省］

第1部
日本・ラテンアメリカ関係の歴史的背景

　日本・ラテンアメリカ関係の歴史的背景について、国際関係史における日系人の145年の歴史、ジャポニスムと日本人移民受け入れ、アメリカ大陸における日本のイメージの変遷を「漂泊と定住」「トランスナショナル・エスニシティ」を分析枠組みとして検討する。日本に棲む各地域の共同体の開発・発展の担い手である定住者側に力点のある「漂泊と定住」概念、漂泊して定住し移住地で開発・発展の担い手となっている日系二世の側から見た「トランスナショナル・エスニシティ」概念の両側から日本・ラテンアメリカ関係の歴史的背景がどのような特徴を持つのか明らかにする。

第1章
国際関係史における日系人の145年の歴史

第1節　海外におけるもうひとつの日本人史

　1868年、明治元年にハワイへ行った日本人移住者に始まり、現在南北アメリカ大陸やアジアを中心に世界各地に推定約230万人の日系人が住んでいる。日本国内では約30万人の日系人が働いている。日系人とは、海外に住む日本人の子孫のことである。ペルーのフジモリ元大統領や閣僚クラスの日系二世も多数輩出し、国政レベル、地方レベルでも活躍している。その影響力は日本の国際社会での位置付けとも比例する傾向がある。

　また、日系人ネットワークも海外日系人協会（1957年設立、本部日本）やパンアメリカン日系協会（1981年設立、本部ペルー）によって形成され、友好親善を通じて国境を越え世界で受け入れられるNikkeiを求め結集・協力している。

　1980年代後半から日本はバブル景気によって国際経済における位置付けが急上昇し、労働力不足から外国人労働者が入国するようになった。この間、外国人労働者受け入れか否か、国を二分して議論された。その結果、1990年には入国管理法が改正施行され、日系人が単純労働に就くことが可能となった時から、日系人と日本との間の関係は今までとは比較にならないほど、強固なつながりを持つようになった。ペルーでは偽日系人まで出現した[1]。この入国管理法の特徴は、単純労働をする外国人労働者に対して閉鎖的な日本で、文化伝統を維持するために、日本人の血を引く日系人を特別に許可したものだった。また、パンアメリカン日系協会の会長K・C氏は、日系人が単に働くだけでなく日本を見るためにもこの法案が通るように働きかけた。これは、日本留学の経験からメキシコで事業に成功した経験に基づいている。すなわち、日系人に

とって、日本で働くことは、単に賃金を得ることだけでなく両親の国を知りたいという側面もあったのである。

第2節　拡散する日系人を見る視座と方法

1991年に設立された日本移民学会での会員の研究動向を見ると、拡散する日系人を見る視座は、以下の三つに分類することができる[2]。第一のものは移民史研究であり、第二は国際的な労働力の移動を研究する立場から移民を研究し、第三は国際関係史の中で移民を位置付ける研究である。

1970年代中頃までは、筆者が研究しているラテンアメリカの移民史は各国における日系団体による官製の移民史か、移民史愛好家による記録あるいは成功物語、棄民物語といったジャンルに入るような著作物が主流を占めていた。資料の吟味、調査方法などがしっかりした研究を見ると、移民の同化、文化変容などを研究対象とした、社会学および文化人類学からのアプローチが中心であった[3]。

こうした研究の成果を踏まえながらも、移民を特別な日本人とは捉えずに、日本近代史および現代史における海外版の民衆あるいは常民[4]として捉えようというのが、1970年代末からの移民史研究の新しい方法である。鶴見の提唱する「漂泊と定住」概念は、日本国内・国外での社会変動をともなった循環を理解する上で重要な視座である。第二次世界大戦で日本が連合国に敗北するまで、南北アメリカと日本の人のつながりが連綿とあったからである。

もとより、話し言葉を主に使って生活している常民であるので、日記を書い

1　淵上英二『日系人証明――南米移民、日本への出稼ぎの構図』新評論、1995年。
2　名簿と研究一覧および会報より。
3　浅香幸枝「ラテンアメリカにおける移民史研究の最近の動向――対外意識を中心として」『外交時報』1239号、外交時報社、1987年6月、49 – 59頁。
4　柳田国男は、「丸い言葉」つまり、話し言葉を中心に生活する人たちを常民と呼び、「四角い言葉」つまり、漢字を使う知識階級の人たちと区分した（鶴見和子『漂泊と定住と――柳田国男の社会変動論』筑摩書房、1977年。柳田國男『新編柳田國男集第四巻』筑摩書房、1978年、276 – 278頁。この第四巻では『明治大正史世相篇』を収録している。『明治大正史世相篇』は1930年に朝日新聞社〈明治大正史〉シリーズの一冊として執筆され、1931年に刊行されたものである）。

たりする人は少ない。そこで、移民史を書くにも、外交文書だけでなく、埋もれていた日記やメモを発掘し、また当時の新聞や雑誌を用い、かつインタビューを通じて、丹念に移民側からの歴史を再構築していかなければならない。そこには、社会学、文化人類学、歴史学の学際的な研究方法が試みられることとなる。

こうした研究の成果によって、今まで定説とされてきたものが覆されてきた。たとえば、「移民は棄民である」とか「移民は食いつめ者である」といった暗く貧しいイメージが実はそうではなかったことが、分かってきたのである。むしろ、日本にいる普通の日本人と同じように生き、悩み、生活してきたことが明らかになった。唯一違うのは、いったん海外に出てしまうと、日本国内で生活するのと異なり、盆と正月に故郷に帰れないということであった。また、この結果、移民の対外意識の変化も分かるようになってきた。こうした対外意識の変化を見ていくと、個人、家族、地域社会、民族、国家そして国際関係という六つの要素がいかに複雑に絡み合っているかを考え込まされる。

日本における従来の移民研究は、日本の国際的地位、世界史的観点からの移民送出の時代区分が行なわれておらず、世界的位置付けが十分でないことから、石川友紀琉球大学教授は『日本移民の地理学的研究』をまとめている[5]。1997年に出版された本研究は、移民研究では非常に高く評価されている。本研究は第二の視座である、国際的な労働力の移動から研究する立場に立っていると言い換えることができる。簡単に要約すると[6]、出移民地域としての移民母村、移民先における日本移民、帰国後の移民の母村への影響の実態を明らかにすることを目的としている。

仮説は「二地域区分」と「四分類型」「三時代区分」を設定している。日本出移民の送出地域には地域差があり、海外への移民の多い「西南地域区分」と、海外への移民の少ない「東北日本」との二大地域に区分される。また、「北海道移民型」「契約移民主体型」「自由移民主体型」「中国大陸移民主体型」の四類型に分類される。三時代区分は、「契約移民時代（1885～1899年）」「自由・契約移民時代（1899～1945年）」「自由移民時代（1964～1972年）」の三期に分けることができる。

第三の視座からの研究、つまり、国際関係史の中における移民研究の優れたものは、以下2点挙げることができる。

第一の研究は、飯野正子津田塾大学教授の『日系カナダ人の歴史』（1997年）である[7]。日加関係の動向の影響を被った日本人移民・日系カナダ人の考察を目的としている。日本からカナダへ移民が始まった時期の送り出し国である日本と、受け入れ国であるカナダの状況を概観して、日本人移民がどのようにカナダ社会に受け入れられたかを考察している。

　第二のものは、三輪公忠上智大学教授編による『日米危機の起源と排日移民法』（1997年）で、移民問題を軸に排日移民法（1924年）の黄色人種差別が、大東亜戦争の遠因となったことを太平洋圏全体に視野を広げ、歴史を明らかにしようという意欲的な研究である[8]。

　いずれの研究も、日常的に異文化を持った移民を通じて二国間の外交関係がどのように影響を与え合うかを示しており、人間の国際移動が増加している今日にとってきわめて示唆に富む研究である。本章では、この第三の視座から、日系人拡散の145年の歴史を考察しようとしている。すでに約30万人の日系人が日本で働いており、約230万人の日系人が南北アメリカ大陸、アジアで活躍している国際関係から見た歴史的背景を明らかにしようというのである。

第3節　国際関係史における日本人拡散の145年の歴史

　外務省領事移住部は、近代移住100年の流れを次の七つに時期区分している[9]。

①黎明期（1868〜1884年）
　　海外の知識を得るために、少数の人々がハワイおよび米国へ移住。
②上昇期（1885〜1904年）
　　国内には落ち着きができ、海外の事情もようやく分かり始めた。一方、経

5　石川友紀『日本移民の地理学的研究――沖縄・広島・山口』榕樹書林、1997年。
6　同上、41 - 51頁。
7　飯野正子『日系カナダ人の歴史』東京大学出版会、1997年。
8　三輪公忠編著『日米危機の起源と排日移民法』論創社、1997年。
9　外務省領事移住部『わが国民の海外発展　移住百年の歩み（本編）』1971年、53 - 57頁。

済不況の発生と進行によって、ハワイ、米国、南方へと進出した。
③低迷期（1905〜1911年）
日露戦争を境に、受け入れ国側の制限による排日の時代。
④高潮期（1912〜1940年）
日本国内の人口過剰と不景気、農村の窮乏によって、ブラジルのコーヒー耕地へ奥地の開拓へと移住した。
⑤中断期（1940〜1950年）
戦中戦後の中断期。
⑥再興期（1951〜1962年）
引き揚げ者600万人で、産業も荒廃し、人口、食料問題が深刻化して、米国、ブラジルなどへ移住。
⑦低迷期（1963年〜）
日本経済の急速な回復と成長によって、過剰な人口は産業に吸収された。

このように、日本から海外へという人々の大きな流れがあった。では、ラテンアメリカへの移住は、この全体の流れの中でどのように位置付けられるのであろうか。

国際協力事業団作成の『海外移住統計』の「戦前の国別移住者数」[10]によれば、③低迷期（1905〜1911年）には、メキシコとペルーが戦前ではその国において最大数の移住者を受け入れている。メキシコでは、1906年と1907年がそれぞれ5068人、3822人とピークに達した。しかし、1908年はメキシコは0人、そのかわり同年ペルーは最大の2880人を受け入れ、ブラジルにも、初めて799人が移住したのであった。その後、ブラジルとペルーは大量の日本からの移民を受け入れた。戦前の移住者の累計によれば、第1位のハワイ（23万人）に続き、ブラジルは第2位（19万人）、ペルーは第7位（3.3万人）、メキシコは第8位（1.4万人）の日本人数を受け入れたのであった。ちなみに、第3位は米国（10万人）、第4位はソビエト連邦（5.7万人）、第5位フィリピン群島・グアム（5.3万人）、第6位カナダ（3.6万人）であった。

ラテンアメリカへの移住の流れは、日露戦争での日本の勝利の結果、米国で排日の機運が高まったことによってつくられたものであったことが数字で確認

できる。

　国際社会に生きる我々が、個人が真に人間らしく生き、家族とも地域社会とも国家とも他の民族や国家とも共存していく方法を獲得するには、移民という現象から学ぶことが多いように思う。異国で異文化の中で日々生活する移民の歴史は、毎日がその摸索だったからである。

　本章は日本人のディアスポラの 145 年の歴史の特徴をまとめる。日本移民学会の会員の研究の蓄積や体系的な移民資料集の出版によって、そのようなまとめが可能となっている[11]。

　第三の分類の国際関係史の中における移民研究の視座から、「拡散する日系人の 145 年の歴史（1868 ～ 2012 年）」を見ると、以下の五つの時期区分に大別できるのではないかと考える。第一は「第二次世界大戦前までの拡散期」、第二は「第二次世界大戦中の緊張期」、第三は「敗戦後からの協調期」、第四は「1975 年から 1990 年に至る国際社会での日本の地位上昇期」、第五が「1990 年からの日系人の日本への還流期」である。

　サミュエル・ハンチントンは、日本国際政治学会発行の学術論文誌『アジア太平洋地域における国際関係』の創刊号（2001 年）の中で、「地球政治における日本の役割」という論文で、日本は日本文明と国家が一致している世界でも稀な国であるとしている[12]。つまり、多くの国々では、海外へ出かけて行った移民が母国とつながっているのに、日本文明は日本国内に留まり、海外の国々とは、移民を通じた文明的つながりがないと指摘している。具体的には米国に移住した日本人移住者たちはアメリカ社会に成功して同化して、日本文明や日本とつながりがないからだとしている。米国と英国、カナダ、オーストラリアの間の共通性、また、スカンジナビアの国々の間、ヨーロッパ連合の中心とな

10　国際協力事業団『海外移住統計』1986 年 9 月、業務資料 No. 761、98 - 99 頁。この「戦前（明治元年～昭和一六年）の国別移住者数」は「帝国統計年鑑」、外務省通商局「旅券下附数及移民統計」、外務省通商局「海外渡航及在留邦人統計」、拓務省拓務局「拓務統計」、外務省亜米利加局「移民渡航者統計」の資料より作成されたものである。なお、旧満州、韓国、台湾は除いてある。

11　藤崎康夫編、山本耕二写真『写真・絵画集成　日本人移民』1 ～ 4 巻、日本図書センター、1997 年。石川友紀監修『日系移民資料集　南米編』1 ～ 30 巻、別巻、日本図書センター、1998 ～ 1999 年。

12　Samuel P. Huntington, 'Japan's role in global politics', *International Relations of the Asia-Pacific*, Oxford University Press, Volume 1, 2001, pp. 131-142.

る国々の間、カトリックのラテンアメリカの国々の間、アラブ諸国の間における文明の共通性がないとしている。

　しかし、実際は移民と母国とのつながりは強くあったというのが筆者の立場である。拡散する日系人の歴史のうち第一期の「第二次世界大戦前までの拡散期」の日本人移民は成功して日本に帰るという出稼ぎが原則行動であった。そうであったから、日露戦争の日本勝利後、日本人移民は過剰なまでに警戒された。それに加えて、米国自体が移民を使って領土を拡張してきたことも注意を要することである[13]。日本人移民が成功して日本に帰るという戦略が通用しなくなったのは、第二期の「第二次世界大戦中の緊張期」であった。連合国側となった南北アメリカ大陸では、母国日本とのつながりを切るか切らないか日本人移民は選択しなければならなかった。米国、カナダにおいて、市民権を持つ二世までが強制収容所に入れられた。そこまでして、日本文明と日本と日本人移民の絆を断ち切ろうとしたのが史実だった。ただし、米国、カナダとは異なりラテンアメリカでは、ペルーを除いて、消すべき文明＝日本文明とはならなかった。「もし、日本と米国が第二次世界大戦で戦わなければ、日本と日本人移住者とのパイプは互いに行き来を繰り返し、太いものになっていたのではないか」と想定できる。日本文明という形で世界に向かって発信したものは、アジアの解放を唱えた大東亜共栄圏であった。第二次世界大戦での敗北によって日本は、限りなく日本の特殊性を捨て去ろうとした。日本人は一億総懺悔で、戦前のものはすべて捨て去り、アメリカ化の道を選んだ。第三期の「敗戦後からの協調期」では、勝利した連合国がつくった国際連合中心の外交政策を選択した。そして、急速なアメリカ化が日本国内でも行なわれた。今日の日本の生活に最も近いものは米国の生活であろう。日本は、1975年にサミットの一員となり、毎年、国際社会の問題に取り組むようになった。米国、英国、フランスの旧連合国（1976年からはカナダも参加）と日本、西ドイツ、イタリアの旧枢軸国が共同して西側主要先進国として、東側に対抗して資本主義と民主主義を国際社会に拡大していった。この時期、日本人移住記念行事が移住国で盛んに行なわれた。1981年、世代交代が進む中で日系人二世たちは横のつながりを求めて、パンアメリカン日系協会をアメリカ大陸で設立した。「60％生まれた国の人、60％日本人」というNikkeiアイデンティティを確立していた。第四期の「1975年から1990

年に至る国際社会での日本の地位上昇期」においてのことであった。この時期、二世は安心して、自分の持っている日本のルーツを主張することができた。

　145年前の日本は、今日の日本とはちょうど正反対であった。つまり人口過剰で若年人口が多く、西欧の国々に追いつこうと必死であった。それに比べ、今日の日本は出生率が低下して若年人口が減少して老年人口が多くなり、また文明の頂点も過ぎ、先進7カ国の一国ではあるものの国際社会での位置付けも相対的に低下しつつある。

　1981年に「パンアメリカン二世大会」が立ち上げられたメキシコは、排日のひどかった米国、カナダとは異なった外交関係を持つ。近代国際関係史において、メキシコと日本は常に良好な外交関係を持ち、お互いに親しみを感じる国の一つである。経済的には深いつながりがありながら、共通の歴史認識をいまだに持てないアジアの国々とは異なり、太平洋を大きく隔てていても、日本とメキシコはなぜか運命共同体のようなところがある。

　まず、西欧列強との不平等条約に苦しんでいた日本が、明治21年（1888年）に初めて対等の通商条約を締結した国がメキシコであった。国境を接していないことからくる気楽さ、また資源大国のメキシコと資源小国で技術と人材が強みである日本との相互補完性、「本音と建前」を使い分ける柔らかさを双方が持つこと、名誉と礼儀を重んじる気風に共通性があるからだと思う。

　そして、もう一つ決して忘れられないのは移民していった人々の役割である。メキシコに限らずラテンアメリカは他の地域に比較して親日度が高い。これは移民時には新参者として社会の底辺に組み込まれながらもコツコツと「正直」「勤勉」「技術」「責任」で多くの移住者が移住国の発展に尽くしてきたことによる。そのため、米国やカナダの日系人のように自分たちの持つ日本文化を憎むべきものとして排除する必要はなかった。特に、戦後の日本の復興の目覚しさは、「発展のモデル」とラテンアメリカでは考えられてきた。それゆえに、日本の国際社会での成功は、日本文化への称賛となっていった。ペルーのフジモリ元大統領などは良い例であるが、それに類するものがたくさん存在するの

13　中野達司『メキシコの悲哀――大国の横暴の翳に』松籟社、2010年。
　　Kobayashi Kazuhiro, *México a través de los siglos*, Geirin-shobo, 1977, pp. 40-41.

もラテンアメリカである。

　第二次世界大戦では日本と敵対したために米国とカナダは日系二世に強く国家への忠誠を要求した。ラテンアメリカも連合国側で参戦したが、米国やカナダのように、日本人の子孫を強制収容所に入れることはなかった。例外的に米国の影響の強いペルーでは、日本に忠誠を誓う一世・二世の一部を米国の収容所に送った。メキシコ、チリ、アルゼンチンのように連合国側として米国陣営についても、日本との友好関係が維持された国々もある。

　今日、日本文明は第三の転換期にあると言われている。明治維新以後の開国し西欧化、工業化を目指した第一期、また第二次世界大戦後の米ソ対立の中で米国をモデルとした工業化進展の第二期、そして第三期の今日は冷戦後の米国と台頭する中国という枠組みでの高度情報化社会での生き残りである。そのような時代に、日本文化という共通のルーツを持つ日系人は日本と国際社会に対して、どのような役割を持つのだろうか。

第4節　21世紀における日系人の役割

　筆者は、国際政治に影響力を持つ華僑やユダヤ人のようなアクターが、日本にもあるのだろうかという疑問から、日本人移民研究を始めた。中国系移民などと比較して日系人の特徴は、移住国の文化に同化しやすく、模範的市民として統合されているところにある。これは、現地の高等教育を通じてさらに加速されている[14]。米国における模範的マイノリティとしての日系アメリカ人の姿であり、ハンチントンが米国に同化した日本人移民と理解したことと重なる。筆者の問いは、本当に日系人が自分の文化的ルーツを失くすほど米国に同化したと捉えてよいかということである。つまり、日本人の移動の仕方である「漂泊と定住」概念から考察すると、「和して同ぜず」という異文化対応型で、対立せずに統合されるが、自分の文化的ルーツを変えていない。それどころか、違いを出し成功するために、自分の文化的ルーツを拠り所として、個性や独創性を発揮するという文化の型を、日本人や日本人移民は受け継いでいるのではないか、ということである。

　第二次世界大戦の日本帝国の敗戦によって、もう帰る国がなくなった日本人

移住者は日系人として移住地に留まり、現地の発展に尽くした。パンアメリカン日系協会が摸索する「誠実・勤勉・責任」という日本人や日系人の生活規範は、どこの国においても優れて市民社会には不可欠なものである。ここに彼らの成功の秘密がある。苦労して働く一世の背中を見て二世たちはこの規範を受け継いだ。

　日系人の規範を見るとき、彼らの目指してきたものとその態度はきわめて日本における日本人のものと一致していることに驚かされる。1987年7月に米国テキサス大学のラテンアメリカ研究所を訪ねた。そこで"Ethnicity"関係の文献を残らず見ていくと、"conflict"という文献が圧倒的に多く、"integration"というものがほぼないに等しかった。自分の持つエスニック・アイデンティティを捨てることなく多様な文化の存在を国家に認めさせようという動きを扱った論文・書籍が主流であった。アメリカ大陸の日系人の歴史を見ると、国家を分裂させるよりは、国家の統合を維持・発展させる方向で同化している。これは日本に住む多くの日本人にも共通する価値観である。時代の変化に異議申し立てをして対立するよりは同化して協調を好む傾向である。日本人や日系人には、周りの様子を見て器用に適用する能力がある。異なる文明の対立が国際紛争の原因となるなら、このような日本人や日系人の能力は平和を作り出す才能として重要ではないだろうか。

　1996年国際児童図書評議会世界大会で、文化と国際関係のセッションで筆者も報告した。日本の児童文学作品（翻訳も含めて）は外国の文化にきわめて寛容で、共通するものや良いものを取り込もうとする傾向がある。けれども、多くの国は、異文化というとまず警戒するというのが普通であることが明らかになった。日本人の異文化に対する態度は、柔軟性が高いともいえる。冷戦後、イデオロギーの対立から民族、宗教の対立へと、対立の根は変わっていった。グローバル化が進む中で、「和して同ぜず」といった日本文化を貫く価値観は、分裂よりは統合を志向し、勤勉に努力するという規範は、平和を構築するために非常に重要な役割を果たす。21世紀の望ましいあり方が、それぞれの国、地域の良さを活かし、人類という共通益をともに目指すものなら、日系

14　田中圭治郎『教育における文化的同化——日系アメリカ人の場合』本邦書籍、1986年。

人の活躍する場所は多様である。また、このもう一枚の合わせ鏡にも例えられる日本に棲む日本人も「誠実・勤勉・責任」という共通の価値観で再度日本社会を 21 世紀に相応しい社会とすることが大切である。

　二世と三世は現地での生活に馴染み、日本という国家に自らのアイデンティティを見出すことはない。日本文化あるいは父母の故郷としての出身母県に自分のルーツを求めている。母県への県費留学は現在でも機能しており、一世によってもたらされた母県の文化への親和性ゆえに結び付きを強いものにしている。また、母県にいる親戚とのつながりも無視できない。これは世界に向かって開かれた地方の建設が可能であることを意味する。

　父母の国としての日本に親近感を抱きながらも、第二次世界大戦中には日本に棲む日本人よりも敵として矢面に立たされたという歴史を持ち、日本の国際社会での地位が上昇すればまた同様に実際以上の称賛を受けるのが海外に棲む日系人である。

　そして、このような日系人の 145 年の歴史は、我々が日本国内に棲む日系人に限らず外国人労働者に対しても、日系人に対するのと同様に開かれた心、開かれた政策をとり、将来の友好関係を維持発展させる方向の必要性を示唆している。その際、ただお金儲けに来ただけではなく、双方が異文化理解をすることによって、日本という土壌に新たな知恵や感性を水のように加え、「漂泊と定住」によって、日本社会を活性化し、多くの国々とつながっていくことが大切である。また、漂泊者が来た国から見れば、彼らを通して日本文化に接するという交流が生じる。

　以上、見てきたように、日本は明治以来、西欧国際体系に新参者として参入し、貧困と人口過剰により海外へ移民を送り出しつつ海外へと拡大していった。第二次世界大戦によって、移住国と日本との関係は緊張関係にあったが、日系人たちは実質的な地位を現地で築き上げていった。敗戦後、平和憲法の下で、国連中心の外交政策をとり、日本は国際社会との協調を進めていった。1980 年代になり、国際社会における日本の地位が上昇すると、それにともない、日系社会でも実質的な担い手となった日系二世たちが横のつながりを求めて結集し始めた。これが「トランスナショナル・エスニシティ」の誕生である。1981 年にメキシコで第 1 回パンアメリカン二世大会が開催できた国際関係史にお

ける意味は、シンボル化した「日本」の国際的なプレゼンスの高さが大きな要因であると考える。1990年代には入国管理法改正施行によって約30万人の日系人が日本で働くようになり、日本と日系人のつながりはまた強固なものとなっていった。第五の「1990年からの日系人の日本への還流」の段階を迎えている。日本国内でも最近、日系人は国際協力交流の重要な柱と考えられるようになった。このような歴史を振り返ってくると、良好な外交関係が日本人および日系人にとっていかに大切なものかよく理解できる。グローバル化、情報化によって国境の壁は低くなり、国境を越えることは個人的な選択かもしれないが、国を一歩出たときから、外交団と同じくらいの影響力を持っている。序論で194カ国から外国人を割り当て受け入れることが必要であると提言したのは、人の移動が異文化をもたらすだけでなく、外交関係にまで影響を与えるからである。相手をよく理解した外交や国際関係における協力のために、万遍なく世界の人々と多様なアクセスを持つことは、自然災害などのあらゆる変化に対して日本人やその子孫が生き延びるためにリスク分散として重要であると考える。

第2章
ジャポニスムと日本人移民の受け入れ

第1節　ジャポニスムとソフトパワー

　南北アメリカの日系人、とりわけラテンアメリカの日系人、日本人移民研究で現地調査をしていると、日本への憧れがこの地にあることを何度も体感させられる。これをジャポニスムと呼ぶならば、ラテンアメリカのジャポニスムについて系統的に研究し出版されたものは、2003年9月26日に大阪で開催されたラテンアメリカ・カリブ海研究国際連盟（FIEALC: Federación Internacional de Estudios sobre América Latina y el Caribe）第11回世界大会で、筆者がコーディネーターとなって開催した「グローバリゼーションとジャポニスム」(Globalización y Japonismo) のパネル報告が最初のものである[1]。ラテンアメリカにおけるジャポニスムについては、以下のような過程を追って研究が進められた。2001年6月2日、名古屋大学で開催された日本ラテンアメリカ学会第22回定期大会第1分科会《自由論題》で「トランスナショナル・エスニシティ――アメリカ大陸における日系人のネットワーク：パンアメリカン日系協会の事例研究」（浅香幸枝）、「戦前のアルゼンチン主要紙にみる日本報道」（今井圭子）、報告時に日本びいきの感情がラテンアメリカには存在するのではないかと両者が討論を始めたところから始まった。その後、1年を経て国際シンポジウムで「グローバリゼーションとジャポニスム」のテーマで研究を進めることを確認、準備していた。2002年6月29日、関西外国語大学中宮キャンパスで、日本・スペイン・ラテンアメリカ学会が開催され「茶道と日本におけるキリスト教との関係」（ラウル・ニボン）の講演を聞き、日本びいきのルーツは16世紀・17世紀のスペイン・ポルトガルとの出会いにまで遡ることができるのではないかとの点でニボン氏

と討論した。今井氏、ニボン氏の知己である筆者がまとめ役となって研究を進めた。

　2003年6月8日神奈川大学で、日本ラテンアメリカ学会第24回定期大会で、パネルB「国際関係史におけるジャポニスモ――スペイン語圏と日本との関係を中心に」を組織した。これを叩き台として、2003年9月26日の国際会議の共通論題「ラテンアメリカ・カリブ海・アジア・オセアニア地域におけるグローバリゼーションの経験と展望」に合わせて「グローバリゼーションとジャポニスム」(09-03) のパネルを組織した。「グローバリゼーション」とは、政治、経済、文化的交流の増大により国際社会が国境を越え一体化していく過程であり、「ジャポニスム」とは、日本の文化・芸術・思想の影響力と定義する。

　ジャポニスムについての用語の解説は以下のものにも詳しい。「ジャポニスムとは、19世紀後半から20世紀初期にかけて、西欧美術が日本美術の影響を受けて創作を行なった態度をいう。1872年にフランスの美術批評家フィリップ・ビュルティが初めて用いた。ジャポニスムによる作品が制作された時期は一般に、1856年頃から1910年代までとされる。このような日本美術の価値観は、伝統的な西欧美術に新しい息吹を吹き込み、近代美術の誕生に力をかした[2]」。また、大島清次はジャポニスムの包括的性格を次のようにまとめている。「日本美術工芸や物品にみられる造形上の特徴は多様であり、したがって受け取り方もさまざまである。しかし、自然主義、すなわち生活全体が深く自然と

1　09-03 Globalización y Japonismo
　　Coordinadora:　Sachie ASAKA
　　09-03-01
　　1. Raúl Nivón: Japonismo en España-Portugal en los siglos XVI-XVII. La imagen de Japón vista a través de cartas e informes de los primeros europeos. (Profesor Adjunto de la Universidad Internacional Osaka)
　　09-03-02
　　2. Keiko Imai: Imagen de Japón en los periódicos argentinos enfocando las épocas de la guerra chino japonesa y ruso japonesa. (Profesora de la Universidad Sofía)
　　09-03-03
　　3. Sachie Asaka: Imagen original de los migrantes japoneses a través del "Japonismo" en el triple contexto de fuerza económica, política y cultural. (Profesora Adjunta de la Universidad Nanzan)
　　上記の論文は ACTA FIEALC 2003, 2004年3月付で CD-ROM 出版された。
2　馬渕明子「ジャポニスム」『ブリタニカ国際大百科事典』第8巻、TBSブリタニカ、1995年、662 – 664頁。

調和し、文化・芸術のすべてが自然に根ざしているという日本人と自然との結びつき方がヨーロッパの作家たちに強い印象を与えたといえる[3]。

西洋社会で受容された「ジャポニスム」とはもともとフランス語であり、フランスにおいても一般に通用するようになったのは、第二次世界大戦後のことであるという[4]。19世紀後半、日本趣味が盛んであったときには「ジャポネズリー」という言い方が好まれたという。この言葉は、異国の珍しいものへの関心を特に強調するニュアンスが強いが、「ジャポニスム」というときには、そこにエキゾティズムの要素が大きな部分を占めていたとしても、それだけに留まらず、造詣原理、新しい素材や技法、その背後にある美学・美意識、さらには生活様式や世界観をも含む広い範囲にわたる日本への関心および日本からの影響もその対象とするのが日本ジャポニスム学会の定義である。筆者は文化が魅力的に映るには、経済力、政治力という2要素の裏打ちが必要だと考えている。構造主義の文化人類学者の眼を持って観察しない限り、筆者も含んだ一般の多くの人にとって、自分たちよりは優れている（経済力、政治力がある）という要素がない限り、なかなか素直に良いと思えないのである。自分の持つ文化が一番馴染んでおり、優れていると考えているからである。

ある国のイメージは、〈図1〉で示されるように政治力、経済力、文化による影響力としての文化力から成る社会的状況によって形成される。本稿で用いる文化力とは、ジョセフ・ナイ氏の指摘するソフトパワー（考え方、文化、政策を通じて説得する力）の源泉となるものである[5]。外交関係において良好な関係を維持するためには、〈図2〉における良い社会的状況と良いイメージ双方が必要であろう。しかし、良いイメージを最初に持っていれば、悪い社会状況であっても、関係は悪化しないし、良好な関係に近づきやすい。

ここで気をつけなければならないのは、〈図2〉のⅢにおける悪い関係からいかに脱するかという方法である。ⅡとⅣに見られるように、良好な社会的状況あるいは良好なイメージのどちらかがあれば、Ⅰに向けて政策立案の可能性がある。Ⅲの場合は、ⅡまたはⅣの方向へ向けて政治・経済・文化面で改善の努力を積み上げるしかない。

前述のシンポジウムでは、ラウル・ニボンが「16世紀、17世紀におけるスペイン・ポルトガルにおけるジャポニスム――最初のヨーロッパ人の書簡から

〈図1〉 イメージ形成図[6]

イメージ

社会的状況
政治力　経済力　文化力

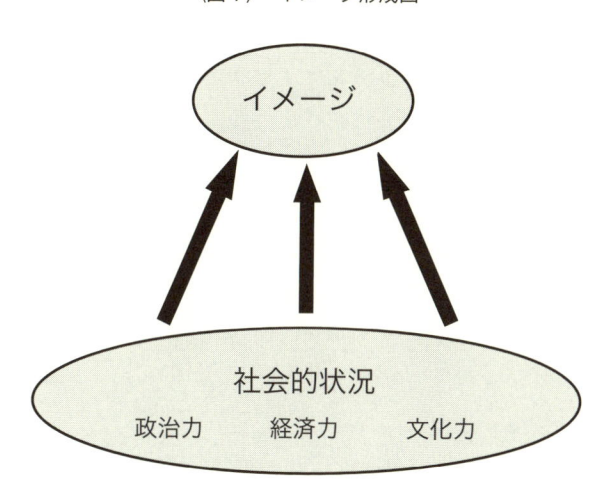

〈図2〉 イメージ形成図[7]

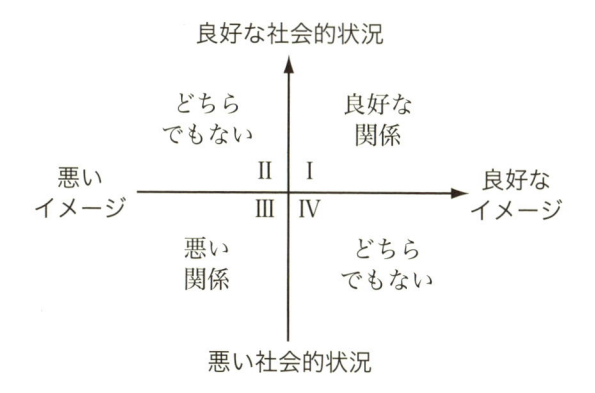

良好な社会的状況

	どちら でもない	良好な 関係	
悪い イメージ	II	I	良好な イメージ
	III	IV	
	悪い 関係	どちら でもない	

悪い社会的状況

3　大島清次「ジャポニスム」『世界大百科事典』第12巻、平凡社、1988年初版、1998年再版、738頁。
4　高階秀爾「ジャポニスムとは何か」ジャポニスム学会編『ジャポニスム入門』思文閣出版、2000年、3－11頁。(ジャポニスム学会とは、前身をジャポネズリー研究学会〔1979年設立〕といい、1998年に学会名を現在のものと改め、印象派の研究中心からさらに広い新たな関心と問題を研究することになった。学会設立20周年記念事業として本書『ジャポニスム入門』がつくられた。)
5　Joseph S. Nye Jr. 'The Information Revolution and American Soft Power', *Asia-Pacific Review*, vol. 9, No. 1, 2002, pp. 69-71.
6　Sachie ASAKA, 09-03, *op. cit.*.
7　Sachie ASAKA, 09-03, *op. cit.*.

見た日本のイメージ」、今井圭子の「日清戦争・日露戦争時代のアルゼンチンの新聞に見る日本のイメージ」、筆者の「経済力・政治力・文化力における『ジャポニスム』から見た日本人移民の原初イメージ」と研究分担した。

その結果、ラテンアメリカにおける日本の良好なイメージは、最初のスペイン人・ポルトガル人との出会い以来継続性があることが分かった。1854年米国を筆頭に、西洋列強のオランダ・ロシア・イギリス・フランスと不平等条約を結んだ日本は、以後対等な関係を求めて条約改正を外交目標にする。1870年代になると、ダーウィンの進化論などの、欧米諸国で白色人種の有色人種に対する優位説、すなわち、科学的人種差別理論が流行した。そのような国際環境の中で、1888年のメキシコを筆頭に、ペルー、ブラジル、チリ、アルゼンチンと日本は平等条約を締結した。

1905年、白人に対して初めて黄色人種が勝利した日露戦争は、米国とラテンアメリカとでは異なる反応を示した。日本人移民排斥の米国に対して、ラテンアメリカは以後日本人移民の主要な受け入れ先となる。1898年米西戦争での勝利によって、スペインからフィリピンを奪い太平洋に布石を打った米国は、南北アメリカ大陸においてもその存在感を増した。米国はラテンアメリカにとって、近代化の手本であると同時に地政学上の脅威でもある。大国の清、ロシアを破り、脱亜入欧政策をとる新興の日本は、同じように近代化を進めなければならないラテンアメリカ諸国にとって興味のある対象であり、かつ、開発のためにヨーロッパ移民だけでは足りないので日本人移民を必要とした。このような政治・経済上の補完性が考えられるが、16・17世紀にラテン世界にももたらされた最初の日本の良きイメージ「色白で、礼儀正しく、優れた技術を持ち、教育程度が高い」は、パリでジャポニスム華やかな時代に活躍したエンリケ・ゴメス・カリーリョ（Enrique Gómez Carillo：1873～1927年）に受け継がれ、旺盛な文筆活動によってスペイン語文化圏に共有された。そのため、人種主義の潮流があっても、ジャポニスムによる良きイメージという文化力を使って、さらに日本の経済・政治力の上昇に裏付けられて、ラテンアメリカでは米国起源の排日という流れを大きくすることはできなかったと結論づけられた。

本章では、ジャポニスムのイメージ流布に功績のあったグアテマラ人のエンリケ・ゴメス・カリーリョのまなざしに焦点を当て、さらに詳細に考察を進め

ることを目的としている。どのような背景の下にゴメス・カリーリョが親日的な日本像を持つに至ったのかを明らかにする。こうした考察によって、ラテンアメリカと日本とのさらに深い理解と交流が可能になると考えるからである。また、これに留まらず現在日本と良好な国際関係にない国に対しても、親日的な関係を取り結ぶヒントも見つかるのではなかろうか。そのような視点から、以下の順に考察を進める。最初に、親日のラテンアメリカの概要を明らかにする。次に、ラテンアメリカのジャポニスムの状況を示す。エンリケ・ゴメス・カリーリョの著作分析を通してジャポニスムを概観し、日本へのまなざし、特に独自の近代化の発展モデルとして日本を捉えていたことを1912年に執筆され何度も版を重ねスペイン語圏に日本イメージを流布した『誇り高く優雅な国、日本』から事例をとり、明らかにする。

第2節　親日のラテンアメリカ

　21世紀のラテンアメリカを展望する際に、忘れてならないのは、この地域の持つ親日性である。数量的に調査したもので概観してみよう。

　『ラテンアメリカ主要国における対日イメージ調査　その2——7カ国9都市調査の最終報告書[8]』は、国際社会での日本のプレゼンスの増大、特に経済面での増大によって日本が注目を浴びるようになったことを受け、ラテンアメリカにおける対日イメージ調査を行なったものである。1988年5月から6月にかけてコロンビアのボゴタ市で予備調査、1990年4月から6月にかけてアルゼンチン、ブラジル、コロンビア、コスタリカ、メキシコ、ペルー、ベネズエラの7カ国9都市で本調査が行なわれた。調査対象は、エリート予備軍ともいえる大学生と、政治家、企業家、学者、ジャーナリストなどの既成エリートからなる二つのグループに限定された。日本語を学んでいる学生や日本研究の学生、日本人の血統を持つ日系人は対象から除外されている。

　これによれば、ラテンアメリカにおける日本のイメージは総じて「いびつ」

8　『ラテンアメリカ主要国における対日イメージ調査　その2——7カ国9都市調査の最終報告書』上智大学イベロアメリカ研究所、1991年3月。

であり、日本の経済的な側面については比較的知識も深く、信頼性が高くその役割に期待が表明されているが、政治、社会、文化的な面については知識が浅くなると同時に日本に対する評価も厳しくなる傾向が指摘されている[9]。対日批判は全般的に少なく、日本および日本人に対して総じて良好なイメージを有しており、日本との関係強化を求めている。複数の質問を組み合わせて総合的に「親日度」を計測すると、リマ、メキシコ市、ティファナ、サンホセの4都市が親日度の最も高いグループを形成し、ボゴタ、カラカスがそれに次ぎ、ブラジリア、サンパウロ、ブエノスアイレスの3都市では相対的に親日度が低いという結果だった。日本と太平洋を共有する「太平洋国家」の方が太平洋に直接出口を持たない「大西洋国家」よりも親日的であり、日系人の有無や貿易、投資などの経済活動における緊密度は直接親日度に結びつかないという。ラテンアメリカにおいては、現地化した日系人の存在ゆえに親日的であるとほぼ定説化しているので、興味深いアンケート結果である。もし、アンケート対象に実際にエリートとして政策決定に影響を及ぼしている日系人や日本語や日本研究を専攻する学生を含めたならば、調査結果は異なるかもしれない。

　日常生活では、「テレビ」や「商品」をはじめ、映画や文学などを通した間接接触や人との直接接触など多種多様な文化的触れ合いがある。このような過程を経て日本に対する見方として、政治は民主的ではなく、技術と科学が優れており、日本女性の地位はラテンアメリカより低く、勤勉、進歩的で実質的な「合理的な現代人」というイメージを持っている。日本への関心はまず、東京にあり、いまだにエキゾティズムの対象である。仕事や留学、観光先に2カ国選ぶという選択では全般にヨーロッパ志向が強く（7割前後）、次に米国が選択され（6割前後）、日本へは3割前後である[10]。ただし、これは国別で多少差がある。カラーテレビを買うなら日本製を求める人が7割で、自動車も日本製を4割の人が買う（ブエノスアイレスのみはヨーロッパ製を好む）としている[11]。この調査当時、日本は21世紀に米国を凌ぐ大国になり、自国との関係は良くなると考える人が7割あったと報告されている[12]。

　この調査に対して、1991年に文部省大学共同利用機関・国際日本文化研究センターが行なった『アメリカ・ヨーロッパ・日本における「日本イメージ」——比較調査研究』（1993年5月）[13]と、前述の研究を比較してみよう。アメ

リカ・ヨーロッパともに「伝統の強い国」「自然の美しい国」「集団主義の国」といった伝来の特性項目と「経済的に豊かな国」「近代化（ハイテク化）された国」という現代的特性項目とが肯定度の大きいイメージとして併存している。日本イメージの「多元複合性」「極端異質性」ゆえの謎めいた国であることが再確認されたとまとめている。この調査の結果をみると、前述のラテンアメリカのエリート・グループがかなり実利的に日本についての情報を得ているのに対して、ヨーロッパやアメリカでは紋切り型のイメージしか持っていないことが分かる。調査対象がアメリカでは企業6社（438人）と大学2校（168人）が中心で、ヨーロッパではイギリス（2カ所、145人）・ドイツ（2カ所、25人。大学生5人含む）・フランス（2カ所、22人）・イタリア（1カ所、10人）・スペイン（1カ所、4人）の日系企業の従業員[14]であったことに起因すると思う。ただし、ここで注目したいのは、アメリカ・ヨーロッパともに平均6割の人が「日本が好き」と言っていることだ。

　前述の調査は1980年代の日本経済のバブル期の1990年と1991年に行なわれている。過剰となったジャパン・マネーは日本国内の土地の買い占めに留まらず米国の一等地まで買い、現地の反感を買った。しかし、1990年8月に筆者が訪れたメキシコではそのような反感はなく、日本とはうまくやれる好機と考える人が多かったのを記憶している。さらに、戦後、焼け野原から不死鳥のように復活し経済発展した日本を発展モデルと見立てる人たちもいた。当時のマスメディアに描かれた日本は着物姿のやさしい女性であり、米国は両手に銃を持ったカウボーイとして描かれていた。メキシコで人気のあるカンティンフラという喜劇役者が、着物の日本女性に花束を捧げるというメキシコの親日感を表現するものだった。

9　『ラテンアメリカ主要国における対日イメージ調査　その2——7カ国9都市調査の最終報告書』上智大学イベロアメリカ研究所、1991年3月、V–VI頁。
10　同上、114頁。
11　同上、113頁。
12　同上、VI頁。
13　『アメリカ・ヨーロッパ・日本における「日本イメージ」——比較調査研究』国際日本文化研究センター、1993年5月。
14　同上、23頁。

その10年後の2000年8月に訪問したロサンゼルス、メキシコシティ、リマ、アスンシオン、サンチアゴでは、寿司を代表とする日本食やアニメーションの「ポケモン」が大流行だった。2000年には現代日本のごくありふれた日常文化が筆者の訪れたラテンアメリカ都市で受容されていた。この時点で調査すれば、謎めいた日本イメージはより実像に近くなっていたのではないだろうか。

第3節　ラテンアメリカのジャポニスム

20世紀末から21世紀初頭の日本はアニメーション、日本食などが世界中でブームとなり第四次ジャポニスムのさなかにあると言ってもよいのではないか[15]。1980年代の経済的繁栄とそれに付随する日本への憧れは近年始まったことではないからだ。マスメディアの情報源の偏った報道から、米国、中国、韓国といった国々から見た日本像を私たち日本人は一方的に聞かされ、日本は敗戦国、悪い国といったイメージを植えつけられている。2007年3月6日付けのBBCの世界好感度調査では、世界で一番好かれる国は日本とカナダであった[16]。2011年7月時点で世界の国は日本も含め195カ国ある。日本であまり報道されない国々の日本への見方を私たちは正確につかむ必要がある。それを基に外交交渉をはじめとする貿易、国際協力が可能となる。国連の常任理事国になろうとするならば、このような国々と直接人を通じてつながって、相手のためになることをすることによって、自然と日本は推してもらうことができる。

大航海時代を拓いたのはアジアのネットワークが伝えた極東の黄金伝説であったと、宮崎正勝は指摘する。ムスリムやヨーロッパ人は、黄金に富む神秘な国として「ジパング」を憧れの目で見つめ続け、黄金島「ジパング」伝説は9世紀以降の海洋世界の歴史の中で商人や船乗りの夢であり、航海の動機だった。ムスリム商人、マルコ・ポーロ、コロンブスへとこの憧れは引き継がれ、環大西洋世界、世界資本主義の形成へとつながった大きな「世界史」の潮流を生み出したと指摘する。さらに「ジパング」のイメージは「黄金の幻を秘めた国」「豊かな銀産国」「奇跡的に国民国家と資本主義システムの建設に成功した国」「第二次世界大戦の壊滅的な打撃から復興を遂げた工業国」というように

姿を変えていると世界史の中で俯瞰する[17]。

　日本への憧れは、言い換えれば日本の文化的影響力であるジャポニスムであり、第一次ジャポニスムは、「黄金の国」として世界の人々のイメージに豊かさを刻印したことである。第二次ジャポニスムは、フランシスコ・ザビエルの日本訪問に始まる。豊かな銀を持ちつつ、文化度も高い日本というイメージを与えた。第三次ジャポニスムは、浮世絵を中心とした日本の美意識が、行き詰まった西洋に斬新な技法、自然との共生のあり方を伝えた文化的影響力である。これは、ちょうど日本が明治維新を経て脱亜入欧していく時期と重なる。エンリケ・ゴメス・カリーリョが活躍したのもちょうどこの時代である。第四次ジャポニスムは1980年代の日本の経済的繁栄に始まる憧れであり、失われた10年といわれた経済改革の遅れにともない特別な日本から悩みもある普通の国日本へとイメージが変わり、それにともないマンガ、アニメーションや寿司など日常生活に親しみを持たれるようになった2000年代半ばにかけてのことである。

　新大陸が「発見」されるまでは、世界は「西洋国際体系」「イスラム国際体系」「東アジア国際体系」の三つの国際体系が併存しており、西洋の優位は決定的なものではなかった[18]。政治的経済的に西洋の優位が続くと、異文化や他の文明に対しても、あたかも西洋文明が優位のような錯覚を持つようになっていく。

　話題となったハンチントンの文明の衝突もそのような文脈の中で、米国文明の優位性を疑わないところに端を発している。それに対して、日本では大方の論者が文明・文化は交流があって初めて発展成長するという立場をとっている。代表的なものに、比較文明学会20周年記念論集の伊藤俊太郎監修、吉澤五郎・染谷臣道編『文明間の対話に向けて——共生の比較文明学』がある[19]。2001年は「文明間の対話」の年とするように、1998年9月の国連総会で決定され

15　Asaka, 2004.3, op. cit..
16　http://www.globescan.com/news_archives/bbccntryview/bbccntryview.pdf（2007.3）
17　宮崎正勝『ジパング伝説——コロンブスを誘った黄金の島』中公新書、2000年、213 – 214頁。
18　山本吉宣他編『講座　国際政治　1.国際政治の理論』東京大学出版会、1989年初版、1991年第3刷、1 – 11頁。
19　伊藤俊太郎監修、吉澤五郎、染谷臣道編『文明間の対話に向けて——共生の比較文明学』世界思想社、2003年。

ていたにもかかわらず、2001年9月11日に米国で同時多発テロ事件が発生した。これを機にブッシュJr.政権は軍事力を背景に単独行動主義をとるようになった。21世紀における「文明の衝突」を回避するために『文明間の対話に向けて──共生の比較文明学』は執筆された。筆者も同様の問題意識から本書を執筆している。同様の立場のものに、山内昌之『文明の衝突から対話へ』や服部英二『文明間の対話』、米山俊直『私の比較文明論』がある[20]。高谷好一『多文明世界の構図──超近代の基本的論理を考える』、フランス国立科学研究センターのマルク・クレポン、白石嘉治編訳『文明の衝突という欺瞞──暴力の連鎖を断ち切る永久平和論への回路』もある[21]。

興味深いこのジャポニスム学会編による『ジャポニスム入門』では、フランス、イギリス、米国、オランダ、ドイツ、オーストリア、イタリア、北欧、中央ヨーロッパとロシアにおけるジャポニスムの歴史が検討されているが、スペイン・ポルトガル・ラテンアメリカについては残念ながら日本からスペイン・ポルトガルに輸出された南蛮漆器のことしか触れられていない[22]。17世紀後半海外で「ジャパン」とも別名で呼ばれるようになった漆器は、高台寺蒔絵にインドや中国の螺鈿の技法も組み込み装飾されたものであり、16世紀半ばに教会の祭具を日本の漆器で作りだしたことから、カトリックの国々への輸出から始まり広くヨーロッパ各地に輸出されるようになったという。ここで、興味深いことは、純日本的な技術に外来の技法も組み入れて改良し、輸出先の文化的な好みに合わせて製造輸出して成功するという、今日の輸出振興策に通じるようなことをすでに行なっていたことである。

1492年のジパング（黄金の国）を目指したコロンブスの大航海に始まったラテンアメリカの植民地化は、新大陸の都市を中心にスペイン化を急速に進めていった。ラテンアメリカ諸国の独立後の社会政策は、近代化の進んだ米国やフランスをモデルとして行なわれていた。とりわけ上流階級は家庭でもフランス語で会話するというほどだった。当時フランスはジャポニスムの全盛であり、仮説としてフランスを通して日本が受容されていったと考えられるのではないか。

ラテンアメリカの近代化の過程で西欧化の一つのモデルがフランスであった。このように考えたとき、日仏の交流史も間接的に日本とラテンアメリカとの交

流に影響を与えていると考えられる。『青い目に映った日本人——戦国・江戸期の日仏文化情報史』[23] によれば、1585 年ににわかにフランスで第一次ジャポニスムが高揚している。天正少年使節がはるばる極東からやって来て、当時のヨーロッパに一大センセーションを巻き起こした。スペインやイタリアの細かい情報が非常に早くフランスに伝わっていた。当時の知識人たちが庶民に伝えるほど、第一次ジャポニスムを引き起こしたと山内は指摘する。その理由は、「ヴァチカンの長女」だったフランスの旧教徒にとってこの使節団の来欧は、カトリックの普遍性を示し、証するものとして目に映ったからである[24]。この示唆に富む本は日欧を対等視するイエズス会士フランシスコ・ザビエル以来の伝統がカトリック世界にはあり、スペイン、ポルトガル、イタリア、フランス、ドイツ（カトリック地域）には、ジャポニスムが育成される精神風土があったことが分かる。さらに、カトリックは土着の信仰を習合して取り込んでいく形態を持っており、それが多様性を保持する普遍性（ユニヴァーサル）があると位置付けることができる。それに対して、新教徒は同じ実態に接してもイエズス会士とは正反対の反応を示している。「日本人は非常に残忍で高慢で復讐心が強い」と日本人像を描いている[25]。「自分たちと同じであると共感するか」「異質であると排除するか」という両者の態度の違いである。この最初のイメージ形成の違いが、以後の対日イメージを左右することになる。スペイン帝国時代に本国と植民地が深い文化的同一性を持っていたことから考えると、ラテンアメリカのエリート層にジャポニスム受け入れの土壌があったことが分かる。

　このような背景を理解すると、日露戦争での日本の勝利によって米国では黄色人種への警戒から日本人移民の排斥へと進むのに対して、日本人移民はメキ

20　山内昌之『文明の衝突から対話へ』岩波現代文庫、2000 年初版、2000 年第 2 刷。服部英二『文明間の対話』麗澤大学出版会、2003 年。米山俊直『私の比較文明論』世界思想社、2002 年。
21　高谷好一『多文明世界の構図——超近代の基本的論理を考える』中公新書、1997 年。マルク・クレポン、白石嘉治編訳『文明の衝突という欺瞞——暴力の連鎖を断ち切る永久平和論への回路』新評論、2004 年。
22　高階、前掲書、14 – 15 頁。
23　山内昶『青い目に映った日本人——戦国・江戸期の日仏文化情報史』人文書院、1998 年 。
24　同上、54 – 55 頁。
25　同上、150 頁。

シコとペルーで、戦前にその国で最大数受け入れられ、その後、ペルーとブラジルで大量の受け入れを行なう歴史的背景とが現地調査で感じたジャポニスムともいえる親日感の説明がつく。

第4節　エンリケ・ゴメス・カリーリョの日本へのまなざし

　エンリケ・ゴメス・カリーリョ[26]は、1873年2月27日にグアテマラ新市に生まれ、1927年11月29日に53歳でパリで亡くなった。グアテマラを代表する詩人、年代記作者 (cronista)、小説家、そして現代ジャーナリズムのパイオニアである。父はアグスティン・ゴメス・カリーリョ弁護士で、イグナシオ・ゴメス弁護士とマリア・デル・カルメン・カリーリョ・デ・アルボルノス・ナヘラ・イ・バトレスとの間に生まれた。父のアグスティンは法律家ではあったが、文学・哲学好きで特に歴史が好きであった。グアテマラ王立教皇大学の教授や学長を務めるが、決して経済的に豊かではなかった。もし、自由党に入党すればカリーリョ・デ・アルボルノスという貴族の出自ゆえに大臣になることも可能であった。しかし、自由主義には反対しており、植民地時代の秩序と名誉を重んじていた。母はホセフィーナ・ティブレ・マチャドでサント・トマス港の殖民のために1844年にグアテマラに移住したベルギー人の技術者フェリーペ・ティブレ・ベルトランとドロレース・マチャド・ルナとの間に生まれた。この母は輝くほど美しく、良妻賢母であり、貧困にも威厳を持って耐えた。後にこの母がベルギー人の父の遺産を受け継ぐと、一家の生活は持ち直す。エンリケ・ゴメス・カリーリョは両親からフランス語や人文知識を受け継ぐ。名門でありながら、時の独裁政権にくみしなかったため、豊かではなかったゴメス・カリーリョは、のちに日本を訪れたとき、明治政府になり没落した武士階級に対して共感する素地を持っていた。

　1881年春、両親に連れられてエンリケは祖先の地スペインへと旅立ち歓迎を受けた。スペインから戻ると、グアテマラには戻らず、エルサルバドルのサンタ・テクラへと行った。エンリケは学校へ通うが、悪戯ばかりしていた。

　1885年、グアテマラの自由主義独裁者フスト・ルフィーノ・バリオス将軍の死によって一家は帰国した。スペイン語の習慣によって名字は父の姓と母の

姓を二つとも付けることになっており、エンリケ・ゴメス・ティブレと称していた。当時の厳格な型にはまった学校になじめず、二度放校処分を受けている。このティブレという外国人の名字がからかわれ喧嘩になったりしたことも原因で、災いを避けるためにゴメス・カリーリョと改名した。

　ゴメス・カリーリョは生来ボヘミアンなところがあり、心の赴くままに様々な階層の人々と交わる人であった。しかし、1888年を機にエンリケは文学に打ち込むようになる。

　若くして地元紙に近代的な手法で執筆し、グアテマラの伝統的な作家を批判していた。「近代主義」（modernismo）の父、ニカラグアのルベン・ダリオ（Rubén Darío）[27]に見出され、その推薦で、1891年2月の初め18歳の誕生日直前に、エンリケはスペインに留学する。しかし、途中パリで下船してしまう。ダリオにパリでフランス文学を勉強するように助言されていたからである。その後、スペインへ連れ戻される。エンリケ・ゴメス・カリーリョはグアテマラ生まれであり、ラテンアメリカではなくパリ在住であったが、ラテンアメリカの世紀の変わり目で最も影響力のあった詩人だと位置付けられている[28]。そしてこの近代主義は、フランスとスペイン語圏アメリカとの混交を生み出していった。アマド氏によれば、エンリケ・ゴメスのもとを訪れるスペイン語圏アメリカの作家たちは数多く、死後もその墓を巡礼していたという[29]。ゴメス・カリーリョは様々な文学雑誌に作品を出版し、『自由主義者』（*El Liberal*）というマドリッ

26　エンリケ・ゴメス・カリーリョについては以下の著作によった。Eloy Amado Herrera, *Enrique Gómez Carillo: Biografía mínima*, Guatemala, 1973. Gerald Martin,'Guatemala 19th- and 20th- Century Prose and Poetry' (Edited by Verity Smith, *Encyclopedia of Latin American Literature,* Fitzroy Dearborn Publishers, Chicago and London, 1997) pp. 385-389. Ermilo Abreu Gómez, *Enrique Gómez Carillo*, Gráfica Panamericana, México, 1954.

27　「ルベン・ダリオの仕事は正にフランスの詩をカスティーリャの詩へ移し入れることであった。16世紀、フアン・ボスカンがイタリア風11音節詩によってスペイン語の市民証明書を発行したように、ルベン・ダリオは当時の最も優れたフランス人たちから韻律の処理法と韻を踏む形式を取り入れて、カスティーリャの詩歌にフランス風の軽妙洒脱さと音楽性を付与した」（ペドロ・シモン「ルベン・ダリオ——詩歌に捧げられた一生涯」『ラテンアメリカ文学研究』行路社、2000年、115頁）。

28　Gerald Martin, op. cit., p. 385.

29　Amado, *op. cit.*.

ドの日刊紙を編集した。これはスペインの出版を近代化する助けとなった[30]。亡くなるまで住んでいたパリでは、ラテンアメリカやスペインの新聞社数社の特派員として働いた。このように、ゴメス・カリーリョの特派員記事はスペイン語圏での影響力を持つものとなった。

　世界中を訪れ、『魅惑のパリ』（El alma encantadora de Paris）や『現代ロシア』（La Rusia actual, 1906）、『永遠のギリシャ』（La Grecia eterna, 1908）、『誇り高く優雅な国日本』（El Japón heroico y galante, 1912）、『スフィンクスの微笑み』（La sonrisa de la esfinge, 1913）、『聖地エルサレム』（Jerusalem y la Tierra Santa, 1914）、『ヨーロッパの風景画』（Vistas de Europa, 1919）の記録を出版している[31]。1912年にマドリッドで出版された『誇り高く優雅な国日本』は、1917年、1920年にも増刷され、1958年にはメキシコ、1959年にはグアテマラで出版されている[32]。この本のスペイン語文化圏での反響が読み取れる。1985年には、コロンビアでも再版された[33]。アブレウ・ゴメスの文献解題によると、1912年の出版以前にゴメス・カリーリョは1906年にパリで『マルセイユから東京へ』（De Marsella a Tokio）をスペイン語で出版し、1907年同じく『日本の魂』（El alma japonesa）を同出版社から出版している[34]。1919年マドリッドで出版されたゴメス・カリーリョ全集第7巻は、『誇り高く優雅な国日本』(1912年)に3章追加されている。「貧困」「名誉の規範」「微笑み」の項目である。日本では2001年11月に1959年のグアテマラ版を基にして『誇り高く優雅な国、日本――垣間見た明治日本の精神』（人文書院、児嶋桂子訳）として訳されている[35]。この訳書に出会った時、筆者は二つの意味でとても驚いた。第一にメキシコ留学時代（1979～1980年）メキシコ人から聞かされた日本・日本人像にそっくりであること、第二にこの本に描かれたイメージは1980年代から南北アメリカ大陸で2年ごとに開催されているパンアメリカン日系大会のリーダーたちが持つ日本の良いイメージとも一致していることであった。この本がスペイン語文化圏での良き日本イメージを流布している重要な一冊ではないかと考えたからだった[36]。

　小林一宏上智大学教授は、好奇心旺盛で第一線のジャーナリストである、ゴメス・カリーリョが1905年9月初旬に来日した目的は、黄色人種が初めて白色人種に勝った日露戦争の日本の勝因を探ることにあったのではないかと指摘している。『誇り高く優雅な国日本』はヨーロッパの文芸に精通したゴメスが

文芸の視点から日本精神を探求した著作であり、武士道が日露戦争の日本の勝因であったと指摘する[37]。

1912年版の原書[38]を分析すると以下のようになる。最も大切なことはこの本を流れている論調が日本への共感であることだ。社会分析をする際に文学作品なども用いて深く日本精神に迫ろうとしている。その博覧強記ぶり、臨場感、文体の流麗さは、思わずその場にいるような錯覚を引き起こす。日本事情を特殊化せず、その膨大な知識の引き出しからスペイン語文化圏を中心とするヨーロッパ世界との共通項でくくろうとしている。

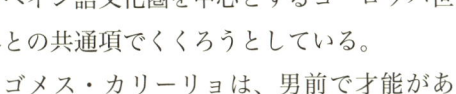

1912年版の原書の表紙

ゴメス・カリーリョは、男前で才能があり、さらに決闘にも強いという魅力的な男性であり、物心がつくころから女性関係が絶えず、ペルー人の一番目の妻、スペイン人の二番目の妻、エルサルバドル人の三番目の妻を持ち、ドン・フアンのように女性遍歴を繰り返し、「ある国を知ろうとすれば当地の女性と付き合ってこそ理解できる」と信じていたという[39]。蛇足であるが、三番目の妻は、カリーリョの死後、『星の王子さま』

30　Fernando González Davision, 'Gómez Carillo, Enrique', *Encyclopedia of Latin American History and Culture* vol. 3, Simon & Schuster Macmillan New York, 1996, p. 76.
31　Ricardo Gullón, *Diccionario de literatura española e hispanoamérica A-M*, Alianza, Madrid, 1993, p. 637.
32　OCLC First Search: Detailed Record 2003/02/03.
33　小林一宏「序」、エンリケ・ゴメス・カリージョ著、児嶋桂子訳『誇り高く優雅な国、日本——垣間見た明治日本の精神』人文書院、2001年、8頁。
34　Abreu Gómez, 1954, *op. cit.*, pp. 65-69.
35　エンリケ・ゴメス・カリージョ著、児嶋桂子訳『誇り高く優雅な国、日本——垣間見た明治日本の精神』人文書院、2001年。
36　Asaka, 09-03-03.
37　小林一宏、前掲書、6–7頁。
38　Enrique Gómez Carrillo, *El Japón heroico y galante*, Renacimiento sociedad anónima editorial, Madrid, 1912.
39　Amado Herrera, *op. cit.*, p. 53.

の著者で人気の高いサン・テグジュペリの妻となる。赤いバラのわがままに振り回される王子さまの苦悩の日々の原因が納得できる。確かに、近代化の進む社会において、その国の伝統が最も維持されているのは女性の世界であるので、ゴメス・カリーリョの見方は的を射ているように思う。このような立場から、ジャパニスムの一番の火付け役となった浮世絵の女性に会おうとする。ゴメス・カリーリョは、先行研究に学び客観的に資料を集め、素直な目で日本を描いている。この本の目次は次の通りである[40]。

1. 東京
2. 吉原
3. 勇敢な魂
4. 日本刀
5. 社寺
6. 侍
7. 洗練された精神
8. 腹切り
9. 詩歌
10. 女性
11. 風景

　東京に着くが、明治政府の下で欧米を手本にアメリカ化されつつある日本で、普段着の日本に浮世絵の女性はすぐには見つからずがっかりするが、浮世絵に出てくるような女性やホテルで見た上流階級の女性はアンダルシアのスペイン女性と同じ貴族的な白人種であると、親しみを持つ。日本の社会は支配層に属する色白の「白人種」とアメリカ先住民と同じ黄色人種から成り立っていると、ラテンアメリカ社会を見るかのように誤って理解している[41]。

　浮世絵の舞台である吉原にもゴメス・カリーリョは出かけ、洗練されたもてなしをルポルタージュする。そこでは古き良き日本の伝統を発見し、花魁たちには教養があり、徳があることを称えている[42]。1900年に川上音次郎（1986〜1911年）と貞奴（1871〜1946年）の一座が、パリを皮切りにブリュッセル、ウィーン、ワルシャワなどヨーロッパ巡業で成功を収めた[43]。さらに、この年にパリに日仏協会が創設された。ゴメス・カリーリョも貞奴に憧れ、この浮世

絵に描かれた女性たちを白人と同じ美を持つものとしている[44]。

一方、日本社会を支える規範として「武士道」を取り上げ、男も女も美しく死ぬことが美学であるとする考えが、数々の日本の勝利を生んだと考えている。日本刀に見られる優れた技術と侍の持つ誇りと切腹への深い理解を示している[45]。

日本人は日本人であることに誇りを持っているととらえ、日本はすべての文化を集めすべての美を凝縮している。国民の才は全世界に通じるものであり、文明の一つのあり方として描いている。さらに、治外法権が解消され、オランダ人が黄色人種の裁判に不満を述べたことに対していわれのない白人のおごりだと論破している[46]。特に、『時代思潮』という雑誌を引用して、日本は軍事力によらずとも世界の中心になれると紹介している。すなわち、インドや中国の文明を吸収する東洋の文明と、ギリシア文明に始まりヨーロッパ・アメリカ文明という西洋文明の二つの文明を日本が集合しているからである[47]。

また、自然を愛でる日本の美学に敬意を払っている。ジャポニスム研究者の大島清次によれば自然と共生する美意識と哲学こそがヨーロッパがジャポニスムから学んだものだとしている[48]。

エンリケ・ゴメス・カリーリョは、物心両面を含む日本の美だけでなく、東アジア国際体系から脱出し、西欧国際体系に参加する過程でこの日本の伝統を根底に持ちながら、新しい文明のあり方を提示していると理解している。ヨーロッパが学ぶべきことは、日本の高いレベルの美意識、道徳、自然との共生、高い技術であると提言する。ここに、ジャポニスムの影響を私たちは見ることができる。

40　Gómez Carrillo, 1912, *op. cit.*, pp. 1-219.
41　*Ibid.*, pp. 24-25.
42　*Ibid.*, p. 36.
43　ジャポニスム学会編、前掲書、24 頁。
44　Gómez Carrillo, 1912, *op. cit.*, p. 60.
45　*Ibid.*, pp. 84-86.
46　*Ibid.*, p. 129.
47　*Ibid.*, pp. 130-131.
48　大島、前掲書、738 頁。

さらに詳細に著作を読んでいくと、偏見を生む恐れのある事柄を「共感」を持って理解した例を示すことができる。以下、一覧表にして章ごとにまとめる。左側が、ゴメス・カリーリョが日本で見たものであり、日本の文化伝統を描いている。右側は、それに対して「共感」の理屈づけをしている。

1．東京

お辞儀と微笑み[49]

いずれも何度もして、ここを訪れた外国人の旅行記そのもの。	
横浜発の列車で同乗する娘たちは上流社会の灰色の着物を着た15歳未満の6人。人形のように同じように見えるが、よく見ると一人ひとり違っている。	オートマチックダンスのあるヨーロッパの音楽喫茶のバリッソンを気取ってつめかける、アメリカ人「シスター」のグループを思い出させる。

夢に描いた東京[50]

汽車の窓から見ると、曲がりくねった松の枝や蓮の沼の風景は屏風絵そのものである。	フランス人たちが夢見るマドリッドと同じような東京。
東京の将軍・侍・駕籠・大名行列を見たくても、最近の書物を読んだ知識からでアメリカ化された日本を覚悟してきた。	
憧れの黄色地に百合の柄・着物を着た日本の女性に出会う。不思議な美しさは、優美さと伝説の輝きがある。	ボッチェリの春ほどではないが、心をそそられる点では劣らない。

駅からホテルへの人力車で[51]

中国やインドの人力車よりももっと悲哀である。	泥んこ道と長い距離のせいである。ヨーロッパの御者は道のりが長いと嫌な顔をするが日本の車夫は笑みを浮べるだけである。

眼鏡[52]

東京や横浜で日本人のほとんどが眼鏡をかけている。	ドイツの漫画に描かれた日本人像と同じ。パリのパントマイム劇で見た金縁眼鏡の裸のパラグアイ人を思い出した。

上半身裸 [53]

| 田舎で10歳までの子どもは裸。都会なのに戸口で上半身裸で授乳しているし、船をこぐ人も裸である。 | 野蛮人と同じ格好だが、知っていたから驚かなかった。 |

家を黒塗り [54]

| 中国の赤い龍の付いた黄色の旗がためく街並みと比べると喪中のようだ。 | だが、雨が降った後、雲の切れ間に見える空、月光の明るさ、庭園の雨の樹々にしずくが真珠の花盛りのようにキラキラ光っている。 |

ヨーロッパ的なもの [55]

| 山高帽子や数多くの電話機がある。 | 乞食の家でも電話が持てるほどだ。 |

ホテルでの上流社会の結婚式 [56]

| 貴族的な娘は市中の少女と全く異なっている。屏風絵そのものの光景である。 | パリのコンチネンタルかリッツホテルの仮装舞踏夜会のよう。 |

2．吉原

吉原の娘たち [57]

| 飾り窓：美しく印象的である。ピエール・ロティ、パーシバル・ローウェルの本で勉強し、豊国や歌麿の版画で知っていた。 | 西洋では娼婦はうつむいている。 |

49　Gómez Carrillo, 1912, *op. cit.*, pp. 9-11.
50　*Ibid.*, pp. 13-15.
51　*Ibid.*, pp. 15-16.
52　*Ibid.*, p. 17.
53　*Ibid.*, p. 18.
54　*Ibid.*, pp. 19-20.
55　*Ibid.*, pp. 21-23.
56　*Ibid.*, pp. 21-23.
57　*Ibid.*, pp. 29-54.

手順がおそろしく複雑、しきたり、挨拶、花魁は姫君のよう。	カルロス3世の宮廷のよう。
徳の高い花魁は、家族のために身売り・愛に殉死した「白井権八と花魁小紫」の話がある。	西洋のように悪徳の烙印は現れていない。受けた教育により、上流社会の一員となるものもある。
情報源 十返舎一九『吉原暦』 (エドモン・ド・ゴンクール訳)	
伊藤博文公は旅行のたびに娼妓(貞奴のこと)を必ず同行した。	例外的にプロスペル・メリメも日本におけるのと同じように娼婦も一人前の人間として認めた。

3．勇敢な魂[58]

美しく死ぬことが大切である。『神皇正統記』『土佐日記』『須磨の桜』にその美意識を見ることができる。	平家と源氏の戦記は日本版ギベリニ党(皇帝派)とゲルフ党(教皇派)と同じ。
源平、四十七士の実話を元にした歌や芝居の人気、貧しい者の味方・長兵衛の話の人気が高い。	ホメロスの世界と同じ。
馬琴『椿説弓張月』に表われる武勇と寛容を持った武士像が日本らしい。	M・レオン・シャルパンティエによると源頼光は「黄色いドン・キホーテ」である。日本の封建制はヨーロッパと似ており、侍は騎士に相当する。
日本の諺に「平和の時には右手に書、左手に武器、戦争時には右手に武器、左手に書物」 物語と歴史が影響を与え合っている。	友人の海軍大佐ドメック・ガルシーアによれば、対馬海戦の時、東郷平八郎提督の下の水兵たちは、誰が一番に死ぬかを賭け、昔の英雄譚詩を歌っていた。
『太平記』は日本の『イーリアス』である。石川五右衛門の人気が高い。	これらが日本国民の精神の糧となっている。日本人の微笑みの裏に潜む力強さを理解しなければならない。ラドヤード・キップリングも日本人の微笑みの裏が見抜けなかった。

4．日本刀[59]

ゴンセによれば、「日本刀が当時世界で最も美しい剣であり、ダマスコやトレドの剣はそれには到底及ばない」。刀には作法がある。古刀も大切にされている。	パリの武器博物館の館長による日本刀の分析報告書によると、ヨーロッパではこのような刀剣はできないとのこと。
武士の魂でもあり、名誉のためにハラキリをする。	ラフカディオ・ハーン『知られざる日本の面影』による。

5．社寺[60]

日光の美しさは、日本人は動物におそろしげな姿を与えるが、花や草木には、世界中最も美しく描く術を知っている。日本人は大地を讃歌している。「素晴らしい…」と繰り返すのが良い。	キプリングやロティのように偏見を抱いて日本を訪れた者でもこの美しさに感嘆せずにはいられなかった。ドレッサーは、アルハンブラよりもずっと優れているとしている。

6．侍[61]

ヨーロッパ人が考えているように、現代の日本人が昔の日本人に劣るとは思えない。地味で見栄えが少し劣るだけで根底は変わっていない。	日本にいるヨーロッパ人が日本人に法律学を教えてやったというのは己惚れで、日本の侍には汚れなき良心により導かれた正義が規範となっている。たとえば大津事件にこれを見ることができる。
愛国者だと思っているヨーロッパ人やアメリカ人は日本人にはかなわない。日本人は国を神格化しているからだ。日本は世界の中心にならなければならないと考えている。『時代思潮』すべての文化・美を日本が結合し、新しい文明を作っている。	

58　Gómez Carrillo, 1912, *op. cit.*, pp. 63-86.
59　*Ibid.*, pp. 90-102.
60　*Ibid.*, pp. 108-118.
61　*Ibid.*, pp. 122-133.

7．洗練された精神 [62]

ロティ「日本はほほえみとお辞儀の国」 礼に始まり礼に終わる。『平家物語』の頃から変わらない。 ハーンによれば「怒りや悲しみはどんなに大きくても他人に見せるのは無益で無作法だ」と考えられている。ハラキリの場面でも確かにほほえんでいる。	日本では農夫でもモリエールの貴婦人のように美文調で話す。

8．腹切り（切腹）[63]

武士道の原理、ロシア正教会の警備にあたっていた警察官がハラキリを示唆して群集をしずめた。というように、まだ、日本では武士道が残っている。切腹の作法がある。 四十七士や白虎隊にその例をよく見ることができる。	『大和物語』は『デカメロン』のようである。イギリスの評論家は日本の切腹のことを聞くと腹を立てるが、日本人の死に対する思いは変わらない。

9．詩歌 [64]

紀貫之の『古今和歌集』の日本の魂だけでなく世界に通じるもの。日本では、多くの人々が歌をよむ。	日本の詩歌をスペイン語の詩に近代主義の手法として取り入れようとしているので、終始絶賛している。

10．女性 [65]

イギリスでもフランスでも日本の女性蔑視が話題になる。日本人は血統の保持を大切にする。ヨーロッパやアメリカで見られる混血を罪のように日本人は思っている。	ヨーロッパやアメリカと同じく日本でも女性の地位は向上しつつある。 （須藤南翠『新時代の女性』によれば）

11．風景 [66]

日本人にとって自然への愛は宗教のようなもの。小さい時から石や植物・虫を大切にすることを教えられる。人々は四季の風景の巡礼に行く。	ヨーロッパで少年を博物館に連れて行くように、日本では、花見など景勝の地に子どもたちを連れて行く。

庭と盆栽はヨーロッパ人には奇異であるが日本では大衆的。 自然そのものだけで、日本人を満足させる。	1889年パリ万国博覧会で紹介され、エドモン・ド・ゴンクールが魅了された。

　ジャポニスム全盛のパリに住み、近代主義をその詩作および報道において追究したエンリケ・ゴメス・カリーリョにとって日本の文化は、欠くことのできない創造エネルギーの源泉であった。スペイン文学、フランス文学、日本文学に精通していたことにより、文化の内部にまで共感することが可能となった。「近代主義」の父、ルベン・ダリオは『マルセイユから東京へ』のプロローグの中で次のように語っている。「私にとって日本から帰ってきた人の話を聞くことはいつも興味深い。ゴメス・カリーリョの旅行記によると、日本は根底の部分で伝統を保持しているということを知り、うれしい」と記している[67]。

　この作家の活躍により、「共感」というまなざしを通して日本はフランスやスペイン語文化圏で紹介されていった。日本が東洋でも西洋でもない、両者を融合した文明を築こうとしたことを肯定したまなざしで見ていた。ゴメス・カリーリョが今日の私たちに教えてくれる「共感」のまなざしの手法とは、異文化に出会った時、否定するのではなく、自分たちの持つ文化との共通項を捜し、その異質性の原理を相手の側に立って読み解くことではなかったろうか。また、現代の日本が近代的でもあり伝統も持っていると相異なるイメージを持たれているのは、日本が「欧米化、近代化」を目指す一方、「近代主義」の源泉としてヨーロッパでは伝統を改革するために日本の文化伝統から学んだことに由来しているように思う。ヨーロッパやラテンアメリカの見た日本像というのも私たちが自身を見るときに重要な視点である。

62　Gómez Carrillo, 1912, *op. cit.*, pp. 137-140.
63　*Ibid.*, pp. 151-176.
64　*Ibid.*, pp. 179-203.
65　*Ibid.*, pp. 207-219.
66　*Ibid.*, pp. 223-237.
67　Enrique Gómez Carillo, *De Marsella a Tokio: Sensaciones de Egipto, la India, la China y el Japón* (Prólogo de Rubén Darío), Casa Editorial Garnier Hermanos, Paris, 1906, pp. VII-VIII.

第3章
アメリカ大陸における日本のイメージの変遷

第1節　ショーウィンドーとしての日系人

　1981年にメキシコで始まったパンアメリカン二世大会は、名称をパンアメリカン日系大会と変え、2年ごとに南北アメリカ大陸の一国で大会を開きながら、1991年には第6回大会がパラグアイで開催された。この大会に集まってくる人々は、生まれた国で成功し、親日的であり、なおかつ、生まれた国に貢献しようとする傾向がある[1]。本部がペルー、リマ市にあるパンアメリカン日系協会は、このような大会を大陸規模で組織し、戦時賠償問題解決支援、災害時の救済、日系人出稼ぎ改善支援、フジモリ政権の支援といった国際協力活動をしている[2]。

　また、居住国においては、日本人として認識される傾向が強く、彼らを通じて居住国の人々は日本を理解している。したがって、日系人はアメリカ大陸における日本のショーウィンドーともいえる。そのため、日系人社会のオピニオンリーダーともいえるパンアメリカン日系協会のリーダーたちの日本とアメリカ大陸に関する相互認識の変遷を明らかにすることは、環太平洋国際関係史における民間レベルでのイメージの変遷をあぶり出すことにもなる。

　1980年代に始まり1990年代に加速する国境を越える（トランスナショナルな）人の移動の時代にあって、その出身国と移住国との関係はますます重要度を増してきている。この日系人リーダーを通して見たアメリカ大陸と日本の相互認識の変遷を知ることは日本への移住者、日本からの移住者と日本との良好な関係を築くことに役立つ。1992年夏のアンケート以後、人の移動はさらに加速しているからだ。

第 3 章　アメリカ大陸における日本のイメージの変遷　73

　本章は各国日系人リーダーへのアンケートを一次資料として、以下のように問題を論じていく。戦時中までの日系人の抱いた相互認識と歴史的背景を明らかにし、太平洋戦争中の相互認識と市民権の問題がどのようにかかわっていたか調査する。太平洋戦争後の日本復興への協力と相互認識や、日本の発展期および1980年代の環太平洋時代における相互認識と交流において、日系人リーダーたちのアメリカ大陸と日本に対する認識の変遷を描くことによって、1992年の国境を越えた人の移動の問題を考察する。

第2節　各国日系人リーダーの見た日本のイメージ

(1) 調査の概要

　〈表1〉のようなアンケート用紙と回答例および調査の目的と説明を記した用紙（それぞれ英語、スペイン語、日本語版あり）を国際宅急便で日系人リーダー宛てに送り、回答を送り返してもらった。

　アンケート内容は回答者の年齢、家族、学歴・職歴、国籍、日本との関係（留学、旅行、手紙など）、アイデンティティ、日系社会での仕事、日系社会以外のコミュニティとの関係、日本に対するイメージ（自分の生まれた国で日本をどう伝えたか？）という9項目で、1920年代から1992年時点までどのように変化してきたかを〈表1〉の形式に書き込んでもらった。

　アンケート回答者はいずれも現役活躍中の方たちなので、プライバシー保護のためにも、書きたくないことは書かないでくださいとただし書をつけた。

　当初の予定では、カナダ、米国、メキシコ、コロンビア、ペルー、ボリビア、ブラジル、パラグアイ、アルゼンチン、ウルグアイ、チリ、ドミニカ共和国におけるパンアメリカン日系協会の各国支部の代表にアンケート協力を求めることになっていた。しかし、国際電話連絡はできても国際郵便、国際宅急便、ファックスとなるとなかなかつながらず、米国、メキシコ、ペルーのみが収集できた。

1　浅香幸枝「トランスナショナル・エスニシティ――1980年代パンアメリカン日系大会の事例研究」『ラテンアメリカ研究年報』10号、日本ラテンアメリカ学会、1990年、15–48頁。
2　浅香幸枝「トランスナショナル・エスニシティと国際協力――パンアメリカン日系協会における国際協力に関する一考察」『国際政治』98号、日本国際政治学会、1991年、97–112頁。

〈表1〉アンケート用紙

年	1920	1930	1940	1945	1950	1960	1970	1980	1990
あなたの年齢									
家族の状況									
学歴または職歴									
国籍状況									
日本との関係 　留学、旅行、手紙、親戚など									
あなたのアイデンティティ									
日系社会での仕事									
日系社会以外のコミュニティとの関係									
日本に対するイメージ： 　自分の生まれた国で日本をどう伝えたか？									

　しかしながら、思わぬハプニングもあった。筆者の名刺——Sachie Ishihara de ASAKA とスペイン語方式で旧姓を印刷してあった——を見て筆者を日本に住むラテンアメリカ日系人だと誤解した米国日系人リーダーの一人の紹介で、ペルー生まれの米国日系人から国際電話連絡があり、山のような資料が送られてきたりした。また、日本に住む日系人からも電話があったりと、思わぬ展開もあった。この調査をした時代は、2011年のインターネットの発達した時代と異なり、国際電話やファックスが頼りになる通信手段だった。

　本章では、米国とメキシコとペルーの日系人リーダーのみに資料を限って相互認識の変遷を明らかにしてみたい。アンケート回答者は次の6人である。パンアメリカン日系協会（1981年〜現在）結成の端緒となった「パンアメリカン二世大会」（1981年7月24日〜26日、メキシコ市）開始当時からかかわってお

り、現在、当協会の会計である米国のＣ・Ｃ・Ｋ氏（1929年サンフランシスコ生まれ）、同じく創立メンバーであり米国市民としての平等な権利を要求している全米日系市民協会（JACL：Japanese American Citizens League、1930年創立）の発行する週刊新聞 *Pacific Citizen* の編集者であるＨ・Ｈ氏（1919年生まれ）、第５回パンアメリカン日系大会（1989年７月20日〜22日、ロサンゼルス市）を組織したパンアメリカン日系協会米国支部会長Ｋ・Ｎ氏（1923年、東京生まれ）と、パンアメリカン日系協会に初期からかかわっている1933年ペルー・リマ市生まれのＬ・Ｙ氏の４人の米国在住者と、パンアメリカン日系協会創立者の一人であり1981年より1992年現在まで全期、パンアメリカン日系協会会長を務めるＫ・Ｃ氏（1937年、メキシコ生まれ）、Ｋ・Ｃ氏同様1981年より現在までペルーにあるパンアメリカン日系協会事務局長を務めるペルー支部会長のＬ・Ｓ氏（1937年、リマ生まれ）の合計６人である。いずれの人々も日系社会のみならず現地でも影響力の強いキーパーソンである。

　では、時代を追って、このリーダーたちの日本に対するイメージがどのように変化していったのかを見てみよう[3]。

（２）戦時中までの日系人の抱いた相互認識と歴史的背景（1920〜1945年）

　戦時中までの日本に対するイメージについて、具体的な回答例があったのは、メキシコのＫ・Ｃ氏と米国のＣ・Ｃ・Ｋ氏と米国在住でペルー・リマ市生まれのＬ・Ｙ氏であった。

　Ｋ・Ｃ氏の父親Ｋ・Ｔ氏は1930年長野県伊那市からメキシコに移住し、1936年同市出身の母親のＫ・Ｍ氏は女学校を終えた後写真結婚でメキシコに渡った[4]。1937年10月26日にＫ・Ｃ氏はメキシコ北部のサン・ルイス・ポトシ州セリトスで長男として誕生した。氏の国籍状況は、生まれた時から「誇

---

[3] 『ラテンアメリカ主要国における対日イメージ調査　その２──７カ国９都市調査の最終報告書』上智大学イベロアメリカ研究所、1991年３月。日本語を学んでいる学生や日本研究の学生、さらに日系人を除いたラテンアメリカ（アルゼンチン、ブラジル、コロンビア、コスタリカ、メキシコ、ペルー、ベネズエラ）のエリート予備軍ともいえる大学生とエリート（政治家、企業家、学者、ジャーナリスト）を調査対象とした研究である。

[4] Respuesta del Sr. K. C, Mexico, D.F., el 31de julio, 1992, pp. 1-2. 日墨協会、日墨交流史編集委員会編『日墨交流史』PMC出版、1990年、600頁。

り高いメキシコ人」[5]である。1940年代、K・C氏のイメージは回答によれば、次のようなものである[6]。「子どもの頃、自分の周りで起こっていることはよく分からなかったけれど、自分が通った所では、『日本万歳』と人々が言っていたことを思い出します。しかし、メキシコ市ではそうではありませんでした。人々に侮辱されたり、特に街で、子どもたちにいじめられました。というのは、劇場で公開された映画のすべては米国製で、戦時中の日本人はとても残酷で裏切り者だと描いていたからです。ですが、こうした子どもたちとはけんかをしましたけれども何とかうまくやりました」。

K・C氏の父、K・T氏は、呼び寄せで、ベラクルス州のタンピコに入った後、サン・ルイス・ポトシ州セリトスの雑貨店に務め、1938年独立して雑貨店を経営していた[7]。日墨開戦を迎えた1943年に小学校1年生のK・C氏は家族とともにメキシコ市に集結させられた[8]。氏の母は1941年の日米開戦からメキシコ市に集結するまでの様子を次のように語っている[9]。「雑貨店が幸い成功し、借金を返して店も大きくなった時にパールハーバーが起き、翌日、おそるおそる店を開くと『セニョーラ（奥さん）、われわれは勝ってるぞ』などと言いながらメキシコ人のお客様が飛び込んできて主人に抱きついてきたのです」。いじめられるどころか店はますます栄えていったという。1943年、メキシコが日本に宣戦布告をしたため、国境近くに住む日本人および日系人はメキシコ市に集結せねばならなくなった。その時も、まわりのメキシコ人は心温かく、決してこの人たちに刃を向けられないと思ったと母親のM氏は回想している。しかし、米国のように強制収容所に入れられるのではなく、メキシコ市では通常の生活ができたといわれている。ちなみに、1897年にポルフィリオ・ディアス大統領による辺境の植民政策でグアテマラ国境チアパス州に植民した榎本移民団の子孫たちは現地の人々との混血が進んでいたことに加え、恩人を救えという人々の嘆願で戦時中もチアパスで生活していた。日本に対するメキシコの参戦も米国に追随する形で実施されたが、実際は親日的だった。反日を煽ったのは映画によるマスメディア操作だった。

それでは、米国ではどうだったのであろうか。山梨県出身の両親のもとに1929年サンフランシスコで生まれたC・C・K氏は、国籍状況は「生まれながらにして米国籍」である[10]。C・C・K氏によれば、1942年サンフランシス

コ在住の日本人および日系人は全員、カリフォルニア州のタンフォーラン・アセンブリー・センターとユタ州トパーズの収容所に入れられ、氏の家族も全員強制収容所に入れられたという。C・C・K氏は1941年以前日本語学校に通っていた[11]。1940年代の日本のイメージといえば、「革進的で工業的なものはほとんど存在しなかった」という[12]。

それでは、ラテンアメリカ諸国の中で最も排日運動がひどかったといわれるペルーではどうだったのだろうか。両親が沖縄県出身で、1933年ペルー・リマ市で生まれたL・Y氏によれば、1930年代と1940年代、ペルーにおける日系人は原住民や黒人に向けられるのと同じレベルの経済的・文化的・社会的な弾圧を受けたという[13]。「具体的には、スペイン系ペルー人やメスティソ（混血）は日系人よりはるかに優れていると考えられていました。首都リマで育ちましたが、学校に行く時にだけ靴を使い、ふだんは靴をはいていませんでした。日系人は固まって住んでおり、私は、ブーツを履いている近所の警官に威され、粗末なものにもかかわらずおもちゃを盗まれたのです。4〜5歳の時には、ブーツがないから自分にはとても将来警察官にはなれないのだと悲しく思いました。しかし、母を通じて、また日本人学校で、その頃の日本人は『一等国民』であると教育されていたのです。学校での白人やメスティソの級友たちは『土人』『野蛮人』で、自分たちより劣っていると教えられ、これが『我慢』をする励みになりました」。

したがってL・Y氏の1950年代までの日本に対するイメージは楽観的なものであった[14]。同氏は、1939年リマ学校で日本語を学んでいたが、1942年

5　K. C, op.cit., p. 3.
6　Ibid., p. 6.
7　日墨協会、日墨交流史編集委員会編、前掲書、600頁、623 – 625頁。
8　K. C, op. cit., p. 1.
9　日墨協会、日墨交流史編集委員会編、前掲書、624 – 625頁。
10　C. C. K., Palo Alto, California, August 6, 1992.
11　Ibid..
12　Ibid..
13　L.Y., Los Angeles, California, October 5, 1992, pp. 1-2.
14　Ibid., p. 1.

2月にペルーが対日宣戦すると日本語学校は閉鎖され、スペイン語学校に行きスペイン語を学ぶようになった[15]。ペルーでは 1941 年 12 月 8 日に第二次世界大戦が勃発すると日系人有力者や知識人が米国の強制収容所に送られている。1942 年 4 月から 1945 年 2 月 10 日までで約 1771 人の日本人が米国に強制収容された[16]。1983 年第 2 回のパンアメリカン日系大会で米国の JACL が彼らの戦時賠償問題を共通問題にしようとした時、ラテンアメリカにはペルーを除いて一等国民として扱われそのような問題はないという見解が出されている。

(3) 太平洋戦争中の相互認識と市民権などの問題

パンアメリカン日系協会の初期の目的は二世のアイデンティティ探しであったが、ペルーの日系二世 L・Y 氏は、6 人のアンケート回答者のうち、最も、自分のアイデンティティの確立に悩んだ経験を持つ人でもある[17]。日系社会の中においても、沖縄の文化・音楽・言語のために差別されたと感じ、それゆえに、日本人・沖縄人という二つのアイデンティティを 1933 年以来持っていた。1942 年にペルーの対日宣戦により二重国籍からペルー国籍を選択して以来、日系ペルー沖縄人（二世）と自己認識し、1976 年米国籍を取ると日系アメリカ人、沖縄をルーツに持つペルー人と認識している。この L・Y 氏にとって、パンアメリカン日系協会の歴史は自分が一生かかって悩んで考えてきた問題とその答えがすぐに学べるものだという[18]。国際電話で話していた時に「今でも日本では沖縄の人は差別されているのですか」との同氏の質問に、「沖縄は長寿の県としてトレンディで、家族関係など最近注目されているのに、そんなこと思う人なんていないんじゃないのかしら。気にしすぎではありませんか？」と筆者が答えると、返答する同氏の声が明るくなった[19]。幼い頃に受けた心の傷が理解でき、筆者は胸がふさがる思いがした。

さて、同じペルーの日系二世といっても両親が鹿児島県出身の L・S 氏は戦中までの日本へのイメージを記していない[20]。その上、国籍は生まれてからずっとペルー人としている。1937 年生まれの同氏は 1943 年に小学校 1 年生となったがすでに日本人学校はないので、ペルー人としか認識できない。メキシコの K・C 氏も同様に小学校 1 年生の時にメキシコ市に集結させられたが、メキシコでは評判の高いドイツ学校で一貫教育を受けている。しかし、メキシコでは

日本語学校は禁じられていなかったので、午後は双葉学園で日本語を学んでいる[21]。母親の M 氏は、「地方から来た人はモラルがないから、そんな人たちの子どもと一緒の学校にやれない」と、同じ日本人から言われたことがつらかったと回想している。

H・H 氏は両親が福岡出身で 1919 年ロサンゼルスに生まれ、米国籍であり、1936 年日系新聞『羅府新報』のスタッフ、1940 年『日米』の英語の編集助手を経て、1941 年 10 月に米軍に入隊した（1945 年 12 月除隊）[22]。1942 年、家族はローワー、アーク、ワラ強制収容所（Rohwer, ARK, WRA camp）に入ったという。1940 年代には日本のいとこたちと英語で文通していたという。1928〜1934 年に日本語を学校で学んだが、日本に対してはジャーナリストという職業上興味があった。アイデンティティは「日本人を祖先に持つアメリカ人」であるが日系社会の中ではロサンゼルスという故郷によって自己認識しているという[23]。

以上見てくると、市民権との関係では、戦争によってルーツのある国と居住国とが敵対する時、また徴兵制によって国家を強く意識する時、アイデンティティは制約を受けざるを得ないことが分かる。そして、学校や軍隊のように「国家の顔」という集団に属する時、アイデンティティは迷うことなくその集団に属することができる。とりわけ、戦前の日本人学校の残した影響は強い。

また、子どもの時どのように扱われたかによって、その後の人生において被害者意識を持つか、あるいはたいした葛藤もなく素直に社会に貢献しようとするか大きく分かれる。ルーツに誇りを持たせるような教育が大切だと考えられる。しかし、自国のみが特別なのだという教え方は L・Y 氏の苦しんだ半生か

15　L. Y., op.cit., p. 1. ペルー沖縄県人会『ペルー移民七五周年記念誌』1987 年、335 頁。
16　ペルー沖縄県人会、同上書、335 頁。
17　L. Y., op.cit..
18　L・Y 氏との国際電話、1992 年 9 月 1 日。
19　L・Y 氏との国際電話、1992 年 10 月 2 日。
20　Respuesta del Sr. L. S., Lima, el 21 de octubre, 1992, en FAX.
21　日墨協会、日墨交流史編集委員会編、前掲書、625 頁。
22　Reply of Mr. H. H., Los Angeles, California, July 30, 1992.
23　Ibid..

らも分かるように、居住国での同化を妨げ対立を起こす要因となるので控える必要がある。今日においては、一人でも多くの人を幸せにできること、すなわち、どの民族に対しても悲しみも喜びも共にできることこそが、すばらしいのだと教えることが大切なのではなかろうか。

　メキシコ市の例で見ると、映画など感情に訴えやすいものの情報操作によって反日感情を形成しようとしていったことが分かる。誤解を受けやすいものに対して未然に抗議することが重要である。

　差別の感じ方は、生まれた時期や属する社会階層により個人差があるように思う。1957年生まれの、平等を志向する新しい教育を受けた筆者の世代にとって、白人が日本人より優れているとか、日本人以外の人種が自分たちより劣っているなどとは教えられたことはないし、生活実感から遠い。職場や生活空間は多国籍になっているし、マスメディアを通じてあらゆる情報が入ってくるので、言葉の壁さえ乗り越えれば、個人差の方を強く感じるからである。言葉に不自由がなくコミュニケーションできれば、子弟関係・友情には国境は存在しないように思う。おそらく、このレベルでの個人交流が、人が移動する時に異文化とうまく付き合っていく鍵になるのだと考察できる。

（4）太平洋戦争後の日本復帰に対する協力と相互認識（1945〜1960年）

　戦後、C・C・K氏は日本の親戚に食料品、衣類の小包をたくさん郵送したと回想している[24]。

　ペルーのL・Y氏は、1939年に日本語学校で、算術、修身、歴史、日本語を学びながら、1942年になると、日本人として差別されるので、日本への興味を失ったが、1950年代から再び日本に「郷愁」を感じるようになっている[25]。

　さて、メキシコのK・C氏は、教育熱心な両親のもとで、1944年メキシコ市にあるドイツ学校の初等科に入学し、1950年代はドイツ学校で勉強しており、生徒は大多数ドイツ人であった[26]。この青少年期はK・C氏にとってとても幸福なものであり、「富士山、芸者、侍の日本」というイメージであり、エキゾチックで神秘的だけど美しいというものであったという。まさにドイツ人の持つ日本のイメージだったのではなかろうか。1955年には母方の祖父がやって来た。戦後初めて来た日本人だという[27]。1956〜1957年、同氏は日本語

を学ぶため上智大学に留学するために初めて日本を訪れ、貧しい日本を目にしたが、美しい伝統や習慣であふれていると分かった[28]。1957〜1958 年、玩具製造を学ぶために、日本の会社で働き、1958 年メキシコに帰国し、経営学を学びに大学に入学すると同時にプラスチック玩具の工場をつくり働いた[29]。日本留学の経験が、氏が富を築く礎となった。子どもを大切にするメキシコ社会では不景気であってもクリスマスなどには子どもにおもちゃを与えるから、順調に会社が成長したのである[30]。

　その頃、日本はよくなり始めていたので、メキシコの友人全員に、美しい日本の伝統や習慣を話し、日本のルーツを持つことに誇りを感じたという[31]。K・C 氏はまさに戦後の日本の復興期とともに歩み、日本で学び取ったことをメキシコ社会で活かして成功していったといえる。この時の経験から、日系人デカセギに対しても日本で技術を学び、自分たちの生まれた国で事業を興し日本へ輸出することを勧めていた。古い日本ではなく戦後の新しい日本を知っていることに特徴がある。1992 年 7 月 31 日のアンケートの回答であるが、2005 年に国際移住機関が指摘した「循環移民」の開発力を 1958 年にすでに先取りして実施している。

　1945 年、H・H 氏は米軍を除隊すると、ロサンゼルスのロヨラ大学で政治学を学び、1950 年に卒業し、1952 年から Pacific Citizen を通じて日系社会に影響力を持つ一方、南カリフォルニアで教会とコミュニティを通じて日系人以外の人々とつながっている[32]。

　また、日系協会米国支部会長の K・N 氏は、群馬県出身の両親のもと、東

24　K. C., op. cit..
25　L.Y., op. cit..
26　K. C., op. cit., p. 3, pp. 5-6.
27　Ibid., p. 2.
28　Ibid., p. 3, p. 6.
29　Ibid., p. 3.
30　1987 年 8 月 13 日、メキシコ市、日墨会館、S・T 氏へのインタビュー。S・T 氏はエチェベリア大統領の顧問として、1976 年メキシコに渡り、「日本人メキシコ移住九〇周年記念事業団」の事務総長を務めた。
31　K. C., op. cit., pp. 6-7.
32　H. H., op. cit..

京に 1923 年に生まれ、日本国籍のまま、1947 年結婚の後日本生まれの子ども 2 人を連れて一家 4 人で、1964 年に永住権ビザで米国に移住している[33]。K・N 氏は 1949 年一橋大学を卒業すると、東京共同貿易を創立し、食品輸出を開始した[34]。「第二次大戦の廃虚から立ち上がるため、米国の差し伸べた手に、日本国民は感謝している。貿易立国が日本の今後の方針で米国の巨大マーケットに期待している」と、同氏は日米関係を理解し、1955 年市場視察のため初渡米以来、数回両国を往復している[35]。氏は戦後の新一世であり、貿易商としてとりわけ関東の食文化を米国に輸出し、日本食の拡大に貢献している。

（5）日本の発展期 (1960 ～ 1980 年)

回答者の多くにとって、1960 年代を特徴づけたできごとは東京オリンピックであった。K・N 氏は 1964 年に米国永住権ビザを取り、ロサンゼルスに共同貿易 (Mutual Trading) を設立していた[36]。同氏によれば、このオリンピックを契機に、「アメリカ人が日本に対する認識を強めた」という。

メキシコの K・C 氏は、1956 年に日本へ留学して以来、1992 年 7 月 31 日時点で、合計 45 回日本へ来ている。その内訳は 70% がメキシコの日系社会に関する用事で、30% が自分の仕事で出かけたという[37]。氏にとって東京オリンピック (1964 年) とメキシコオリンピック (1968 年) は文化・社会面だけではなく経済面でも、メキシコと日本の架け橋になろうと人生の指針を決めたできごとであった[38]。メキシコオリンピックの開会式で打ち上げられた巨大なゴムの五輪は K・C 氏の会社で製造したものである。

また、H・H 氏は 1967 年に初めて日本を訪問し、福岡の親戚を訪問しており、1971 年、1989 年と日本を訪問し、どの時も日本からすばらしい印象を受けて帰宅したという[39]。

1951 年から 55 年に米国空軍に 5 年間いた後、1957 年に、UCLA（カリフォルニア大学バークレー）を卒業した C・C・K 氏は 1958 年から宇宙産業で働いた後、1963 年には調査科学者および主任として NASA（アメリカ航空宇宙局）に転職した[40]。その後、仕事を通じて日本との接触が増えている。

ペルーの L・Y 氏は、1950 年に高等学校を終えて、1955 年、大学の土木工学を卒業した[41]。1952 年からは日系人の主要な集会場であるウニオン運動場

の会員となり、1961年には日系ペルー人グループの会員となっている[42]。

1970年代になるとパンアメリカン日系協会のリーダーたちは日本との実際の交流が頻繁になってくる。1981年にパンアメリカン日系協会の事務局長になるペルーのL・S氏は、1970年代になった時の日本のイメージを「ついていくべきモデル」と答えている[43]。氏はペルーの名門サン・マルコス大学を卒業し公認会計士となった後、1961年から1979年までペルー三井物産に務めている[44]。1972年には外務省の奨学金を受け日本に留学している。この70年代に同氏は、ウニオン運動場協会会長（1971～1972年）、1972年ウニオン共同学校を創立し、1978年マヌエル・カワシタ氏の国会議員立候補支持委員会に入っている。1979年にはペルー日本人移住80周年を記念して「ペルーへの日本人移住」についての第1回シンポジウムを企画している。日系社会以外の付き合いは、大学の公認会計士の仲間たちや自動車のツーリング・クラブである[45]。

1964年に米国に永住したK・N氏はライオンズクラブ、ゴルフ・クラブの会員になり、日系社会以外のコミュニティとつながっている[46]。1976年、共同貿易会社をニューヨークに、1979年にハワイにも設立するとともに、南カリフォルニア州群馬県人会長を、1978～86年まで務め、1978年から現在まで、南カリフォルニア県人協議会顧問をしている。毎年2～4回東京・神戸の東京共同貿易の指導、メーカー訪問や友人に面会しに日本を訪れている[47]。

---

33 K・N氏のアンケートに対する返事、ロサンゼルス・カリフォルニア、1992年8月1日付。
34 同上。
35 同上。
36 同上。
37 K. C., op. cit., p. 3.
38 Ibid., p. 7.
39 H. H., op. cit..
40 C. C. K., op. cit..
41 L. Y., op. cit., p. 1.
42 Ibid..
43 L. S., op. cit..
44 Ibid..
45 Ibid..
46 K・N氏、前掲のアンケート回答用紙。

1964年に、両親の出身地長野県伊那市出身の日本人女性と結婚したK・C氏は、1969年タクバヤ学園の理事となり、1970年メキシコの連合学園の園長、1971年メキシコ日本人青年会の会長、1972年日系人の集会場となっている日墨会館の理事と日系社会の要職を次々にこなし、1973年から77年にかけて、日墨学院の設立のために8回日本を訪れた[48]。1970年にはメキシコ川崎汽船の株主と社長に就任した[49]。また、同年、メキシコ玩具協会の会員、1946年に誕生して以来国民各層の支持を得ているメキシコ最大政党のPRI（制度的革命党）の党員になり、1973年にはドイツ学校55年度の卒業生の会長になっている[50]。

　この1970年代は、メキシコの何人かの大統領や州知事が日本を訪問する際に同行し、出発前に日本の習慣を知ってもらうために、日本はどういう国であり、政府や企業家たち、茶道や華道の意味まで説明している[51]。同様に、日本人には、メキシコが陽気で一次産品や観光資源が豊富であると説明しているという。まさにK・C氏はメキシコ要人への日本の顔であった。このようなパイプがあればこそ、フジモリ大統領就任に際して自民党から問合せがあった時、フジモリ応援の仲介役を果たせたのであった[52]。また、K・C氏とL・S氏らのパンアメリカン日系協会の重鎮を通じて、当時対立していたペルー日系社会とフジモリ氏とを歩み寄らせ協力関係を築くことができた。

　NASAの科学者となったC・C・K氏は1973年、三鷹市にある国立宇宙研究所に特別研究員として来日しており、この仕事に関連して75年、76年、78年、79年に日本を訪れている[53]。日系社会では全米日系市民協会（JACL）で、1972年に支部長に、1979年に地区部長となっている[54]。日系社会以外のコミュニティとの関係は、1974年パロ・アルト市議会に立候補している[55]。

　このような同氏にとって、「日本では人々や国が忙しく、管理されており、親戚や仕事を通して心づくしを感じたが、部外者として扱われたように感じました。また、『明治時代』の両親から学んだ事や態度は、現代日本では時代おくれに見えました」[56] という。

　1961年米国に行き、1966年大学で英語を学び終えたL・Y氏は1976年に米国籍を取得する。まだ、日本のイメージは「郷愁」のままである。

（6）1980年代、環太平洋時代における相互認識と交流（1980～1992年）

1980年代になると国際社会における日本の地位の上昇にともない、L・Y氏は、日本や文化、そして技術を学ぶ重要性が出てきたと記している[57]。1980年から1992年現在にかけて、JACL、パンアメリカン日系協会、そしてペルー二世協会の会員である。とくに、パンアメリカン日系協会の会員としてメキシコ、米国、ペルー、ブラジル、パラグアイ、ボリビア、コロンビアで働いたという[58]。実際に日本を訪れたのは、1986年5月と1992年5月の日本の海外日系人協会主催の海外日系人大会に参加した2回である[59]。戦前に「一等国民」としての日本人観を学校や母親から教えられたL・Y氏にとって、日本は、世界で類のない国である[60]。すなわち、言語、文化、歴史、「倫理と道徳」で世界で随一の国なのである。そして日本文化の本質は次のことから成り立っているという。

1. 権威に対する尊敬
2. 家族や国家、社会における自己犠牲（我慢）
3. 自分の所属への誇り
4. 完全主義（一番）

それでは、1956年以来1992年7月までに日本に45回来ており、数々の日系企業の株主であり社長であり、1970年以来日本から義父母や義兄弟姉妹、

47　K・N氏、前掲のアンケート回答用紙。
48　K. C., op. cit..
48　Ibid., p. 3.
50　Ibid., p. 6.
51　Ibid., p. 7.
52　浅香幸枝「トランスナショナル・エスニシティと国際協力――パンアメリカン日系協会における国際協力に関する一考察」前掲論文、105頁。
53　C. C. K., op. cit..
54　Ibid..
55　Ibid..
56　Ibid..
57　L. Y., op. cit., p. 1.
58　Ibid..
59　Ibid..
60　Ibid..

おじ、おばたちが訪ねてきており[61]、その日本観が実像と同じと考えてよいK・C氏の1980年代の日本のイメージはどのようなものなのであろうか。実業家として成功し、なおかつ、メキシコ人・日系人・日本人が一緒に学ぶことのできる日墨学院長も務め、日墨協会会長も務め、ロータリアンでもある同氏へは講演の依頼が多い。ほとんどすべてのメキシコの主要大学での多くの講演で、「日本の奇蹟」「日本の経営習慣」「日本製品における人的重要性」などについて話しているという[62]。1990年夏のあるメキシコ市のロータリークラブの会合に筆者は同行した。「日本の会社では社員を大切にし、福利厚生をよくし、社長は社員よりも早く出社しています。社員のトイレがきれいで使い心地がよいか知らねばならず、自らが先頭に立って掃除しなさい」と講話していた。会場のロータリアンたちは皆びっくりしていた。メキシコ社会では、中間階級以上の家庭に育てば一生掃除とは無縁である。しかし、日本のエリートが下から徐々に見習いをして学ぶように、下に働く者の心がつかめなくてはならないというのである。サリーナス大統領やその側近の人たちの子どもたちは日墨学院の生徒であり、授業が終われば掃除をし、見違えるように生活態度がしっかりしてきたと喜ばれているという[63]。また将来この日墨学院の卒業生からはメキシコを背負うような立派な人材が出るとK・C氏は誇りにしていた。アメリカ大陸の日系人同様に、目標は日本というルーツを誇りにして、日本が支援してくれるもので、われわれの国々の文化、社会、経済的モザイクをよりよくするためのよりよい市民となることであるという[64]。

1986年にパンアメリカン日系協会米国支部会長となったK・N氏は、「日本経済及び日本製品に対する驚き、再評価の反面、日本叩きも始まったが、日米の連繋は米国の利益となると説明している。食品のビジネス面では東洋の食品文化をもっと取り入れて健康な食事をと啓蒙している」と、1980年代の日本のイメージについて答えている[65]。

また、C・C・K氏にとっては、「沖縄海洋博や技術会議」というのが日本のイメージである[66]。

以上見てきたように、80年代の日本のイメージは経済力であり、高い品質を持った日本製品・技術である。これに対して二世のK・C氏やL・Y氏は日本文化の本質がこれを可能にしたと解釈している。日本生まれで、仕事の関係上、

渡米以来毎年2〜4回日本に来ているK・N氏にこの言及は見られない。日本文化は日本人にとってあまりにも身近すぎて、もっというならば自分自身のことでもあるので、シンボルとして過大評価する必要がないからではあるまいか。氏の立場は、海外に住む日本人（overseas Japanese）として日本文化・日本語の継承に関心を持ちつつ、米国市民・米国文化との融合に努めているというものである[67]。

　パンアメリカン日系協会のリーダーたちにとって、1990年代を特徴づけた出来事は、何といってもペルーの日系大統領フジモリ氏の誕生であった。パンアメリカン日系協会では米国、メキシコを中心としてフジモリ政権支援の形をとるようになった[68]。L・S氏にとって、この時代の日本のイメージは「フジモリ大統領」である[69]。フジモリ氏は世界の日系人（Nikkeis）にとっての誇りであるとしている。L・S氏は1981年以来パンアメリカン日系協会事務局（ペルー・リマ市）の事務局長であり、パンアメリカン日系協会ペルー支部会長でもある。1989年には、「ペルーへの日本人移民九〇周年記念行事」の実行委員、1991年にはペルー日本人会副会長、1992年ペルー日本人会広報活動理事をしている。この日系社会を通じてフジモリ政権支援をしているのである。また、L・S氏は1990年、91年、92年と海外日系人大会に参加している。

　パンアメリカン日系協会の活動は、国際社会における国家間や国家と日系人との関係から考察した場合、1981年から1992年までは次の三期に分類できる[70]。

61　K. C., op. cit., p. 2.
62　Ibid., p. 7.
63　1990年8月29日、メキシコ市（自宅）でのK・C氏へのインタビュー。
64　K. C., op. cit., p. 7.
65　K・N氏、前掲のアンケート回答用紙。
66　C. C. K., op. cit..
67　K・N氏、前掲のアンケート回答用紙。
68　浅香幸枝「トランスナショナル・エスニシティと国際協力——パンアメリカン日系協会における国際協力に関する一考察」前掲論文、106頁。
69　L. S., op. cit..
70　浅香幸枝「トランスナショナル・エスニシティと国際協力——パンアメリカン日系協会における国際協力に関する一考察」前掲論文、106－109頁。

1. アイデンティティ摸索期（1981～1987年）
2. 日本文化ルーツ期（1987～1990年）
3. フジモリ大統領誕生と国際協力期（1990～1992年）である。

H・H氏は、アンケート回答用紙に添えた手紙で次のように語っている[71]。「今晩、パンアメリカン日系協会の会合に行って、あなたが送ってくれた論文をK・N会長に読んでもらい、日本語の読める他の役員にも読んでもらうつもりです。日本で教育を受けたり、日本生まれの人たちが過去3～4年でパンアメリカン日系協会を知るようになったので、よいことだと思うのですが……」。また、パンアメリカン日系協会の会員たちが日本の海外日系人大会に毎年行くようになったことも知らせてくれている。

第3節　民間外交官としての日系人

以上見てきたように、パンアメリカン日系協会のリーダーたちは、自分たちが生まれ生活している国と日本との架け橋になろうとしてきたといっていいだろう。第二次世界大戦中の不幸な時期でさえ、メキシコのK・C氏の場合のように、街の子どもと日本のことでけんかしながら何とかうまくやっている。メキシコ社会の移民受け入れ、なかんずく子どもを見守る目の温かさが必要なのだと知らされる。また、映画など感情に訴えるマスメディアに対しては対立を助長しないように注意を払う必要があろう。

このように見てくると、日系人というのは、日本にとっても、居住国においても民間外交官のような役目を果たしていることが分かる。1920年代から1992年までのアメリカ大陸における日系人リーダーたちの相互認識の変遷を見ると、現在、在日外国人の子どもたちもまた、この人たちのように民間外交官となることも想定できよう。その時に、より豊かな関係を築くことができるよう自らのルーツに誇りを持たせ、日本人の子どもと同じように大切に育てる配慮をする必要がある。

---

[71] H. H., op. cit., p. 1.

◆ 第1部のまとめと暫定的結論

　拡散する日系人の145年の歴史（日系人のディアスポラ）は五つの時代に区分できる。
　　第1期　第二次世界大戦前までの拡散期
　　第2期　第二次世界大戦中の緊張期
　　第3期　敗戦後からの協調期
　　第4期　1975年から1990年に至る国際社会での日本の地位上昇期
　　第5期　1990年からの日系人の日本への還流期
である。
　「漂泊と定住」理論が有効な時代は第1期と第5期である。第2期には連合国と日本との戦争により、移住地から日本に戦闘機を送ったり、支援物資を送ることはできなくなった。米国、カナダでは、国に忠誠を誓わない日本人や二世は強制収容所に入れられていく。「トランスナショナル・エスニシティ」が形成されていくのは第3・4期を中心とした時代である。第3期、日本の敗戦により、日本は連合国が中心となってつくった国際連合を外交の中心として西側の一員として、防衛力のみを残し、経済中心の発展政策をとり、余剰な人口はなくなり移民は減少していく。第4期はG7の一員として1980年代半ばに経済は頂点を迎える。第5期は、日本政府が「日本文化」の同質性を求めて日系人三世まで例外的に単純労働を許可し、労働力不足を日系人で補っていた。この時期に再び、「漂泊と定住」のサイクルが形成されていった。
　ハンチントンが、日本人移住者は移住先で同化した結果、日本や日本文明につながっていないと指摘するが、これが誤解であるのは、パンアメリカン日系協会のリーダーにアンケートした第3章の調査結果から分かる。彼らは絶えず日本と日本文化、国際社会における日本の位置付けを気にしている。なぜなら、移住国ではその外見から日本人として見られているからである。「和して同ぜず」という統合されながら皆と仲良くしつつ、個性を失わないという日本的な行動様式をとっているのだと考察できる。「トランスナショナル・エスニシティ」はこのような形で発現されている。

一方ラテンアメリカはスペイン帝国の時代より親日感情が継続しており、米西戦争（1898年）での米国の勝利により、太平洋へ進出し、さらに南北アメリカの覇者になろうとする米国に対して警戒感が強い。日清・日露戦争の結果、米国内では日本人移民への警戒と排斥が進むのに対して、ラテンアメリカでは、日本の独自性を維持したまま東洋と西洋が融合した姿をエンリケ・ゴメス・カリーリョがジャーナリズムや著作を通じて近代化のモデルとして、流布させていった。これが今に至るまで、ラテンアメリカの人々の日本イメージの源泉となっている。こうした地政学上のバランスと日本への親近感が土台になって日本人移民はラテンアメリカへとその活動の場を移していく。このような環境から「漂泊と定住」は枠組みさえ整えば再開しやすい。

第2部
パンアメリカン日系協会と海外日系人協会

　南北アメリカ日系社会の形成と日本における日系社会の形成、および、パンアメリカン日系協会と海外日系人協会の二つの国際組織について、「漂泊と定住」「トランスナショナル・エスニシティ」概念で分析・考察する。第1部の通時的な検討に加え、第2部では二つの国際組織がどのように世界に拡散した日系人（日本人のディアスポラ）をつないで、日本および日本文化と各国を結び付けているかを明らかにする。

第4章
南北アメリカ日系社会の形成と
日本における日系社会の形成

第1節　南北アメリカ大陸への日本人移民の概要

　1868年のハワイ移民以来、日本人移民の流れは北アメリカを経て南アメリカへと移っていった。日本人移民の特徴は日本外交の影響を受けた国策移民であり、政府が常に後ろ盾についており、日本人としての誇りを強く持ったものであった[1]。明治日本にとって西欧列強諸国との不平等条約の改正が外交の主要課題であった。そのため移民を送り出す時には、日本のイメージを損わないように細心の注意を払った。以後も日本政府は移民を外交政策の一環として捉えている。

　横浜にある国際協力機構（JICA）[2]の中にある海外移住資料館の常設展示室には、140年以上の日本人の海外での苦悩と活躍の姿と、現地の風土に合わせ変容した日本文化の新たな展開の軌跡を見ることができる。相手国政府と日本政府の合意がないと、いかに国民が無防備に海外に連れて行かれてしまうかが理解でき、日本は初期の段階から国策移民の色彩が濃かった理由が分かる。また、1872年のマリア・ルス号事件では、助けを求めた中国人苦力（クーリー）を守るために、外交関係のなかったペルーと交渉した当時の日本政府は、自国民の安全だけでなく、公正な扱いをどの国の民に対しても求めた。長い鎖国を破って西欧国際体系の一員として参入しようとしたときに、日本が高い志を持っていたことを私たちは今一度思い起こさなければならない。

　『日本人移民』のシリーズ、1巻 ハワイ・北米大陸、2巻 ブラジル、3巻 中南米[3]は、日本人移民がハワイから北米へ、「排日移民法」を経てブラジルや中南米へと移住して、国際社会における日本の歩みと並行して日系社会を形成

していく様子を写真で伝えている。さらに、1998年4月に全米日系博物館（ロサンゼルス）主催で日本財団の援助によって始まった国際日系研究プロジェクトは、南北アメリカ大陸に広がった日系人自身の立場から自分たちの歴史を展望している[4]。国際関係史から拡散する日系人の145年の歴史を見ると、「第二次世界大戦までの拡散期」「第二次世界大戦中の緊張期」「敗戦後からの協調期」「1975年から1990年に至る国際社会での日本の地位上昇期」「1990年からの日本への還流期」の五つに大きく区分できる[5]。国策移民であった日系人は日本の国際政治上の位置付けに連動して「日本人」として現地の評価を受けてきた。また、日本に来れば、「ブラジル人」「アメリカ人」「ペルー人」などと見られ、現地で「日本人」と自覚していたアイデンティティは日本人との関係から「日系」「Nikkei」と摸索されている。

全米日系博物館の外観

---

1 東栄一郎「日本人海外渡航史」64-85頁（全米日系人博物館企画、アケミ・キクムラ＝ヤノ編『アメリカ大陸日系人百科事典——写真と絵で見る日系人の歴史』明石書店、2002年）が詳しいが、「一等国民」と自らを考える日本人移民の諸資料はこのことを裏付けている。

2 JICA は Japan International Cooperation Agency、独立行政法人国際協力機構の通称である。2003年10月に設立されたが、1974年設立の国際協力事業団が前身機関である。開発途上国が社会・経済面で自律的・持続的に発展できるように、制度構築・組織強化・人材育成を目標に協力活動をしている。2003年8月に見直された「ODA（政府開発援助）大綱」で「国際社会の平和と発展に貢献、これを通じて日本の安全と繁栄の確保に資すること」を目的としている。JICA は ODA の技術協力や無償資金協力の実施機関である。世界94カ所に在外事務所がある。「JICA 事業のあらまし」11頁、「JICA 概要」13頁、（URL: http://www.jica.go.jp）（2006年3月19日にアクセス）。

3 藤崎康夫編、山本耕二写真協力『日本人移民　1．ハワイ・北米大陸』『日本人移民　2．ブラジル』『日本人移民　3．中南米』日本図書センター、1997年。

4 全米日系人博物館企画、アケミ・キクムラ＝ヤノ編、小原雅代他訳『アメリカ大陸日系人百科事典——写真と絵で見る日系人の歴史』明石書店、2002年。

5 浅香、2001年6月、前掲論文、398頁。2001年時点では四つの分類で可能であったが、2011年から振り返ると1990年以降は第5の日本への還流の時期と区分できる。

入国管理法が与えた大きな影響は前述した統計から分かるように、南アメリカからの日系人、特にブラジル人、ペルー人の日本社会へのデカセギを容易にしたことである。また、戦後ブラジル移住の再開を日系移民が両政府に働きかけたように、今回も同様に日系人からの働きかけがあった。ラテンアメリカにとって日本は憧れの地であり、日本は独自の伝統を維持しつつ西洋化に成功した近代化のモデルの一つとして考えられていた。米国やカナダの日系人のように差別される対象ではなかった[6]。さらに、第二次世界大戦中に本土空襲、二つの原爆投下があったにもかかわらず戦後復興発展を遂げた日本は、ラテンアメリカでは学ぶべき開発モデルと考えられている。スペイン語圏の人々は、この戦後の復興した日本のイメージを灰の中から再び生まれ輝く火の鳥フェニックスであると考え、日本と日本人を尊敬している。

（1）アルゼンチンの日系社会

　1986年の人口調査によると、アルゼンチンの日系人口は4万5000人である。内訳は、一世8000人、二世2万人、三世1万人、四世・五世が7000人である。経済・社会的状況は良く、日本人同士の結婚が重んじられており、この時点では日系人以外と結婚した人は全体の4％に過ぎない[7]。1980年代、為替変動とインフレと不景気によってアルゼンチンと日系社会は大きな打撃を受け花卉業者やクリーニング店は経営が困難となり、日本へのデカセギが進み日系人口が減少している[8]。この国では、日本人移民が入国する以前から、パリ発のジャポニスムの影響を受けた日本の美術作品などへの関心が強く、日本への好イメージが継続している。

（2）ボリビアの日系社会

　1899年ボリビアへ最初に移住した日本人は、同年4月にペルーのカリャオ港に到着した第1回ペルー移民790人の一部だった[9]。第2次世界大戦前、アマゾン地方やアンデス地方を中心に日本人移民は定住し、日系社会を形成した[10]。1930年代になると、ブラジルやペルーの日系社会に及ばないまでも、ボリビアの日系社会は成功者を中心に連帯を強めていった[11]。

　戦後移住の中心はサンタクルス地方に建設された開拓移住地の「オキナワ移

住地」「サンフアン移住地」である[12]。

　1955〜2000年の日系ボリビア人地域分布によると、1980年が3345人で最大だった[13]。1990年になるとデカセギブームにより日系ボリビア人の人口は2658人に減少し、2000年には2460人まで減少している。しかし、首都のあるラパスやサンタクルスでは日系人人口は増大している。サンファンとオキナワ移住地では、日系ボリビア人の世帯主の75％以上が農業に従事している[14]。これらの地域は日本の伝統文化が定着し、日本との往来も多く、「日本人村」ともいえる状況となっている[15]。

（3）チリの日系社会

　1992年のチリ日系慈善協会とJICAによる人口調査では、1614人の日系人が記録され、チリの11州に分布している。大半は中流家庭で、日本の生活様式よりもチリのものを好む傾向にあるという。チリからの日本へのデカセギは100人ほどで、日系チリ人の5％を占めていて、低所得者であると指摘されている。彼らの20％は4、5年のデカセギでチリに戻り、日本の文化や日本式の効率の良さ、報酬の高さゆえにまた日本に行きたいと考えている[16]。中産階級の発達したチリ社会では、日系人は混血しチリ社会への統合が非常に進んで

6　浅香幸枝「ラテンアメリカのジャポニスム――エンリケ・ゴメス・カリーリョに見る日本へのまなざし」南山大学ラテンアメリカ研究センター編『ラテンアメリカの諸相と展望』行路社、2004年。
7　イサベル・ラムニエル「日系アルゼンチン史概略」（全米日系人博物館企画、アケミ・キクムラ＝ヤノ編、小原雅代他訳『アメリカ大陸日系人百科事典――写真と絵で見る日系人の歴史』）明石書店、2002年、123頁。
8　同上、124–125頁。
9　国本伊代「日本人ボリビア移住小史」（全米日系人博物館企画、アケミ・キクムラ＝ヤノ編、小原雅代他訳『アメリカ大陸日系人百科事典――写真と絵で見る日系人の歴史』、明石書店、2002年）140–141頁。
10　同上、140頁。
11　同上、147頁。
12　同上、148頁。
13　ボリビア日系人協会連合会、柳田利夫、コージー・カズコ・アメミヤ「補完資料」（全米日系人博物館企画、アケミ・キクムラ＝ヤノ編、小原雅代他訳『アメリカ大陸日系人百科事典――写真と絵で見る日系人の歴史』明石書店、2002年）161頁。
14　同上、162頁。
15　国本、前掲論文、150頁。

いる。

(4) パラグアイの日系社会

1919年にパラグアイと日本に通商条約が結ばれ、この条約によって1903年の「黒人と黄色人種」移民を禁止したパラグアイ移民法が覆され、日本人は「黄色人種」に含まれないと規定された[17]。これにより、両国の国民は自由に相手国に入国・滞在でき、合法的に財産を所有し、市民として平等の扱いを受け、以後友好関係が続いているという。

パラグアイの日系人はパラグアイ人としてよりも、日本人であると強く意識しており、95％は日本語が堪能であり、日本との文化的絆も強い[18]。JICAパラグアイ事務所の報告によると、1991年に一世は2278人、二世3704人、三世は1048人、四世以下は44人である。2000年の時点では、パラグアイ領事館によると50％の日系パラグアイ人は日本とパラグアイの両国籍を保有している[19]。パラグアイは親日の国であり、JICAの活動によってさらに相乗効果を上げている。パラグアイの日系人は、日本に住む日本人と文化的に非常によく似ている。

(5) ペルーの日系社会

1989年のペルーの国勢調査では、日系人口は4万5644人で、そのうち一世が日系人口の5％、二世が33％、三世が47.8％、四世が13.51％、五世が0.35％である。日系人口の84％が首都のあるリマ州に住んでいる[20]。異人種間での結婚により、日系人の既婚者の3分の1は非日系人の配偶者を有し、日系ペルー人の半分は人種的に混血であると推定されている[21]。日系総人口の63％以上が高校か大学に通ったことがあり、ペルー全土に4828名の日系人経営者、1754名の専門職がいる[22]。フジモリ大統領（Alberto K. Fujimori：1990～2000年）を擁しただけでなく、広く政財界に根を下ろしていることに特徴がある。2005年の日本の『外交青書』によれば、日系人の規模は二世までで8万人の規模となっている[23]。2003年の時点では配偶者も含めて5万人が日本に働きに来ている[24]。

（6）メキシコの日系社会

1897年の「榎本殖民」からメキシコ移住は始まったが、1904年から「大陸殖民合資会社」はメキシコ南部に耕地労働者やコリマ鉄道建設や鉱山労働者を送った[25]。他の移民会社も1907年までに炭鉱労働者を送っているという。日本からメキシコへの契約移民は1907年に終わるが、メキシコには2000から4000人の日本人が残っていたと考えられている。総計1万から1万2000人の入国者のうち、いなくなった人々は、アメリカ合衆国へと密入国していたと推定される。そのため、1907年には、アメリカ合衆国政府はハワイ、カナダ、メキシコから入国することを禁止し、それにともない、メキシコへの日本人大量移民時代が終わりとなった[26]。1990年には日系メキシコ人5371人と国家人口登記局は記している[27]。しかし、この人数にもかかわらず、メキシコは平等条約の日本の最初の締結国であったというだけでなく、移民を通じて終始友好的であった。太平洋戦争中、日本公使館が所有した60万ペソの凍結資金を戦後日本政府に返還した[28]。これを日系社会のリーダーたちが政府に働きかけ、

---

16 アリエル・タケダ「日本人移民と日系チリ人」（全米日系人博物館企画、アケミ・キクムラ＝ヤノ編、小原雅代他訳『アメリカ大陸日系人百科事典——写真と絵で見る日系人の歴史』明石書店、2002年）259–261頁。
17 エミ・カサマツ「パラグアイ日系史概略」（全米日系人博物館企画、アケミ・キクムラ＝ヤノ編、小原雅代他訳『アメリカ大陸日系人百科事典——写真と絵で見る日系人の歴史』明石書店、2002年）310頁。
18 同上、318頁。
19 同上、329頁。
20 アメリア・モリモト「ペルーの日本人移民とその子孫（1899～1998年）」（全米日系人博物館企画、アケミ・キクムラ＝ヤノ編、小原雅代他訳『アメリカ大陸日系人百科事典——写真と絵で見る日系人の歴史』明石書店、2002年）344頁。
21 同上、344頁。
22 同上、344–345頁。
23 外務省『外交青書2005』太陽美術、2005年、285頁。
24 総務省統計局編集、総務省統計研修所『世界の統計2005年』62頁。
25 ヘス・K・赤地、カルロス・T・春日、マヌエル・S・村上、マリア・エレーナ・オオタ・ミシマ、エンリケ・芝山、レネ・田中「メキシコの日系コミュニティ」（全米日系人博物館企画、アケミ・キクムラ＝ヤノ編、小原雅代他訳『アメリカ大陸日系人百科事典——写真と絵で見る日系人の歴史』明石書店、2002年）280頁。
26 同上、280–281頁。
27 同上、307頁。

日墨交流のために日本とメキシコの合同運営方式を取ったという。1956年に設立された日墨協会はこれを土台に文化会館を1959年に建設した[29]。

また、「メキシコ二世協会」は「日墨文化協会」を設立し、メキシコ成人に対する日本語教育と文化の伝播の役割を担っており、メキシコ政府と協力している[30]。1977年には、日本・メキシコ両政府から認定を受けた「日本メキシコ学院（日墨学院）」を開校している[31]。

メキシコの事例は、移民を通じた外交上の代表的な成功事例と考えることができる。

（7）ブラジルの日系社会

世界最多の日系人140万人が住んでいる。人数が多いため、メキシコ、チリ、パラグアイ、アルゼンチン、カナダと比較して日系社会として一つにとりまとめるのが困難である。また、ブラジルは人種や出自よりもブラジル人として統合する力学を社会が持っている。

米国の排日移民法によって主要な日本人移民受け入れ先となったブラジルで

ブラジルでの3.11追悼ミサ［提供：二宮正人氏］

は、戦前には農業移民が中心となり、戦後は専門技術者も移住した[32]。1959年の終わりに、日本企業のブラジル進出が開始され、1970年代後半には500社を超える様々な企業が進出した[33]。この「ブラジル・ブーム」は、1983年半ばにブラジルが外国為替の中央銀行によるモラトリアム宣言を出すと冷却し、現在では最盛期の半数に減ったという。この経済の不況を背景に、まず、日本国籍を持つ一世が日本へ出稼ぎを始め、1990年の入国管理法の改正により、約27万人の日系ブラジル人が日本で働いている。ブラジル経済が回復すればするほど大きな潜在力を持つ日系社会である。

（8）カナダの日系社会

全加日系人博物館によれば、カナダに住む7万7000人の日系人人口の約25％を戦後の新移住者が占めている[34]。三世から六世にかけては、異人種間結婚で生まれ、他の人種の血が混じっているという。戦時中は強制収容所に入れられたり、平原地帯の砂糖ビート農園で働いた[35]。日系カナダ人の財産は戦後も、帰還白人兵士や公務員の間で分割されてしまっていた[36]。「戦争対策法」によって規定された制限が1949年になくなり、ブリティッシュ・コロンビア州に住むこともできるようになった[37]。国外追放にあった人の4分の1が、1950年以降にも帰国し、生活の再建をしたという。1977年に100周年記念

---

28 ヘス・K・赤地、カルロス・T・春日、マヌエル・S・村上、マリア・エレーナ・オオタ・ミシマ、エンリケ・芝山、レネ・田中、前掲書、293–294頁。
29 同上、294頁。
30 同上、294頁。
31 同上、295頁。
32 二宮正人「ブラジル日本移民の歴史概略」（全米日系人博物館企画、アケミ・キクムラ＝ヤノ編、小原雅代他訳『アメリカ大陸日系人百科事典——写真と絵で見る日系人の歴史』明石書店、2002年）168頁。
33 同上、168–169頁。
34 オードリー・コバヤシ、ミッジ・アユカワ「日系カナダ史概略」（全米日系人博物館企画、アケミ・キクムラ＝ヤノ編、小原雅代他訳『アメリカ大陸日系人百科事典——写真と絵で見る日系人の歴史—』明石書店、2002年）221頁。
35 同上、219頁。
36 同上、220頁。
37 同上、221頁。

祝典の際、日系コミュニティが一つになると、賠償請求の問題を共有するようになった[38]。全カナダ日系人協会が賠償交渉にあたり、1988年に戦争対策法が廃止され、賠償決定がなされたという。この基金を基に、日系コミュニティセンターが建設された[39]。絶えず新移民の日本人が入ってくるので、日本の新しい文化が常に入ることにより、バンクーバーでは日本語が通じやすい。ワーキングホリデーで入国する若者などがカナダで人種差別を受けないように援助するセンターも有している。

（9）米国の日系社会

米国は、その豊かさから世界中の移民を引き付けてきたが、人種差別があり、米国市民であった二世さえも、太平洋戦争中は、内陸部や湿地に急造された10カ所の強制収容所に送られた[40]。

1950年代から二世の多くは有色人種には閉ざされていた仕事に就けるようになり、中産階級となった。この頃には「模範的マイノリティ」という新しいステレオタイプが生まれた[41]。二世リーダーは、移民を苦しめた人種差別の象徴「外国人土地法」撤廃運動や一世の帰化権と日本人の新規移民枠を求めて連邦議会に働きかけ、1952年に「ウォルター＝マッカーラン法」が制定され、要求が認められた[42]。三世の社会運動家たちは、ベトナム反戦運動や公民権運動にかかわる中で、一世や二世が強制収容所に入れられた人種差別は違憲であり、政府の公式謝罪と補償要求運動を1970年代初頭に始めた。1988年には、「日系人補償法」が制定され、かつての収容者一人につき2万ドルの補償金と大統領署名の公式謝罪文が渡された[43]。

公民権運動以降、異人種間の結婚が日系人の間でも増え、四世、五世は混血であることが珍しくなくなっている。現在の日系人社会団体では、「日本人」とは似ても似つかない顔の人や日本的な姓を持っていない人が大勢いる状態となっている[44]。

戦後から1960年代にかけ米国軍人と結婚した日本人女性の入国や1950年頃「難民」として移住した日本人がいた。1965年の移民法で人種・出自国による差別の完全撤廃後、投資家、特別技術労働者、米国市民や永住者の家族として米国へ移住した「新一世」が加わった[45]。日系人100万人の住む米国の

日系社会の特徴の一つは、良き米国人として統合されながらも移民として受けてきた人種差別を解消させるべく戦ってきた歴史を持っていることである。全米日系人博物館などはその経験を基に差別を生じさせない教育キットを開発して販売している[46]。

(10) ラテンアメリカからの出移民

1980年代半ばから2008年のリーマン・ショックまでの日本の人手不足を考える時、1950年代の移民送り出しが日本政府の重要な政策であったとは、にわかに信じがたい気がするが、日本はイタリア・スペイン・ドイツと同じく、伝統的に移民送り出し国家であった。1990年代になり、かつてラテンアメリカに送り出した自国民が経済状況の悪化からまた、母国へデカセギに戻ってくるという状況はいずれの地域でも同じである[47]。2001年12月11～13日に、ラテンアメリカの出移民についての国際シンポジウムが大阪の国立民族学博物館で行なわれた。そこで、研究者たちの報告により明らかになったことは次の二点である。第一に、交通・通信手段がかつてとは比べられないほど便利となっているので、現代の移民は両国間を行ったり来たりして、経済力のある地域から不況の地域へと富を運搬している。第二に、一度船で出かけたらなかなか帰っては来られなかった昔のような悲壮感もないのが特徴である[48]。

38　オードリー・コバヤシ、ミッジ・アユカワ、前掲書、222頁。
39　同上、222頁。
40　東栄一郎「日系アメリカ人史概略」（全米日系人博物館企画、アケミ・キクムラ＝ヤノ編、小原雅代他訳『アメリカ大陸日系人百科事典――写真と絵で見る日系人の歴史』明石書店、2002年）383 - 384頁。
41　同上、385頁。
42　同上、385頁。
43　同上、386 - 387頁。
44　同上、388 - 389頁。
45　同上、388 - 389頁。
46　JACL, *A Lesson in American History: the Japanese American Experience Curriculum and Resouce Guide*, 1996.
47　Yamada Mutsuo organizador, *Emigración Latinoamericana: Comparación Interregional entre América del Norte, Europa y Japón*, the Japan Center for Area Studies, National Museum of Ethnology, Osaka, 2003.
48　2001年12月11～13日、国際シンポジウム「ラテンアメリカの出移民――ヨーロッパ、北米、日本との地域比較」国立民族学博物館、大阪。

1990年の入国管理法の改正から16年目となる2006年の日本では「デカセギ」の思いを歌う「ロスカリブレス」というレゲトン（レゲエとヒップホップなどが合体した新しい音楽ジャンルで、米国のヒスパニック移民二世を中心に流行）のペルー人四世の3人のグループ歌手が日系の魂を歌っている[49]。この音楽や活動を通じて、日本で生まれた下の世代が自分たちの「ルーツ」に自信を持つようになったと2006年3月6日付の『中日新聞』は伝えている。

第2節　南北アメリカと日本をつなぐ二つの日系人組織

（1）パンアメリカン日系協会と海外日系人協会

各日系社会には、それぞれを代表する組織はあるが、国際的なネットワークを持つのは1981年に二世が中心となって結成した「パンアメリカン日系協会」（本部ペルー、リマ）や1957年に日本政府が呼びかけて作られた「海外日系人協会」（本部JICA内）である。「海外日系人協会」は母国日本を中心に、南北アメリカ大陸、アジア、オセアニア、ヨーロッパに住む新一世や日系人を網羅している。一方、パンアメリカン日系協会は「ニッケイ」＝「日系」というキーワードの下に、南北アメリカ大陸の日系人たちが横のつながりでつながっているもので、シンボルとしての「日本文化」や「日本人の血」以外に中心はない。日本よりも、生まれた国に自己同一化する傾向が強い。彼らが目指すものは「大陸のより良い市民になろう」というものである。しかし、2000年になり、アニメや寿司などの日本文化が北アメリカでも同様に憧れの対象となると、日本人の血を受け継ぐ者以外にもビジネスチャンスを与えるようになり、好意的に受容されるようになった[50]。ラテンアメリカでは、日系移民への支援という側面から、JICAによる支援が主流になされていたが、2005年7月7〜9日にバンクーバーで開催された第13回パンアメリカン日系大会でお目にかかったアルゼンチン人のK・K国際会長は、それに加えて国際交流基金による文化交流を強く望んでいた。日系社会が成熟し、専門職に就く日系人の比率が上がってきたために、北アメリカ型の文化交流を一層望む背景が考えられる。また、現地での日本文化の需要が急増していることも原因の一つである。

二つの国際組織は次の一覧表にまとめることができる。

〈表1〉パンアメリカン日系協会と海外日系人協会の比較一覧表（2011年10月現在）

	海外日系人協会	パンアメリカン日系協会
設立年	1957年	1981年
メンバーシップ	外務省、全国知事会、東京都、国際協力機構、国際交流基金、日本貿易振興機構、国際観光振興機構、日本経済団体連合会、日本商工会議所、海外日系新聞放送協会、賛助会員	南北アメリカの二世が中心となり、新一世・三世も含む各国パンアメリカン日系協会
本部所在地	JICA 横浜内	ペルー・リマ
今までに開かれた大会数	52回	16回（2年に一度）
大会の目的	日本と海外日系人との関係強化	南北アメリカ大陸の Nikkei の友情と交流の増進
大会シンボル	皇族、靖国神社、桜	ワークショップと交流
大会規模	約200人	約500人
開催国（回数）	日本（50）、ハワイ（1）、ブラジル（1）	メキシコ（3）、ペルー（2）、ブラジル（2）、米国（2）、カナダ（2）、アルゼンチン（1）、パラグアイ（1）、チリ（1）、ボリビア（1）、ウルグアイ（1）
大会場所	憲政記念館、JICA 研究所	五つ星クラスのホテル
大会レセプション	外務大臣主催、衆参両議院議長主催	在外日本大使主催
参加国数	20カ国	13カ国と日本
大会運営母体	財団法人海外日系人協会	開催国と近隣国のパンアメリカン日系協会支部の協力
資金	賛助会費と大会参加費	各支部と企業・個人からの寄付と大会参加費

（2）新たな日系文化を目指して

　横断的なつながりを持つ日系人は、「日系」という共通項でくくられながらも、2年に1回の世界大会に二世、新一世、三世、四世と集う中で、パンアメリカン日系協会の加盟国、カナダ、米国、メキシコ、ベネズエラ、コロンビア、ボ

49　中山洋子「日系魂　ラテンに乗せ」『中日新聞』2006年3月6日朝刊。
50　浜野保樹『模倣される日本――映画、アニメから料理、ファッションまで』祥伝社、2005年。Asaka Sachie, 27 de septiembre, 2005, "Nueva identidad transnacional de los líderes Nikkei de origen japonés en el Continente de las Americas en la época de la globalización", Mesa de Identidad 1, XII FIEALC, Roma.

リビア、ペルー、パラグアイ、ウルグアイ、チリ、アルゼンチンの11カ国からの経験を交換し合い、互いに学び合い、ビジネスチャンス、交換留学、結婚相手との出会いといった建設的な相互交流をしている。特筆に値するのはユース・プログラムを作り、夏休み期間中に開催される大会に若者を参加させ、交流しつつ若い世代を育てていることである。同時進行するので全てのワークショップに参加することはできなかったが、2005年7月のバンクーバーでの第13回パンアメリカン日系大会で特に印象的だったのは、三世・四世の若い世代のアイデンティティ形成と日本文化の継承に関するものだった。

　白人優位主義が長く続き、一世・二世もその中で苦労したという背景を持ち、「混血」イメージはマイナスであるアングロサクソンの社会に住む米国・カナダの若者たちは"Hapa"＝混血というハワイでの呼び方を使い、自分たちの混血を肯定的に捉えて納得しようとしていた。しかし、移住する時から「日本」イメージはモダニズム＝近代化の肯定イメージで受け入れられているラテンアメリカの若者たち、特に親日であり多文化共生の先進国であるメキシコの若者は「混血＝メスティソ」が国家統合シンボルとなっているので「混血」に対して肯定的な考えを持っており、米国・カナダの若者の苦しみが意外という反応であった。ワークショップで、一人ひとりが発言する中で、相互交換し、新たな自分のアイデンティティに目覚めていく過程は一緒に参加していて、心強く頼もしいやり方だった。そして日本の現代の若者の現状についての質問がよくなされた。聞きたい理由は現代の日本文化がクール（かっこいい）というだけではなく、自分たちの日系としてのルーツを日本の現代の若者と比べることによって遡って確認したいということが伝わってきた。

　さらに新一世の若手プロデューサー、シゲマツ（Tetsuro Shigematsu）はポップ・カルチャーにおける「ネオ・ゲイシャ」と「サイバー・サムライ」のワークショップを主催した。映画『キル・ビル』（クエンティン・タランティーノ監督、2003年）に描かれた芸者と現代の日本のお笑いの番組を討論の資料に使っていた。ここに描かれた男性像・女性像を彼らが持っているイメージと比較しながら検討し、映像を通じて自分たちの文化創造を試みようという挑戦的な面白さだった。ゲイシャ、サムライという代表的な日本イメージが現代に合わせて創り変えられていくのは、日本にいてはとても思いつかないことだ。

パンアメリカン日系協会のリーダーたち（2005年カナダ大会）

　チバ（Jeff Chiba Stearns）のアニメーション「あなたは一体何なの？」は、日系だけでなく幾重にも混血した自分が何者なのかと摸索し、ついに、ありのままの自分を受け入れ正々堂々と生きれば良いとガールフレンドに諭される話である。
　また、ロビーには、幾重にもなった混血のアイデンティティ、特に自己を肯定的に見つめるための巨大サーフィン型の自己探索キットがあった。
　一方では、1世紀以上前から日系カナダ人の住む漁村のスティブストンを訪問した際には混血を見かけなかった。日本との絆が強く、お寺もあり、まるで日本の漁村を訪ねているような錯覚を感じた。また、1988年の戦時賠償金で建設された日系プレースは、老人福祉施設と文化施設が一体となっており、日本語と日本文化に親しんだ年配者と、これから日本文化を学びたい若者や非日系人が、ここで交流できるようになっており、老人に文化の伝達者としての誇りと役割を持たせ、淋しさを感じさせないシステムになっている。
　パンアメリカン日系協会は2年に一度南北アメリカ大陸の一国で開催され、主催国の日系人がたどってきた道のりを共に追体験し、自分の体験を相対化し、友好だけでなく共通の利益・目標を定めている。また、その日系社会が築いてきた遺産や運営の仕方の最新版を知ることによって、各日系社会がそれを手本としたり、参考として新たな方法を構築できることに特徴がある。また、こう

した付き合いを通じて、仕事関係の協力・発展もある。全米日系人博物館が日系人自らの手による自分たちの『アメリカ大陸日系人百科事典』(2002)を作成できたのもパンアメリカン日系大会での交流があったからであった。

(3) 南北アメリカを超えて

1990年になり、日系人の日本での単純労働への就労が合法化されると、遠方の南アメリカから日本への往来が容易となり、パンアメリカン日系協会と海外日系人協会は一層接近していった。毎年開催される海外日系人大会には、アメリカ大陸だけでなく、日系人の住むアジア、オセアニア、ヨーロッパからも代表が集まってくる。2005年9月13日に憲政記念館で開催された第46回海外日系人大会は、愛知万博開催期間に間に合うように、いつもより1カ月早く開催された。「国際日系ネットワークの構築」をテーマに世界17カ国から日系人が参加した。町村信孝外務大臣（当時）は、情報ネットワークの構築によって世界中どこからでも日系人がネットに参加できるようにする方向性を祝辞の中で述べた。2010年には、ようやくシステムが完成し、大掛かりなシステムを持たない日系団体でもサポートを受け簡単に情報新発信できるようになった。とりわけITに強い若者の活躍が期待されている。2005年の同大会で扇千景参議院議長は外交チャネルの多様性としての日系人の役割に言及した。140年以上の日系人の歴史がある南北アメリカモデルは、人的交流と外交をうまく組み合わせて他の地域へも汎用可能なものではないだろうか。2010年の海外日系人大会に参加したヨーロッパの新一世の人たちは、パンアメリカン日系協会の活動を知り、とりわけ、現地に貢献しようとする姿勢に感銘を受けていた。また、第二次世界大戦の日本の占領によって、戦後排日のひどかったフィリピンやインドネシアの日系人にもモデル提示している。

2007年サンパウロで開催されたパンアメリカン日系大会は海外日系人大会と初めて合同でなされた。現在では日系もNikkeiもほぼ同じ意味合いを持つようになったが、1981年にパンアメリカン二世大会が初開催されたときには、日本の海外日系人協会から日本に対立するものと誤解された。

米国やカナダで戦時賠償（リドレス）運動が解決されなかった二世の間では日本への警戒感があった。第5章ではパンアメリカン日系協会を、第6章では海

パンアメリカン日系大会の代表者会議（2007年サンパウロ大会）

外日系人協会の特徴を論ずる。日本人のディアスポラとしての一形態である「漂泊と定住」を代表するのが海外日系人協会であるとすれば、「トランスナショナル・エスニシティ」として自らのルーツに強く惹かれながらも生まれた国の人として貢献しようとするのがパンアメリカン日系協会であるという違いがある。

第5章 パンアメリカン日系協会

第1節　パンアメリカン日系大会とは

　1981年7月から始まったパンアメリカン二世大会は2年ごとに南北両アメリカの一国で開催され、1987年には4回を迎えるまでとなった[1]。1989年7月には、第5回大会が米国ロサンゼルスで開催され、1991年の第6回大会は、パラグアイで開催された[2]。本章では一次資料およびインタビューに基づいてこのパンアメリカン日系大会の特徴を考察する。具体的な資料は以下の通りである。

【一次資料】　大会順。
〈メキシコ、メキシコ市〉
・Primera Convención Panamericana Nisei México 81
・大会準備のための議事録および手紙
・「メキシコ宣言」1981年7月26日
・日系連絡協議会、日程表
・「日墨協会の概要――1981年度」社団法人・日墨協会
〈ペルー、リマ市〉
・1er Simposio Nisei sobre la Inmigración Japonesa
・Asociación Panamericana Nikkei
　　- Antecedentes
　　- creación（議事録）
・II convención Panamericana Nikkei "Perú 1983"

〈ブラジル、サンパウロ市〉
・III COPANI, *O NIKKEI E SUA AMERICANIDADE*, 1986, São Paulo
〈アルゼンチン、ブエノスアイレス市〉
・IV COPANI, Revista Oficial de la 4ta Convención Panamericana Nikkei
・Organo Informativo del Centro Nikkei Argentino, El Nikkei argentino, Buenos Aires,
　　Año 1 - № 1（marzo, 1987）
　　Año 1 - № 2（abril, 1987）
　　Año 1 - № 3（mayo - junio, 1987）
・資料「パンアメリカン日系人大会」および Convenciones Panamericanas Nikkei
・資料「亜国日系センター」および Centro Nikkei Argentino

【インタビュー】　取材順。
・1987 年 8 月 13 日、メキシコ市、日墨会館、S・T 氏（財団法人　日本人メキシコ移住 90 周年記念事業団・事務総長）
・1987 年 8 月 23 日、メキシコ市、日墨会館、明申会会合にて、K・M 氏（K・C 氏の母）
・1987 年 8 月 23 日、メキシコ市、自宅、O・S 氏（日墨新聞社社長）
・1987 年 8 月 24 日、メキシコ市、自宅、K・C 氏（パンアメリカン日系協会会長）
・1987 年 9 月 14 日、ブエノスアイレス市、日本食レストラン北山、M・S 氏（第 4 回パンアメリカン日系大会準備委員長。P・S・M・M 氏、C・A・Y 氏）

1　第 5 章の第 1 節と第 2 節は、以下の学会報告をまとめたものである。適切なコメント、議論をしてくださった方々に感謝する。
　「パンアメリカン二世大会──アイデンティティと連帯と」1987 年 11 月 8 日、関西学院大学、日本イスパニア学会。
　「1980 年代パンアメリカン日系大会の歴史と問題点」1988 年 10 月 30 日、慶應義塾大学、日本国際政治学会、トランスナショナル部会。
　「トランスナショナル・エスニシティ──1980 年代パンアメリカン日系大会の事例研究」1988 年 12 月 17 日、南山大学、日本ラテンアメリカ学会定例研究会。
2　*Pacific Citizen*, The National Publication of the Japanese American Citizens League, July, 21-28, 1989, p. 1.

・1987 年 9 月 19 日、リマ市、日秘文化会館、L・S 氏（第 2 回パンアメリカン日系大会準備委員長）、I・K 氏（日本人移住史資料館館長）
・1987 年 9 月 20 日、リマ市、日本食レストラン・ミカサ、L・S 氏

　これらの資料によれば、今までの「移住記念行事」や日系社会の関心事といえば、移住国と日本との二国間関係（縦のつながり）であった。それに対して、パンアメリカン日系（二世）大会は国境を越え、日系人のアイデンティティと連帯（横のつながり）を求めている[3]。この両者の違いは、〈図 1〉〈図 2〉のようにモデル化できる。
　〈図 1〉に見られるように、従来の日系社会の人々にとって、日本と移住国との関係は、一言で言うならば、日本あっての移住国であり、またその逆も真であった。こうした関係においては、自分の移住した国と他の日本人が移住した国々との交流などは考える余地のないものであった。すなわち、これは、自分は明らかに日本人の血と日本の文化を持って移住したのだということが明白であることに起因する[4]。
　〈図 2〉の、日系二世によって始められたパンアメリカン日系大会は、〈図 1〉と比較すると、日本と移住国との二国間関係が希薄である。日本人の血を受け継ぎながらも、日本から遠隔地に住み、第 2 次世界大戦により、日本文化を青少年期に継続して受け継ぐことを中断された日系二世が持つ日本のイメージは、点線で表わされるほどの存在感しかない。ある国の日系人にとっては、この日本とのつながりは、実線で示されるほどの現実味を帯びたものであるが、他の国の日系人にとっては、日本との関わりは点線で示されるように弱いものである。
　日系二世にとって日本と自分たちとの関係は〈図 1〉ほどには明白ではない。明白なのは、南北両アメリカ大陸には、国籍は違っても、同じ体験を持つだろう日系二世が存在しているということであった。それゆえに、〈図 2〉では、国境を越えて日系人同志の交流が強調されると考えられる。これを筆者は「トランスナショナル・エスニシティ」と呼んでいる。
　こうしたパンアメリカン日系（二世）大会を論文あるいは報告の形でまとめたものは、1989 年当時、筆者が調べた限りでは、以下の 6 点のみである。こ

〈図1〉個人と国際社会（移住記念行事や日系社会の場合）（浅香、1990）

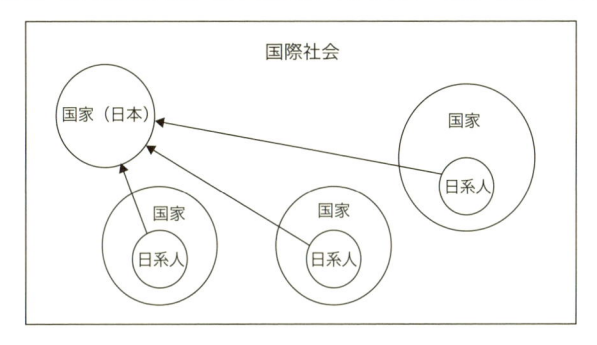

〈図2〉個人と国際社会（1980年代パンアメリカン日系大会の場合）（浅香、1990）

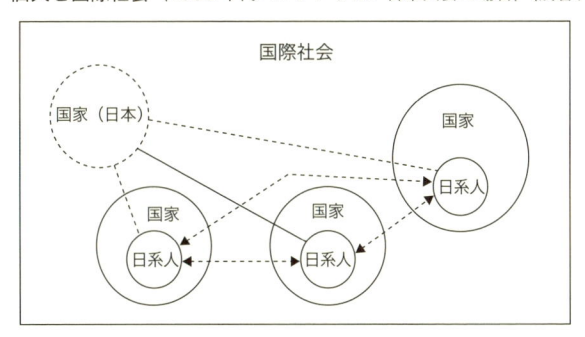

れらは、1957年日本で作られた海外日系人協会の発行する『海外日系人』と、これを受け継いだ『汎』に掲載されている。

報告としては、次の3点がある。

1.「日本をルーツにもってパンナム二世の連帯を——パンアメリカン二世大会他　メキシコ報告」[5]

3　サンパウロには、飛行機が遅れ夜ふけに到着し、翌朝、ブエノスアイレスに行かなければならなかったため、T・M氏にはインタビューできなかった。
4　浅香幸枝「ラテンアメリカにおける移民史研究の最近の動向——対外意識を中心として」『外交時報』1239号、外交時報社、1987年6月、49-59頁。
5　『海外日系人』10号、編集・海外日系新聞協会、発行・海外日系人協会、東京、1981年10月、14-20頁。
　パンアメリカン日系協会については以下のものがある。
　「パンアメリカン日系協会が発足」『海外日系人』11号、編集・海外日系新聞協会、発行・海外日系人協会、東京、1982年5月、26-27頁。

2. 村井孝夫「日系人の自主的連帯運動深まる・第二回パンアメリカン日系大会」[6]
3. 「ニッポン国家と日系人の今日的関係――外務省・総領事に見る"棄国"のすすめ」[7]

これらは、第1回、2回、3回大会の様子を伝えている。

前述の報告における問題の背景を解説した論文には次の3点がある。いずれも、ジャーナリストであり、北米の移民研究『北米百年桜』や『明治海外日本人』などの著作で知られる伊藤一男によるものである[8]。

1. 伊藤一男「日本を拒否する日系二世への考察――パンアメリカン二世大会に出席して」[9]
2. 伊藤一男・本誌『海外日系人』編集委員会「日系人知らずの日系人――JACLに訴える」[10]
3. 伊藤一男「ニッポン国家と日系人の今日的関係――日本総領事招待拒否の波紋を追う」[11]

この一連の著作の中で伊藤氏が指摘する問題は以下のようにまとめることができる。

1. 二世が自らの主催で国際会議を持ち、「参加」と「南北両アメリカ大陸諸国に生まれた日系二世の連帯」ということを評価しているが、ライオンズクラブ、ロータリークラブの交歓パーティのようであった[12]。
2. 駐墨大使・松永信雄氏を招きながら、二世大会会場にルーツの日本の旗がなかった[13]。
3. 県費留学生の受け入れを毎年している海外日系人協会理事長・海外日系新聞協会会長の岩動道行参議院議員が持参した、鈴木善幸首相のメッセージの披露を拒んだ（最終的にはメッセージを披露し、問題にはならなかった[14]）。
4. 公用語が英語、スペイン語、ポルトガル語のみであった[15]。
5. 一世との断絶[16]。
6. この大会の実質的主軸はメキシコの二世と米国のJACLの幹部たちであり、ブラジルからは一世兼二世代表として一人しか代表が参加しなかった[17]。

この大会に伊藤氏はスピーカーとして招かれ「日本は二世をどう思うか」に

ついて 15 分話すことになっていたが、その時間は与えられなかった[18]。

このように、第 1 回大会は一応無事に終わったが、日系人が国境を越えて集まることに対する内外の期待の大きさに比べ拍子抜けしたという見方である。長年、移民研究にたずさわって、日系人に期待を持ち、当日はスピーチまで用意していった伊藤氏にとっては一層その感は強かったことと推察できる。

第 1 回メキシコ大会については、以上の 6 点に要約できる。また、1983 年の第 2 回ペルー大会の後、伊藤氏は、1984 年 5 月の「日系人知らずの日系人——JACL に訴える」の中で次のように指摘している。

7. 第 1 回大会での日の丸拒否は JACL の意向であったと分かった[19]。
8. 第 2 回ペルー大会の決議文に「アメリカの戦時賠償運動への支援」を打ち出したことにより、ブラジルが外国の内政問題に巻き込まれるとして反対する者もあり、二世間でコンセンサスができず、第 3 回パンアメリカン日系ブラジル大会の準備のために、パンアメリカン日系協会ブラジル支部は発足していない[20]。

---

6 『海外日系人』14 号、編集・海外日系新聞協会、発行・海外日系人協会、東京、1983 年 10 月、10 – 13 頁。
7 『汎』1 号、PMC 出版、1986 年 6 月、56 – 61 頁。
8 伊藤一男『北米百年桜』日貿出版社、1973 年。伊藤一男『明治海外日本人』PMC 出版、1984 年。
9 『海外日系人』10 号、編集・海外日系新聞協会、発行・海外日系人協会、東京、1981 年 10 月、22 – 31 頁。
10 『海外日系人』15 号、編集・海外日系新聞協会、発行・海外日系人協会、東京、1984 年 5 月、4 – 6 頁。
11 『汎』1 号、PMC 出版、1986 年 6 月、61 – 67 頁。
12 伊藤一男「ニッポンを拒否する日系二世への考察——パンアメリカン二世大会に出席して」『海外日系人』10 号、編集・海外日系新聞協会、発行・海外日系人協会、東京、1981 年 10 月、22 – 24 頁。
13 同上、23 頁。
14 同上、23 頁。
15 同上、24 頁。
16 同上、25 – 26 頁。
17 同上、28 頁。
18 同上、25 頁。
19 伊藤一男・本誌編集委員会「日系人知らずの日系人——JACL に訴える」『海外日系人』15 号、編集・海外日系新聞協会、発行・海外日系人協会、東京、1984 年 5 月、5 頁。
20 同上、5 頁。

この提言自体は、1930年に米国本土で設立されたJACL：Japanese American Citizen League（全米日系市民協会）が、1984年8月にハワイで全米年次大会開催の議題に「日米間の経済問題や日米国際会議に日系人を送り込むように圧力をかけたい」ということを選んだことに対して書かれたものであった。

　　　また、「ニッポン国家と日系人の今日的関係――日本総領事招待拒否の波紋を追う」[21]では、第3回ブラジル大会にサンパウロ総領事の色摩力夫氏が招待を拒否したことについて書いたものである。この大会は日本の旗も代表も日本語もなかった。

9. 前2回の大会では日本の大使を招きながらなぜ今回は総領事しか招待しなかったかという疑問[22]。

10. 日本外務省・駐サンパウロ日本総領事に対する日系人の不信感と怒りを抱かせた[23]。

11. 主催者のパンアメリカン日系人協会の18支部が一斉に日本の外務省に抗議したにもかかわらず、この大会が日本のマスメディアにとりあげられなかった[24]。

12. 第4回大会では、アルゼンチンに二派の日系人の団体の対立があり、中心となる二世の団体がないことから、前途に赤信号が出ている[25]と警告している。

以上12点、伊藤氏が3回のパンアメリカン日系大会に対して提出した問題点である。この12の問題点を整理すると以下の六つに分類できる。

a)　日本政府・外務省・在外公館との関係
　　2、3、9、10
b)　国旗と日本語に関するもの
　　2、4、7
c)　大会に対する二世の姿勢に関するもの
　　1、5、6
d)　外国の内政干渉にかかわるおそれのあるもの
　　8
e)　日本のマスメディアとの関係

11
f) 警告
　　12

　この分類からいくと、a) 日本政府・外務省・在外公館との関係に関するもの（4件）と、b) 国旗と日本語に関するもの（3件）、c) 大会に対する二世の姿勢に関するもの（3件）に問題点が集中している。このことは、長年海外日系人協会の仕事にたずさわってきた伊藤氏の関心がこの問題にあることを逆に裏付けてしまっている。

　伊藤氏が批判するロータリークラブ方式はなぜいけないのか？　もし、個人参加であり、奉仕と友好を目的とするロータリークラブ方式を主催者たちが初めから目指していたならば、a) b) c) の問題は彼らにとって、たいした問題とはなっていないはずである。もっと重要なことは、同じ体験を持つ二世たちがそれぞれの国に舞台を移して、会い集い、そこでの体験を自分のものとして、具体的にこれからの生活や仕事に役立てていくことなのではないか。伊藤氏は、日本と一世を中心とした〈図1〉のモデルで、このパンアメリカン日系大会を見ているのではないだろうか。1957年からほぼ毎年行なわれている日本が主催国となっている「海外日系人大会」と混同してはならないと思う[26]。

　伊藤氏は、文化面からパンアメリカン大会のルーツを求めることが大切だとしている[27]。しかし、今までの移民史を振り返る時、また今日、人が国境を越える時、それは単純に社会・文化の問題にとどまらない。経済・政治に社会と文化がいりくんだ総体である。文化は決して一人歩きなどしない。国境を容易に越える傾向がある経済と人に対して、政治は国益に沿った動きをすることが

21　『汎』1号、PMC出版、1986年6月、61–67頁。
22　同上、64頁。
23　同上、64頁。
24　同上、64頁。
25　同上、67頁。
26　「海外日系人協会の歩み」『海外日系人』6号、編集・海外日系新聞協会、発行・海外日系人協会、東京、1979年10月、16–18頁。
27　伊藤一男「ニッポンを拒否する日系二世への考察──パンアメリカン二世大会に出席して」前掲論説、27頁。

多く、言語、価値観、生活様式といった文化の変化は、それらに付随してゆっくりと変化していく。その意味で、二世たちがとったロータリークラブ方式は、現実的で賢明なやり方であって、決して伊藤氏がいうように「激動する 80 年代にはいささかなまぬるい」ものとはいえないのではないか[28]。

　国境を越えた、出自と文化アイデンティティを共有する日系人集団の特徴はどのようなものであったのだろうか。また、なぜ長きにわたってこの大会が継続しているのか。こうした動きは、今日、国籍が違い、言語・価値観・生活様式といった文化の異なる人々とも対等につき合っていくという国際化を求められている日本に対してどのような意味を持つのであろうか。このような認識に立つ時、この 4 回の大会の実態を日系二世の立場から描くことは資料の散逸を防ぐばかりではなく、日本に住む日本人にとってきわめて今日的な重要な課題であると考える。

　4 回の大会の議事録・パンフレット・案内状といった一次資料と大会関係者へのインタビューを分析の中心として、大会のリーダーたちから見たパンアメリカン日系大会の実像を描き、以下の順に考察する。

　本章の第 2 節では、本当にメキシコの二世の幹部と米国の JACL のみの指導により開催された大会だったのかどうか、また一世と二世は本当に断絶しているのかどうか検証するために、パンアメリカン二世大会以前の会合の歴史を明らかにする。「パンアメリカン日系大会の歴史と問題点」において、実際の 4 回の大会の概況と、国際社会における問題を明らかにする。（3）では、日系二世の主導のパンアメリカン日系大会と、日本の主導する海外日系人大会との比較を通して、国家を離れた Nikkei というものを考える。このことは日本文化の特殊性を強調するのではなく、諸外国の文化にも受け入れられるという普遍性を示すことになろう。まさにこの点において国境を越え、出自と文化アイデンティティを同じくするパンアメリカン日系大会を研究する今日的意義があるのではないか。

　「（4）二世と日本に住む日本人をつなぐもの」においては、諸外国において受け入れられる普遍性のある日本性と、日本に住む日本人との関係を考察する。これは、自由貿易体制の中で孤立することなく国際社会に生きていかなければならない日本人が今日ある日本の伝統に裏打ちされた日本文化をどのように、

たくましく洗練されたものとして創造していくのかという方向性さえも示唆するように思う。

第2節　パンアメリカン日系大会の実像

（1）パンアメリカン二世大会以前の会合の歴史

　ペルーのリマ市にあるパンアメリカン日系協会の記録によると、パンアメリカン二世大会は、1967年以来の二世同士の地域的な交流が基礎となっていることが分かる[29]。これによると、二世同士の交流は、第一期の文化・スポーツ交流期と、第二期のアイデンティティ摸索期に分けることができる。

　第一期は、1967年に始まったブラジル・サンパウロ・ピラティンガ文化スポーツ協会とペルー二世大学生協会との交流に始まる。これは、また、1968年から今日まで引き継がれ、国際スポーツ親交競技は、国境を越えて、二世同士が交流する機会をつくった。

　第二期は、1979年に、米国、全米日系市民協会（JACL）よる集会があり、これにラテンアメリカの二世たちも招かれて行った。このJACLは、1930年に、二世によりつくられた米国本土における政治母体であり、「帰化権の促進、戦時賠償の要求、各州の外国人土地法を主とした各種排日法の撤廃、Jap用語の使用禁止運動」を行なっている活動的な団体である[30]。この団体は、米国の市民権を持つ二世がアメリカ人として権利を要求していくという点に特徴がある[31]。しかし、アメリカ全土の日系人全体から見れば、JACLは二世の中でも政治的なグループと考えられている[32]。また、筆者が会ったラテンアメリカの日系大会の運営委員だった人たちにもそのような感想を持つ者が多かった。

28　伊藤一男「ニッポンを拒否する日系二世への考察――パンアメリカン二世大会に出席して」前掲論説、22頁。
29　Asociación Panamericana Nikkei "Antecedentes de la Constitución de la Asociación Panamericana Nikkei", pp. 1-2.
30　伊藤一男・本誌編集委員会「日系人知らずの日系人――JACLに訴える」『海外日系人』15号、編集・海外日系新聞協会、発行・海外日系人協会、東京、1984年5月、4頁。
31　若槻泰雄『排日の歴史――アメリカにおける日本人移民』中央公論社、1972年、198頁。
32　鶴木眞『日系アメリカ人』講談社、1976年第1刷、1985年第8刷、157－158頁。

1979年のJACLの集会に招かれたメキシコ代表は、幼稚園から中等教育まである日墨学院のフィルムを持参した[33]。これはJACLの人たちには、衝撃的な物であったという。すなわち、日系アメリカ人としての権利を要求して闘ってきた彼らさえ持っていないような立派な施設を、一泊20ドルの安ホテルに泊まっている日系メキシコ人が持っていたからであった。

　この出会いは、JACLから見れば、実質的な地位を移住地において築いているラテンアメリカの状況を知ることになったし、ラテンアメリカの二世から見れば、JACLの政治意識の高さに刺激を受ける端緒となったといえよう。

　同年、8月11日12日に、ペルー日本人移住80周年を記念するために、リマ市で「ペルーへの日本人移住」についての第1回シンポジウムがあった。このシンポジウムのプログラムは日本人の移住80年を記念することになっただけでなく、二世のアイデンティティ摸索への体系的な第一歩でもあった[34]。

　シンポジウムは、プログラムのコーディネーターのL・S氏の挨拶に始まり、日系移民についての第1回二世シンポジウムの運営委員長のV・K・T氏、日本人ペルー移住80周年記念委員会会長のC・Ch・H氏、駐ペルー日本大使の挨拶で開会式が始まった。第1日目は、第1部では「日系移民」について、歴史的側面、1941年までの日系移民および、移民と二世へのその影響という3点について発表があった。また第2部では、「二世」について、戦前の二世の女性、二世の教育に関するいくつかの側面、国立工科大学の二世の学生について、スポーツ活動全般についての報告があった。

　第2日目は、第1部「二世」では、二世の統合、日系移民から見た全般的な経済面について、二世と政治、三世についての報告があった。また、第2部では、アルゼンチン、ブラジル、米国、日本とメキシコの代表による国際シンポジウムが開かれた。ここでは、日本文化の伝統的倫理と二世、日本における二世の体験、アルゼンチン、ブラジル、米国とメキシコから、それぞれ抱える問題が報告された。

　このように総花的ではあったが、自らの置かれた歴史を振り返り、国境を越えて同じ問題を持つ二世が集うことによって、自らのアイデンティティを摸索する土台となった。こうした背景には、世代が交替し、日本と強くつながっている一世の目も無言の圧力も気にせず、ようやく二世が移住地において、主

〈表1〉 在外日系人数および戦後の移住者数

国名	戦後の移住者数		長期滞在者 (注3)	永住者 (日本国籍保有者) (注4)	帰化一世及び、三世 (注5)
	渡航費支給 移住者数 (注1)	(注2)			
アメリカ合衆国	388	128,641	70,363	67,821	約673.8千人
カナダ	0	10,831	5,054	11,127	40.7 〃
ブラジル	53,111	69,490	5,178	123,316	673.1 〃
パラグアイ	7,072	9,302	288	4,671	1.9 〃
アルゼンチン	2,634	10,361	779	15,001	16.1 〃
ドミニカ（共）	1,328	1,383	67	526	0.1 〃
ボリビア	1,884	6,047	202	2,997	7.0 〃
メキシコ	20	609	1,948	831	9.5 〃
ペルー	5	2,529	931	6,508	62.5 〃
オーストラリア	0	1,207	5,957	1,239	0.7 〃
その他	161	9,418	138,147	15,217	8.4 〃
計	66,603	249,818	228,914	249,254	1,493.8 〃

(注1) 昭和60年12月末現在。JICAから渡航費の支給または貸し付けを受けた者。
(注2) 昭和60年12月末現在。外務省旅券発給統計（永住目的の旅券発給数）および米国施政権下の日本旅券によらない沖縄（県）人の移住統計に基づく。ただし、併記者数（15才未満の者は親の旅券に併記される場合が多い）を含むが、一部推定。また、永住のための再渡航者を含む。
(注3) 昭和59年10月1日現在。3カ月以上の滞在者で永住者でない邦人。
(注4) 昭和59年10月1日現在。永住者とは当該在留国より永住権が認められている者で、日本国籍を有している者。
(注5) 昭和55年10月1日現在。
出所：国際協力事業団『海外移住統計』1986年9月、94-95頁。

役となったことを意味する。このように、二世という自覚が芽生えたところで、1981年の第1回二世大会が、メキシコで開催される運びとなった。したがって、伊藤氏が言うようにJACLとメキシコ二世幹部のみの主導によってなされたのではなかった。

なぜ、メキシコで第1回パンアメリカン二世大会が開かれたかということについては、関係者によって次の二つの要因が指摘されている[35]。

第一に指摘されるのは、日系人の人数による力関係である。〈表1〉「在外日系人数および戦後の移住者数」を見ると、外国国籍の一世、二世、三世の人たちは、1986年に出された国際協力事業団の統計では約150万人となっている。

33　1987年8月24日、メキシコ市、自宅、K・C氏（パンアメリカン日系協会会長）。
34　1er Simposio Nisei sobre la Inmigración Japonesa, "Programa General", pp. 1-6.
35　1987年8月23日、メキシコ市、自宅、O・S氏（日墨新聞社社長）。

第 1 位は米国の 67 万 3800 人、2 位はブラジルの 67 万 3100 人、3 位はペルーの 6 万 2500 人といった大集団になっている。こうした移住者の多い国々では、第 1 回大会を自分たちのところへ持ってきて、主導権をとろうとするので収拾がつかなくなるという指摘である。

そこで人数も 9500 人で、第 6 位と弱小でありながらも地理的には、北米からも南米からも集合しやすいメキシコが選ばれたというのである。メキシコには、スペイン語、英語、日本語、ポルトガル語を自由に使いこなせる K・C 氏をはじめとする二世の人材が豊富だったことも大きな要因となった。こうした、メキシコの人数上の弱小性と地理上の位置、人材と三拍子そろって、メキシコが第 1 回目の主催地と決まったというのである。

第二に、インタビューを通じて分かったことの中に、ラテンアメリカの二世の人たちの間には何やらはっきりしない自分のアイデンティティを探してみたいという真摯な気持ちと同時に、1979 年に米国で全米日系市民協会の大会に参加して以来生じたいたずら心と遊び心があったことである。そこで、「おもしろいから今度はメキシコにある施設をもっと見せて米国日系人を驚かせてやれ」ということになったそうだ[36]。このような遊び心というのも、国際的な集まりを持つためには重要な牽引力ではなかったろうか。

このような理由で、第 1 回目のパンアメリカン二世大会がメキシコで開催されたのだった。また、先年の会合のあった開催地を地図の上に並べていくと、前述した二つの理由の他に、アイデンティティ摸索期の端緒となった米国での JACL の集会とペルーの日系移民についての第 1 回二世シンポジウムは、偶然にせよ北米、南米と順に行なわれているので、次回は北米のメキシコとなるのが適当であったと考えられる。

また、2011 年 3 月の時点から振り返ると、1979 年にはメキシコで石油が発見され、経済力と将来性が期待された時機とも重なっている。1979 年には、ロペス・ポルティーリョ大統領が日本を訪問し、名古屋にも寄られ名古屋日墨協会の歓迎パーティにも参加されている。大統領の名古屋訪問を準備した中心人物の一人、名古屋メキシコ名誉領事はメキシコから帰国した二世の貿易会社の社長 I・S 氏である。

（2）パンアメリカン日系（二世）大会の歴史と問題点

　大会は、歴史を追って見ていくと、〈表2〉「パンアメリカン日系大会一覧表」のように概観できる[37]。

　二世の人たちが自らのアイデンティティを探す時には、親世代を乗り越えるための世代対立に加えて自らの所属する国家が何であるかということまで考えなくてはならなかった。

　パンアメリカン日系協会の会長を四期務め現在名誉会長であるK・C氏の母親のK・M氏はパンアメリカン二世大会以前から息子たちに願っていたことがあったという[38]。

　「東京には海外日系人大会があるけれども、ボリビア対日本、メキシコ対日本といったように、あらゆることが、日本へ目が向いている。二世の息子たちには横の連絡がない。各国の中に混じってしまったなら、日本人の良い特質がなくなってしまう。だから、悲しみも喜びも共通体験のある二世同士の横のつながりを持つように、息子に頼んでいました」というのである。

　K・C氏一家は日本の伝統を正統に継承しており[39]、また同氏は上智大学に留学したことがあり、日本から買った機械で浮き輪製造をするカイ産業会社の社長である。1968年メキシコオリンピックの開会式には五輪の浮き輪を空に揚げている。メキシコ川崎汽船、メキシコ・ヤクルトなどの会社の社長でもあった。

　弟のL氏はエチェベリア大統領の時の、水産局長だった[40]。その上、C夫人は、母親と同じ長野県出身の一世である[41]。このような恵まれた家庭はラテン

36　1987年8月23日、メキシコ市、自宅、O・S氏（日墨新聞社社長）およびK・C氏、前掲インタビュー。
37　一次資料とインタビューを中心に作成。なお、以下の論説も参照した。伊藤一男・本誌編集委員会「日系人知らずの日系人——JACLに訴える」前掲書、4－6頁。「日本をルーツにもってパンナム二世の連帯を——パンアメリカン二世大会他　メキシコ報告」『海外日系人』10号、編集・海外日系新聞協会、発行・海外日系協会、東京、1981年10月、14－20頁。
38　1987年8月23日、メキシコ市、日墨会館、明申会合にて、K・M氏。
39　O・S氏、前掲インタビュー。1987年9月19日、リマ市、日秘文化会館、I・K氏（日本人移住史資料館館長）は、移住者の多くは日本文化をしっかり身につける以前に若くして移住してきたので、日本人としても完成されていなかったと指摘する。
40　1987年8月13日、メキシコ市、日墨会館、S・T氏（財団法人日本人メキシコ移住90周年記念事業団・事務総長）。

122　第2部　パンアメリカン日系協会と海外日系人協会

〈表2〉パンアメリカン日系（二世）大会一覧表

名称	時	場所	主催・運営	参加国	テーマ	決定事項	もたらした変化
第1回パンアメリカン二世大会	1981年7月24・25・26日	メキシコ市日墨学院	E・S氏らを中心とした二世が中心になった。後にパンアメリカン日系協会長となるK・C氏も運営委員。	カナダ、米国、メキシコ、ペルー、コロンビア、ブラジル、アルゼンチン	交流が主な目的。専門家、商業、工業などグループで別集会。	2年ごとに大会を開催。「二世」→「日系」と名称を変更。	・パンアメリカン日系協会設立。参加国（8カ国）米国、カナダ、メキシコ、コロンビア、ブラジル、アルゼンチン、ペルー（事務局ペルー）。・日系人および各国政府の関心を呼んだ。
第2回パンアメリカン日系大会	1983年7月15・16・17日	ペルー リマ市シビック・センター	パンアメリカン日系協会ペルー支部、L・S会長が組織した。パンアメリカン日系協会後援。	カナダ、米国、メキシコ、ドミニカ共和国、ペルー、ボリビア、ブラジル、アルゼンチン、ウルグアイ	・日系企業　銀行　産業界　技術と人材　交換留学生　大学生の部	次回サンパウロ	・9月の第2日曜日を国際敬老の日とする。JACL戦時中の賠償問題を支援する方向になった。
第3回パンアメリカン日系大会	1985年7月25・26・27日	ブラジル サンパウロ ヒルトン・ホテル	T・M氏の下に組織された。	カナダ、米国、メキシコ、コロンビア、ペルー、ボリビア、ブラジル、アルゼンチン、ウルグアイ	〈主要テーマ〉日系アメリカ人のアメリカ性　各国の独自性が語られた。	次回はブエノスアイレスで。	各国の市民であると同時に、共通項として日本文化に着目するようになった。
第4回パンアメリカン日系大会	1987年7月23・24・25日	アルゼンチン ブエノスアイレス シェラトン・ホテル	主催はアルゼンチン日系センター。パンアメリカン日系協会後援。実行委員長はM・S氏。	カナダ、米国、メキシコ、コロンビア、ペルー、ボリビア、パラグアイ、ブラジル、アルゼンチン、ウルグアイ、（日本）	〈主要テーマ〉日系アメリカ人の統合と展望　〈小テーマ〉・第三世代・医学における核エネルギー・日系コミュニケーションの方法・アメリカ大陸における日本文化の賜訪および将来への計画	次回米国で。	1986年、アルゼンチン日系センターが法令199号により、非営利法人として法的に認められた。
第5回パンアメリカン日系大会	1989年7月20・21・22日	米国 ロサンゼルス リトル東京 日米文化センター	主催はパンアメリカン日系協会、米国支部K・N会長の下に組織された。	カナダ、米国、メキシコ、ペルー、ボリビア、パラグアイ、アルゼンチン、ブラジル、ウルグアイ、チリ、日本	〈主要テーマ〉島のように孤立した人はいない、われわれは大陸の一部である。〈小テーマ〉代表団会議：南米からのデカセギ問題への対処・訪問・日本人老人ホーム・セミナー・移住：比較社会史	・次回パラグアイで。・デカセギ問題に対処する。	今までの大会のうち最も日本との関係が密な大会であった。日本に棲むデカセギ南米からの日本人の地位改善に動き出した。

出所：大会資料より作成。

アメリカの二世にとって憧れであるという[42]。M氏のような一世の親の願いというのは、他の二世の家庭でも同じであったろうことは十分に想像のつくことである。

こうした日本人とも移住国の人とも違った二世同志のつながりを求めて、1981年7月24、25、26日メキシコのメキシコ市の日墨学院で第1回パンアメリカン二世大会が開催されたのだった。

1981年2月16日付の招待状[43]を読むと、この大会の目的は四つある。
1. 生まれた国において模範的な市民となること
2. アメリカ大陸において、二世間のよりよいコミュニケーションと接近をはかること
3. アメリカ大陸の国々そしてわれわれの祖先の国との友好と理解の促進に貢献すること（下線筆者）[44]
4. メキシコの場合には、二世、帰墨二世、そして三世社会の最終的な統一づくりをすること

そして手紙では次の七つのテーマを話し合おうと呼び掛けている[45]。
a) 参加国の二世の略歴
b) 所属する共同体への統合についての評価
c) 二世であることの長所と短所
d) 二世はそれぞれの国に何をもたらしたか
e) 現代の二世女性
f) 帰墨二世などの問題
g) 二世や三世はどこに向かって発展するのか

このような問題意識を持ったものであったが、当日の二世大会のプログラムを見ると[46]、1979年のペルーでのシンポジウム「ペルーへの日本人移住」と比

41　1987年8月23日、メキシコ市、日墨会館、明申会会合にて、K・M氏。
42　O・S氏、前掲インタビュー。
43　大会準備のための議事録および手紙。
44　斉藤広志『外国人になった日本人——ブラジル移民の生き方と変わり方』サイマル出版会、1978年。この本は、二世がどのように一世と異なるかを見事に描き出している。
45　大会準備のための議事録および手紙。
46　Primera Convención Panamericana Nisei México 81, pp. 14-15.

べて、交流の側面が強く現われている。前日は、ゴルフ・テニス・ボーリング大会が行なわれ、JACLの集会および歓迎カクテル・パーティがあった。第1日目は、大会委員長のE・S氏とメキシコ市長ハンク・ゴンサーレス氏の開会式の挨拶に始まった。日墨学院では、絵画展、写真展が開催された。また、当日の目玉ともいえる職業別の活動集会が行なわれ、翌日まで話し合いが持たれた。婦人たちは、ペリスル商業センターを訪ねたり、バザーをした。第1日目の夜には、日本大使館のカクテル・パーティがあり、松永駐メキシコ日本大使は、2日目に名誉招待者としてスピーチを行なった。そして、参加者は、25日の夜、メキシコの各家庭にホームステイした。26日には、次回の大会を決め、閉会となった。この閉会式で、海外日系人協会理事長の岩動氏の挨拶があった。この案内状とプログラムを見る限り、二世や三世が中心の会であり、一世、そして日本との関係はきわめて薄い。そこで、一世を中心とした人々は日本政府との対立を避けるため、7月24日から26日までこのパンアメリカン二世大会に参加すると同時に、第1回日系連絡協議会を開催した[47]。この協議会で一世の人たちは「メキシコ宣言」を出し、日本への要望事項を決議文とした[48]。

　その後、1981年12月6日には、K・C氏を会長として、一世・二世・三世、そしてこの趣旨に賛同する人々まで含めるというパンアメリカン日系協会が結成され、ペルーに本部を置いた[49]。

　この協会の目的は、八つある[50]。
1. 各国の会員の豊かな生活を促進すること
2. 日系人の歴史資料の収集と交換
3. 生活様式や社会経済状況についてのデータ収集
4. 企業プロジェクト、資源や経験についての国際的な協力を促進すること
5. 日系青年の活動を促進すること
6. 日系人の間の奨学金の交換を確立すること
7. 日本文化を普及し国際協力を確立すること
8. 緊急時の相互援助を提供すること

　2と7の日系人の歴史の収集と日本文化の普及以外のすべての項目は現実的な相互利益、援助、交換となっていることにこの会の特徴がある。

1983 年 7 月 15、16、17 日、ペルーのリマ市シビック・センターで、パンアメリカン日系協会の後援で、L・S 氏によって第 2 回パンアメリカン日系大会が開催された[51]。ここでは、日系企業について、銀行、産業法、技術と人材について、また交換学生についての話し合いが持たれた。

第 1 回と第 2 回の大会を通じた特徴は、生まれた国における市民という前提に立って、二世や三世の現実的な関心に沿ったものが話し合われたことだ。このような交流を通じて、仕事や、子どもたちの交換留学といった直接的利益に結び付くことを話し合っている。また、この第 2 回大会では、米国の JACL が、彼らの戦時賠償問題をパンアメリカン日系大会の共通の支援問題としようとした[52]。

1983 年 9 月 15 日に、サンパウロ文化協会会議室で、パンアメリカン日系協会ブラジル支部の設立と 1985 年サンパウロでの第 3 回パンアメリカン日系

---

[47] O・S 氏、前掲インタビュー。当日は二世大会のプログラムと「日系連絡協議会　日程表」が同時に進行され、対立が回避された。本書では、二世の意識を知ることを目標としているので、二世大会のプログラムにしたがった。この大会の様子は、「日本をルーツにもってパンナム二世の連帯を――パンアメリカン二世大会他　メキシコ報告」前掲報告でも知ることができる。

[48] 「メキシコ宣言」1981 年 7 月 26 日。メキシコ宣言では「大海原を隔てていても、われらは『はらから』である」という立場から次の決議文を出した。
1. 海外移住の積極的推進
2. 在外選挙の速やかな実施
3. 日系企業への助成について
4. 日本語教育の普及を含む文化交流について
5. 海外日系人センター（仮称）の設立促進について

[49] Asociación Panamericana Nikkei "Acta de la Constitución de la Asociación Panamericana Nikkei", pp.1-8.「パンアメリカン日系協会が発足――注目される将来への展望と日本側の対応」『海外日系人』11 号、編集・海外日系新聞協会、発行・海外日系人協会、東京、1982 年 5 月、26 – 27 頁。

[50] Asociación Panamericana Nikkei "Acta de la Constitución de la Asociación Panamericana Nikkei", p. 2.

[51] II Convención Panamericana Nikkei "Perú 1983", "Programa: Conferencia Empresarial Nikkei", pp. 1-4.

[52] II Convención Panamericana Nikkei "Perú 1983", "Sub-comité Asociación Panamericana", Lima, 17 de julio, 1983, pp. 6-7.
戦時賠償補償とこのパンアメリカン日系大会との関係については、現在手元にある資料だけでは確定したことはいえない。ただし、1978 年に JACL 大会で賠償要求を掲げ、その 3 年後にパンアメリカン二世大会が開催され、第 4 回パンアメリカン日系大会の 2 カ月後に、下院が 442 号法案を可決し、1988 年 8 月・9 月と米国とカナダで日系人への補償措置がとられた。このような経過からすれば、なんらかの相互関係があったように思われる。「リドレス」と呼ばれるこの運動については竹澤泰子『日系アメリカ人のエスニシティ』東京大学出版会、1994 年に詳しい。

大会の是非をめぐって、話し合いが行なわれた[53]。しかし、JACL が提出した「戦時賠償支持」がパンアメリカン日系大会開催について、賛否両論を明確に分けることとなった[54]。またフォークランド（マルビーナス）紛争で、アルゼンチンの日系二世が、パンアメリカン日系大会で、英国側についているカナダと米国に住む日系二世に支援を訴えたらどうするのかという問題も考えられた[55]。

　1985 年 7 月 25、26、27 日に行なわれた第 3 回パンアメリカン日系大会のサンパウロ大会では、T・M 氏個人を中心とする人々が運営委員となった[56]。この「米国の戦時賠償支援」は、第 2 回大会より JACL が持ち出したのであったが、ラテンアメリカではそのような問題はないというラテンアメリカ側の二世の声もあった[57]。米国二世に対して、外交問題に巻き込まれるのを避けたためにブラジル二世の一派のみが大会運営の中心となった[58]。

　こうして、ブラジルで開催された第 3 回パンアメリカン日系大会では、メインテーマは「日系アメリカ人のアメリカ性」であったが、実際には日本からの移民の子孫であるという以上にはアメリカ性は示されず、各テーマ別に各国の独自性が語られることになったのである[59]。

　共通体験を持ち、それゆえに共通の利益をめざしていると思っていた日系二世も実は、居住する国の市民であろうとすれば、政治的には各国の国益に左右され、一枚岩でなかったことが明白となった。第 3 回大会で自分たちの「アメリカ性」を追究したが、第 4 回大会には前回の続きとしてようやく「自分たちの共通のルーツを日本文化」へと求めたのであった。筆者がインタビューした、大会運営に携わった二世の人たちは「60％生まれた国の人、60％日本人」という共通のアイデンティティを持っている。こうしたパンアメリカン日系大会に集まってくる人たちはどういう人たちなのだろうか。全体として見れば、日本に対しては経済的なつながりがあり、好意を寄せているグループであるといえる。K・C 氏も T・M 氏も L・S 氏も、いずれも進出する日本企業とつながりのあるキーパーソンである。

　第 1 回パンアメリカン二世大会のときには日の丸掲揚を拒否し、一世を大会から排除したので問題となった。しかしながら歴史的に見るとパンアメリカン日系大会は、二世の部分的な交流があって持ち上がった彼ら自身のための大会だったので、日の丸、外交関係と書きたてるのもおかしいという見方ができる。

第5章　パンアメリカン日系協会　127

（3）パンアメリカン日系（二世）大会と海外日系人大会との比較

　パンアメリカン日系大会の性格を理解するために、1957年に日本の呼び掛けで始まり日本に本部のある海外日系人大会と比較してみよう。これによって、パンアメリカン日系大会の独自性が浮かび上がってこよう。

　まず、第一にパンアメリカン日系大会は、二世が中心となった自主的な大会である。誰から命令されたものでもない、自らが推進力となっている。本部はペルーのリマ市にある。

　一方、海外日系人大会は、日本が呼び掛け、日本で開催される大会である。日本に対して関心があり依存的であり、日本へ要望を出す大会となっている。本部は、日本の東京にある。この海外日系人大会は、前出の〈図1〉「個人と国際社会」（移住記念行事や日系社会）に対応している。すべての中心は日本である。

　海外日系人大会の1957年第1回大会は、「国連加盟記念・海外日系人親睦大会」という名称であった[60]。日本人にとって海外旅行もままならなかった時代に国会議員が米国でお世話になった日系人へのお礼と、戦時中の苦労を慰労するために開催された[61]。その後1964年第5回大会に全国知事会が参画し、財団法人海外日系人協会となった[62]。

　1980年代、大会の度に、海外日系センターの設置や在外選挙権の要望が常に提出された[63]。特に在外選挙権については、移住受入国によっては内政干渉

53　伊藤一男「日系人知らずの日系人――JACLに訴える」前掲論説、5頁。
54　同上。
55　村井孝夫「日系人の自主的連帯運動深まる第二回パンアメリカン日系大会　7月ペルーの首都リマで」『海外日系人』14号、編集・海外日系新聞協会、発行・海外日系人協会、東京、1983年10月、13頁。
56　K・C氏、前掲インタビュー。
57　「パンアメリカン日系協会の定款を決める時、JACL代表から出された少数民族の権利擁護について、中・南米各国では一等国民として扱われているので反対意見が強く、この項目は入れなかった」と、K・C氏は語っている（「パンアメリカン日系協会が発足」前掲記事、27頁）。また、筆者がインタビューしたパンアメリカン日系大会のリーダーたちもペルーのL・S氏を除いて戦時賠償の問題はないという意見だった。
58　K・C氏、前掲インタビュー。
59　III COPANI, *O NIKKEI E SUA AMERICANIDADE*, 1986, São Paulo, pp. 7-13, pp. 361-367.
60　「海外日系人協会の歩み」『海外日系人』6号、編集・海外日系新聞協会、発行・海外日系人協会、東京、1979年10月、13頁。
61　同上。

になる可能性もあるために是非をめぐって議論が分かれていた[64]。

こうした海外日系人大会は、二世のＫ・Ｃ氏の言葉を借りれば「皇族、靖国神社、さくら」に象徴されるものであり、一方、パンアメリカン日系大会は「ワークショップ重視」の興味深いものである[65]。すなわち、二世にとって前者は現実味が薄く、後者は生活の一部そのものである。

さらに、パンアメリカン二世大会は、知力も財力も行動力もある現役の二世が中心となって作られた自律的な大会である。彼らは、生まれた国の市民であり、日本人とも現地人とも完全に同化しにくいが、日本から受け継いだものを生まれた国で活かそうとしている。これが「トランスナショナル・エスニシティ」の実態である。

たとえば、ヨーロッパからの移民と違って、サービスのきめ細かさといった日本的な特長によって、企業間競争に勝つことができる[66]。日本語ができ、日本に留学できると、日系企業では、出世が早い[67]。

日本に対して思いが強い日系人もいれば、さほどでもない日系人もいる。こうした思い入れの違いは、〈図２〉の実線と点線で示されている。ここでは、まだ日本を訪れたことのない日系人にとって日本は実像というよりも、点線で表わされるような父母やマスコミ、日系企業を通じて作り上げられた想像である。これは、1980年代にラテンアメリカにおいて実際の日本の実像が正確に知られていないことにも原因がある。

そのために、日本に研修に訪れたりすると、今まで持っていたイメージが飛躍的に変化することがある。たとえば、親や祖父母から聞かされた「勤勉」「責任」の大切さを納得し、帰国後は生まれ変わったようになるという[68]。

こうした日系二世の意識を知るためには、国際社会の中で一世・二世・三世がどのような位置付けになるかを明らかにし比較することが必要と思われる。130～131頁の図はこうした三者の違いを示している。

二世といっても、親が移住した時によってその年齢が違う。また、二世のタイプを、伊藤氏のように①無関心タイプ、②親日派、③知日派、④は②と③が非知日派や非親日派に変わったもの、⑤対日憎悪、と五つに分ける人もある[69]。これらは、二世の人々を分類している特徴である。これに対して、個人、家族、地域社会、国家を国際社会の中に位置付けてみると、二世に共通する特徴が見

出される。パンアメリカン日系大会に集まる人たちは②と③に分類される人たちである。

〈図3〉は「個人と国際社会」（家族が海外に別居していない場合）を図式化したものである。この場合は、海外の出来事は他人ごとであり、直接家族内には影響が及ばず家族の意識はその国に留まっている。

〈図4〉は「個人と国際社会」（一世の場合あるいは家族の一員が海外に出かけた場合）である。国境を越えて、家族がつながっている。このように家族を通して、一世は日本とつながっている[70]。

〈図5〉「個人と国際社会」（独身の二世で両親と生活している場合）では、二世は結婚して独立するまで、一世の親元で、親を通じて日本文化に接している。しかし、二世たちは移住地の国籍を持っている。日本に留学経験のある者を除いて、彼らのイメージにある日本は、一世というフィルターを通したものである。

それは往々にして一昔も二昔も前の日本である。それゆえに、高度経済成長を経験してやって来る日本人と自分の持つ日本人のイメージとの違いが大き過

---

62 「海外日系人協会の歩み」『海外日系人』6号、編集・海外日系新聞協会、発行・海外日系人協会、東京、1979年10月、16 – 18頁。
　事業としては以下のものを行っている。
　1. 日系留学生中央研修事業：夏と冬に研修会を開催。県費留学生4泊5日。
　2. 海外日系新聞協会（昭和49年10月設立）海外にある日系マスコミと母国日本の新聞界との交流および日系社会の発展に寄与。
　3.『海外日系人』昭和52年5月より創刊。
63 同上、18頁。
64 本紙編集委員会「なぜ日本だけ在外選挙をしないのか」『海外日系人』5号、編集・海外日系新聞協会、発行・海外日系人協会、東京、1979年5月、4頁。
　「文化交流の具体的実施などを討議　第二回米州日系連絡協議会が開催　パンナム二世大会に連動して」『海外日系人』14号、編集・海外日系新聞協会、発行・海外日系人協会、東京、1983年10月、13頁。
65 K・C氏、前掲インタビュー。
66 同上。
67 P・S・M・M氏、C・A・Y氏、前掲インタビュー。
68 1987年9月14日、ブエノスアイレス市、日本食レストラン・北山、M・S氏（第4回パンアメリカン日系大会準備委員長）
69 伊藤一男「ニッポンを拒否する日系二世への考察——パンアメリカン二世大会に出席して」前掲論説、29頁。
70 浅香幸枝「ラテンアメリカにおける移民史研究の最近の動向——対外意識を中心として」前掲論文、51頁。

〈図３〉個人と国際社会（家族が海外に別居していない場合）（浅香 1990）

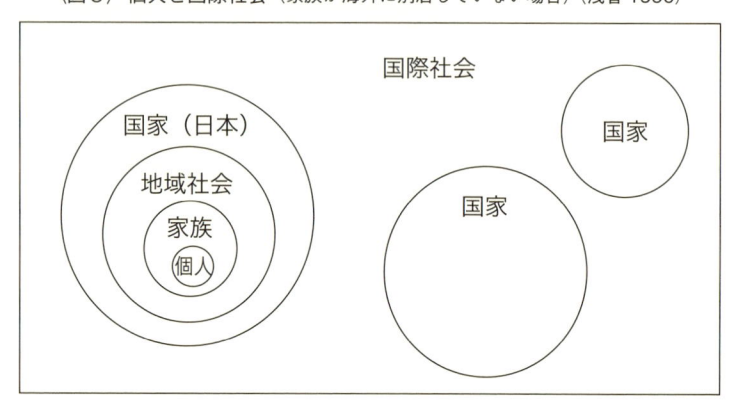

〈図４〉個人と国際社会（一世の場合あるいは家族の一員が海外に出かけた場合）（浅香 1990）

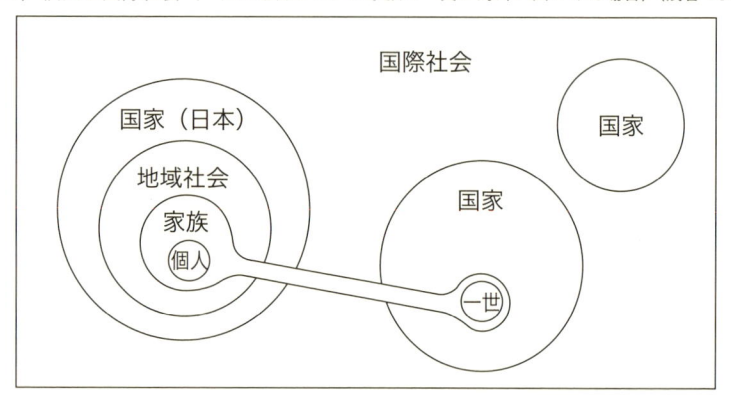

〈図５〉個人と国際社会（独身の二世で両親と生活している場合）（浅香 1990）

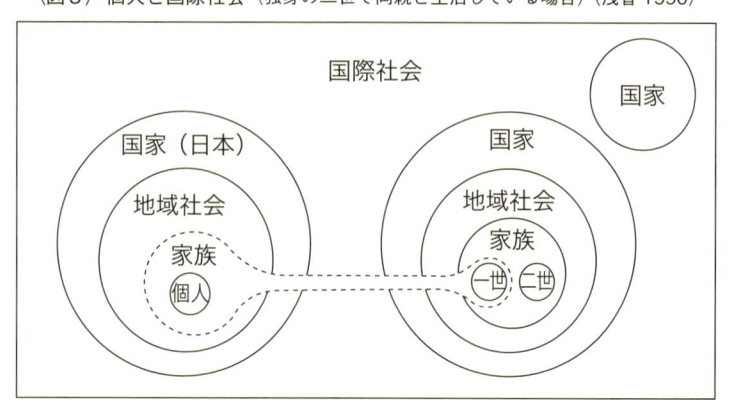

〈図6〉 個人と国際社会（結婚して独立した二世の場合）（浅香1990）

〈図7〉 個人と国際社会（三世の場合）（浅香1990）

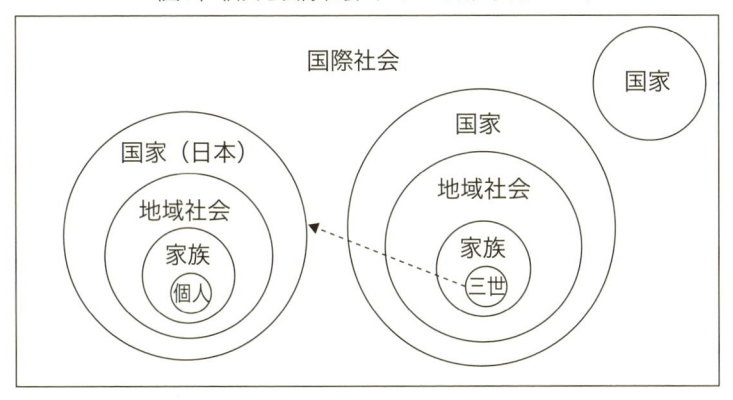

ぎて、まるで浦島太郎のような気分になり、摩擦を起こすこともある。

　また、〈図6〉では、二世は結婚し独立して、ようやく一世からの影響を離れて、自分たち独自のアイデンティティを確立できる。こうした二世の下で育つ三世は迷うことなく生まれた国の人である（〈図7〉参照）。大変興味深いのは名前の付け方である。2011年9月の第16回パンアメリカン日系大会参加者の名前には一つの傾向があった。一世と三世は日本語圏の名前のままであった。二世は名前のみスペイン語圏や英語圏の名前を付けていた。

　パンアメリカン日系大会を振り返ってみると、第1回、第2回、そして第3

回大会における二世の人たちの意識というのは、この図でいうならば、二世型から三世型に移行中の型を示している。一世の代が終わり、二世・三世の時代となったことが大きく影響していると考えられる。二世の多くは、生まれた国の市民という意識がとても強い。筆者がインタビューした二世・三世の人たちは、K・C氏と、青年時代を日本で過ごしたペルーのI・K氏とを除いて、日本語よりもスペイン語の方が速く正確に通じた。第1回大会で、日の丸を拒否し、共通言語をスペイン語と英語とポルトガル語のみとして日本語を含めなかったのは、このような事情にもよる。

　ところが、第3回大会でそれぞれの生まれた国での市民という立場を強く前面に押し出すと彼らをつなぐものがなくなってしまい、第4回大会ではルーツの日本文化が注目された。不安定なアイデンティティゆえに、K・C氏らに代表されるように、「60％日本人、60％生まれた国の人」として120％分の働きをしようとするのである。彼らはよく「GAMAN　がまん」「GAMBARE　がんばれ」と言う。それを心の支えとしてきたことが口癖から分かる。

　多くの一世は、自らのアイデンティティを日本人あるいは日系社会の一員と捉える傾向がある[71]。それに対して、三世は迷うことなく移住国（彼らにとっては生まれた国）の人であると思っている。二世はそんな中間にあって、自ら何者であるかということを考えるのである。通常、世代が違うと対立することが多い。二世の場合は、不安定なアイデンティティに加えさらに第二次世界大戦によって、日本は父母の国であるとともに敵国であるという不幸な体験をした。したがって、排日のひどかった米国本土の二世、そして個人的に排日でいじめられた経験のある二世は、父母を通じて日本への思いがあっても、日本の国家と直接関係を持つことにアレルギーのような警戒心を抱いている。また、このパンアメリカン日系大会は、二世が特にこの戦時中の体験および社会的立場の共通性に気づき、互いの拠り所を見つけようとした。そして自らの立場を逆に活用することによって、国境を越えて交流し、意見や情報交換、子弟の外国訪問を実現しようとしている。すなわち、人的交流に主眼があって、国益がからむような政治的な交流は目的としていないのである。

（4）日系二世と日本に住む日本人をつなぐもの

　それでは、パンアメリカン日系大会の運営委員の二世の人たちは、どのような形で日本との交流を望んでいるのだろう。1987年に筆者がインタビューで得た答えは、第一に文化交流であり、第二には県費留学生という、移民の出身母県を通じての日本への留学招待である。また、国家レベルの経済交流は望んでいなかった。ここでは国民国家日本への帰属よりも文化的に県レベルとほぼ重なる「くに」に帰属していることが分かる。それは方言とか食事といった微妙な地域文化差を受け継いでいる。

　特に、日本語の習得により日本の進んだ技術を獲得したり、日系企業に勤めるなどして社会的地位の上昇をめざすことは、現地の人と同様に望むことである。

　二世と三世は現地での生活になじみ、日本という国家に自らのアイデンティティを見出すことはない。日本文化あるいは父母の故郷としての出身母県に自分のルーツを求めている。母県への県費留学は現在でも機能しており、一世によってもたらされた母県の文化への親和性ゆえにむすびつきを強いものにしている。また、母県にいる親戚とのつながりも無視できない。これは世界に向かって開かれた地方の建設が可能であることを意味する。

　そして、日本が戦後成り上がった経済だけの国ではなく長い歴史を持つ国だということを知らせてほしいという要望を1980年代は持っていた。日系二世の人々は、国籍は現地の人であり、その国に貢献しているにもかかわらず、外見が日本人と同じなので「日本人」と呼ばれ、国際社会における日本の地位の変化には、善きにつけ悪しきにつけ私たち以上に影響を受けるからである。したがって、日系人が個人の能力や努力にかかわらずその外見ゆえに自分たちの国で居心地が悪いというのは、日本にいる日本人が気が付かないで国際社会において失策をしていることを事前に知らせるものといえる。

　父母の国としての日本に親近感を抱きながらも、第二次世界大戦中には日本に住む日本人よりも敵として矢面に立たされたという歴史を持ち、日本の国際

71　浅香幸枝「ラテンアメリカにおける移民史研究の最近の動向──対外意識を中心として」前掲論文、58頁。

社会での地位が上昇すればまた同様に実際以上の称賛を受けるのは海外に住む日系人である。それゆえに、二世たちは国家レベルでは経済交流ではなく、リスクの少ない国際理解を進める文化交流を望んでいた。しかし、1990年の「出入国管理及び難民認定法」が改正施行されると、日本と日系人との関係に変化が生じ経済投資を望むようになった。

日系人の特徴とされ移住地で歓迎されている「技術」「勤勉」であり「誠実」で「責任」を果たす人という「Nikkei」は受け入れられやすい普遍性を持つものといえる。すなわち、どのような社会システムであろうとこうした特性を持つ人がいなければ、円滑には運営されていかないからである。ここにとりわけラテンアメリカにおける日系人の地位向上の源泉がある。

それに対して、日本の主催する海外日系人大会の「皇族、靖国神社、さくら」は戦前の教育を受けた人や国民国家日本の統合の象徴としてはある程度の意味はあるかもしれないが、国境を越え現地でたくましく根を下ろす「Nikkei」と比べれば、日本国という特殊な分類にのみ入れられよう。しかし、皇族とりわけ天皇皇后両陛下の存在は日系人の現地における社会的地位の向上に役立っていることは事実である。皇室との関係によって日本の上流階級が認定されるように[72]、その関係性によって移住国での上流階級入りを認定する機能が観察できる。また、日本文化の気品を高めてもいる。さらに重要なことは、両陛下が運悪く困難な移住となった日本人移民を慰め心にかけられることにより、成功したり普通に生活する日系人と一緒に仲間として統合する役割を果たされている。日本国内ではあまり知られていない海外での皇室の姿である。

第3節　トランスナショナル・エスニシティの可能性

以上見てきたように、パンアメリカン日系大会は第1回から第3回にかけて、各国における市民性が強調された。しかし、それを強調しすぎると、彼ら二世をつなぐ拠り所がなくなってしまうことが分かった。そこで、父母を通して見た日本や日本文化といった想像にだけ頼るのではなく、現実に日本文化のルーツを自分たちの拠り所としようとしたのが第4回大会であった。アルゼンチンは沖縄出身者の多い所であり、一つにまとまっておらず、1987年の第4回

パンアメリカン日系大会は実現が危ぶまれていたが、「日本文化」を拠り所として結集したのは2011年の時点から振り返ると興味深い。
　アルゼンチン出身で日本で教鞭をとる研究者の比嘉マルセロはウチナンチュ（沖縄人）アイデンティティにこだわるよりも、日本人になった方が、国力の増大する日本にデカセギに行くメリットがあり、得をすることにより、日系人アイデンティティを選択するようになったと指摘する。1987年当時バブル景気に沸く日本は南北アメリカでは一目置かれる状況であったことを考えると「日系人」「日本文化」を受け継ぐ者というのは相当なメリットであったと考えることができる。その頃すでにブラジルの日本国籍を持つ者たちを中心として日本へデカセギに行っていた。
　このような日系人と日本に住む日本人とがお互いによりよく国際社会で生きていくための手段は、国レベルでいえば文化交流となるし、県レベルや地方レベルでは県費留学といった交流が考えられる。
　1990年時点で、日本は日本の歴史上始まって以来の未曾有の経済繁栄を謳歌していた。一見、天下太平で浮かれているようにも見える日本ではあったが、子孫の繁栄を心から地道に願っているのが普通の多くの日本人である。今、私たちがしなければならないのは、日本を世界中から好かれ、尊敬され、頼りにされる国にすることではないだろうか。その意味で、日本の国際社会での地位の変化に影響されやすい海外日系人と手をたずさえて、押しつけではない文化交流を押し進め、移住国の発展に寄与するとともに日本の新しい道を示すことができる。
　日本人のディアスポラである日系人の拡散する歴史を説明する理論が「漂泊と定住」であり、二世を中心とした日本文化をルーツにする空中に中心のあるような「トランスナショナル・エスニシティ」は国益を相対化し、市民の横のつながりを形成する力がある。「漂泊と定住」にこの「トランスナショナル・エスニシティ」を付け加えて循環させると日本国内・国外でより人類益に近い、自らの文化伝統を活かしながら形成・創生することができる。これは一見、国

72　タキエ・スギヤマ・リブラ著、竹内洋、井上義和、海部優子訳『近代日本の上流階級――華族のエスノグラフィー』世界思想社、2000年。

益から離れるようであるが、長期的には日本人のディアスポラにともない相手国との win-win の関係を人レベル、家族レベルで作り上げるので、強固な安定した交流圏を拡大することになる。2011 年 9 月 3 日の第 16 回パンアメリカン日系大会の開会式で、Y・N 会長は、1981 年以来の「横のつながり」に加え、2010 年からは日本との「縦のつながり」を重視するようになったと話した。今大会には南北アメリカ 13 カ国に加え、日本やドイツ、フランス、韓国、シンガポールからも参加者があった。日本からは南山大学、明治大学の学生や名古屋大学大学院や立命館大学大学院の院生もユース部門に一緒に参加した。

第 4 節　フジモリ政権誕生のインパクト

　世界の一体化、近代化とともに消失すると考えられてきた「民族主義」や「エスニシティ」は冷戦後の今日、また、国際政治上の問題となっている。日本に関して言えば、フジモリ・ブームともいえるマスコミの報道があった。南米ペルーの日系人二世のフジモリ氏は、1990 年 6 月の大統領決戦投票で勝ち、7 月に大統領になった。成功したフジモリ氏はあっと言う間に、ペルー人から「日本人」となったようだ。また、ペルーも太平洋の大海原を越えて身近な国となってしまった。しかし、1990 年当時「外務省内部資料――1990 年」によれば、現職あるいは元閣僚級の人々は、ブラジルのセイゴ・ツヅキ衛生大臣、ペルーのヘラルド・マルイ体育庁長官、メキシコのヘス・クマテ・ロドリゲス厚生大臣、ボリビアのクワハラ元労働大臣、アルマンド・ヨシダ元駐日大使、チリのオミナミ経済大臣などがいた。一般の日本人が知らなかっただけである。このように成功した者を「内」にとり込む発想、また、飛行機事故などが起きれば、被害者に日本人がいるかいないかという報道がなされる日本である。この状況は 2011 年現在でもあまり変わっていないように思う。もっとも、成功した者や自分たちに役に立つ人を自分たちの社会に取り込もうとする現象は日本だけに見られる現象ではないかもしれない。生存本能のある人間にとって普遍性のある行動なのだと考えられる。そうであるならば、異文化を持った人間が移動する時、訪れる社会に益をもたらすことが不可欠となろう。その意味で、パンアメリカン日系協会の国際協力の実態を知ることは、国際社会において孤立す

ることなく、異なる言語、価値観、行動様式を持った人々と対等につき合っていくためには、国境線上で日々生活する人々から教えられることが多いと考える。

パンアメリカン日系協会では、日系人は自らのアイデンティティを問いかけるだけではなく、様々な国際協力を生み出した。5回の大会の議事録・パンフレット・案内状・手紙・現地の日系新聞といった一次資料と大会関係者へのインタビューを分析の中心として、パンアメリカン日系大会の本部であるパンアメリカン日系協会が把握している国際協力の実像を描き、以下の順に考察する。

全体の資料から分かることはパンアメリカン日系協会における国際協力は、パンアメリカン日系大会の活動によって、大きく四つの時期に分けることができる。第1期の国際スポーツ大会と移住記念行事への参加（1967〜1981年）、第2期のアイデンティティ摸索期（1981〜1987年）、第3期の日本文化ルーツ期（1987〜1990年）、第4期のペルーのフジモリ大統領誕生と国際協力（1990〜1992年）と大きく、活動の内容が変化している。それでは、順を追って、どのように、国境を越え、出自と、言語・価値観・行動様式といった文化を共通とするトランスナショナル・エスニシティが形成され、また変化しつつ、その過程でどのような国際協力がなされたかを明らかにしよう。

国際社会において「より進化した日本人」としての「日系人」の国境を越えた国際協力活動を明らかにすることによって、日本に住む日本人が、どのようにして国際化を成し遂げ、人類の一員となれるかという道しるべを探してみたい。また、従来統合よりはむしろ分裂への方向を志向すると考えられてきた民族・エスニシティについても、どのような条件下で分裂ではなく統合を志向するのか、この事例から考察を進める。

第5節　パンアメリカン日系協会と国際協力

（1）国際スポーツ大会と移住記念行事への参加（1967〜1981年）

1967年に始まったブラジル・サンパウロ・ピラティンガ文化スポーツ協会とペルー二世大学生協会との交流が基盤となりスポーツにより、二世同志が交流するようになった。これは2011年でも重要な流れである。

その後、一世から二世へと世代交替が進む中で、1979年8月11日12日に、ペルー日本人移住80周年を記念するために、リマ市で「ペルーへの日本人移住」についての第1回シンポジウムがあった[73]。このように各国で移住記念行事があると交流のある国からも招待され出席するという基本が作られていった。これは実際に行事を運営する日系人リーダーが互いに情報を交換して行なっているという側面が強い。

（2）アイデンティティ模索期（1981～1987年）──戦時賠償問題と鬼塚大佐が宇宙から持ち帰った八つの国旗そしてメキシコ大地震

1981年、1983年の大会の特徴は、中心テーマの「われわれの大陸におけるよりよき市民になろう」によく現われている。生まれた国における市民として統合されて、仕事や、子どもたちの交換留学といった個人レベルの国際協力を実行している。

パンアメリカン日系協会における国際協力は、全五期会長を務めて、現在名誉会長であるK・C氏によれば、「わずかだが、とても価値のある援助」と「重要な協力」の二つに分類することができる[74]。

「わずかだが、とても価値のある援助」は、日系人学生の勉学を援助すること、また外国の日系人宅でのホームステイによって、理解を深めること、各事業協力の三つにまとめることができよう。たとえば、ボリビア、ウルグアイ、ドミニカ共和国やメキシコそしてアルゼンチンの学生たちや、自国では米国の本を手に入れることが難しい大学生たちに、研究書を手に入れてあげたり、ボリビアの大学で長期ストライキに入った時、メキシコでは6人の日系ボリビア人学生を後見した[75]。また、異なる国の日系人間でホームステイが多く行なわれている[76]。こうした方法で、訪問国を内側からもっと的確に知ることが可能になる。パンアメリカン日系大会で知り合い、アメリカ大陸の日系人間で数かぎりない個人的な交流を通じて、外国の親戚に出会ったり、事業協力をしたりした[77]。たとえば、第二次世界大戦によりペルーから米国に強制収容された日系ペルー人の家族の一人はペルー大会で40年ぶりに故郷に帰ったり[78]、米国の日系人とコロンビアの日系人の間で会社が設立され、カーネーション栽培をし米国に輸出することによって、大いに成功を収めたといったことがあった[79]。

このように友好的な市民同志の国際協力が続けられた一方、1983年の第2回大会では、米国のJACLが、彼らの戦時賠償問題をパンアメリカン日系大会の共通の支援問題としようとした[80]。戦時賠償補償とこのパンアメリカン日系大会との関係については、JACL側が支援を直接求めることはあっても、ラテンアメリカ側のリーダーたちは道義上の支援にとどまっていったといえる。1978年にJACL大会で賠償要求を掲げ、その3年後に第1回パンアメリカン二世大会が開催された。そのため、パンアメリカン二世大会はJACLの幹部とメキシコの二世を中心に開催されたと考える人もあった[81]。しかし、この大会以前の会合の歴史や関係者にインタビューすると、そのためだけに集まったのではなかった[82]。

　第1回大会の後「パンアメリカン日系協会の定款を決める時、JACL代表から出された少数民族の権利擁護について、中南米各国では一等国民として扱われているので反対意見が強くこの項目は入れなかった」と、K・C氏は語っている[83]。また、筆者がインタビューしたパンアメリカン日系大会のリーダーたちもペルーのL・S氏を除いてラテンアメリカには戦時賠償の問題はないとい

73　"Programa General", 1er Simposio Nisei sobre la Inmigración Japonesa, Lima, pp. 1-6.
74　「パンアメリカン日系協会の国際協力に関する質問に対する筆者へのK・C氏からの手紙」メキシコ市、1991年3月6日付、1–4頁。
75　同上、1頁。
76　同上、2頁。
77　1987年の一連のインタビューで、大会のリーダーたちは、交際がアメリカ大陸規模で広がっていく楽しさに加え、外国の親戚に会ったり、ビジネスチャンスの拡大をこの大会の利点と考えていた。
78　Harry K. Honda, "PANA: An Inter-American Movement", Pan American Nikkei Association The 5th Convention of PANA, Los Angeles, California, July 20, 21, 22, 1989, p. 31.
79　「パンアメリカン日系協会の国際協力に関する質問に対する筆者へのK・C氏からの手紙」1991年3月6日付、1–2頁。
80　"Sub-comité Asociación Panamericana", II convención Panamericana Nikkei "Perú 1983", Lima, 17 de julio, 1983, pp. 6-7.
81　伊藤一男「ニッポンを拒否する日系二世への考察——パンアメリカン二世大会に出席して」前掲論文、28頁。
82　浅香幸枝「トランスナショナル・エスニシティ——1980年代パンアメリカン日系大会の事例研究」『ラテンアメリカ研究年報』10号1990年、日本ラテンアメリカ学会、22–26頁。
83　「パンアメリカン日系協会が発足——注目される将来への展望と日本側の対応」『海外日系人』11号、編集・海外日系新聞協会、発行・海外日系人協会、東京、1982年5月、27頁。

う意見だった。そのため、1983年の第2回パンアメリカン日系大会では、道義上、第二次世界大戦での人権に関して米国のJACLとカナダを支援した[84]。

しかし、JACLが提出した「戦時賠償支持」がパンアメリカン日系大会開催について、賛否両論を明確に分けることとなり[85]、1985年7月25、26、27日に行なわれた第3回パンアメリカン日系大会のサンパウロ大会では、T・M氏個人を中心とする人々が運営委員となったのであった。また、第3回大会にサンパウロ総領事が出席を拒否したことによって、ブラジルの日本領事館と問題が生じた時、パンアメリカン日系協会のメンバーの国々にあるすべての日本領事館に抗議文を提出した[86]。こうして、ブラジルで開催された第3回パンアメリカン日系大会では、メインテーマは「日系アメリカ人のアメリカ性」であったが、実際には日本からの移民の子孫であるという以上にはアメリカ性は示されず、各テーマ別に各国の独自性が語られることになったのである[87]。第3回大会まではアメリカ大陸の市民たろうとする方向が強いものであり、メキシコの思想家バスコンセーロスが、メキシコの混血化した人々を「宇宙的人種」として新たな国民の象徴と考えたのに似た行動をしている。それはまさにディスカバリーで宇宙に行った鬼塚中佐がかかわっていた。

このサンパウロ大会から、故鬼塚エリソン中佐の最初の宇宙飛行（1985年1月24日～27日）に持参したパンアメリカン日系協会8カ国（米国、カナダ、メキシコ、ペルー、コロンビア、ウルグアイ、アルゼンチン、ブラジル）の小さな国旗とディスカバリー号の打上げの写真を一緒に大会のシンボルとして飾るようになった[88]。これは、パンアメリカン日系大会の創始者のひとりである米国のNASA（アメリカ航空宇宙局）に勤務するC・C・K氏の骨折りによるものであった[89]。このシンボルの意味するものは、日系二世は生まれた国の市民であり、この市民同志の集まりがアメリカ大陸で行なわれたということである。

この大会後、1985年9月にメキシコ大地震が起きた。日系メキシコ人には大きな災難はなかったが、直ちにパンアメリカン日系協会のメンバーの大部分の国から、パンアメリカン日系協会メキシコ支部の上部団体である日墨協会は寄付を受け取り、医療器具を買い、メキシコの病院に寄付をした[90]。このようにして大陸間の日系人の絆は強まっていった。この事例は「トランスナショナル・エスニシティ」国境を越えた日本性をよく示しているといえる。しかし、

1987年に米国とカナダで国家に忠誠を誓った日系二世が戦時賠償補償を受け、名誉回復すると、このトランスナショナル・エスニシティはまたも変質していく。今度は先祖の国日本の国際社会における地位の急上昇があったからであった。特に南米ブラジルの日本国籍を持つ日系人がデカセギで1年で10年分の収入を得ることができるようになったからである。さらに1990年の「出入国管理及び難民認定法」の改正施行によって、日系三世まで定住者資格で日本にデカセギに行くことが可能となると、日系アメリカ人（この場合のアメリカはアメリカ大陸という意味）であるよりも「日系人」である方が実質的な利益があるようになった。

日系アメリカ人のアメリカ性という言説には、多様なアメリカ大陸の日系人がいるにもかかわらず、JACLを中心とした国家に統合されたマイノリティとしての自覚がこのリドレス運動の基盤になっていた。それは、太平洋戦争で敵・味方に分かれて闘ったという事実が大きく起因し、それが敵地に棲んでいる者にはとても大きな障害であり困難であったことの証左ともいえる。

(3) 日本文化ルーツ期（1987〜1990年）——戦時賠償問題解決と「デカセギ問題」

1987年の第4回アルゼンチン大会には「自分たちの共通のルーツを日本文化」へと求めたのであった。筆者が1987年にインタビューした、大会運営に携わった二世の人たちは「60％生まれた国の人、60％日本人」という共通のアイデンティティを獲得していた。こうしたパンアメリカン日系大会に集まってくる人たちは全体として見れば、生まれた国では成功して、なおかつ日本に対しては経済的なつながりがあったり、好意を寄せているグループである。

---

84 「パンアメリカン日系協会の国際協力に関する質問に対する筆者へのK・C氏からの手紙」メキシコ市、1991年3月6日付、1-4頁。
85 伊藤一男「日系人知らずの日系人——JACLに訴える」前掲論説、5頁。
86 「パンアメリカン日系協会の国際協力に関する質問に対する筆者へのK・C氏からの手紙」1991年3月6日付、2頁。
87 III COPANI, *O NIKKEI E SUA AMERICANIDADE*, São Paulo, 1986, pp. 7-13, pp. 361-367.
88 Pan American Nikkei Association The 5th Convention of PANA, *op.cit*., p. 13, p. 17.
89 *Ibid*., p. 31.
90 「パンアメリカン日系協会の国際協力に関する質問に対する筆者へのK・C氏からの手紙」1991年3月6日付、1-2頁。

1987年、7月23、24、25日の第4回パンアメリカン日系大会の2カ月後に、米国の下院が戦時賠償補償を求めた442号法案を可決し、1988年8月、9月と米国とカナダで日系人への補償措置がとられた。パンアメリカン日系協会は、この問題を直接政治的に支援したわけではなかったが、第二次世界大戦における人権の擁護を道義上支援したことによって、パンアメリカン日系大会の分裂を招くような政治的要因はなくなっていた。その後、1989年の第5回大会は米国ロサンゼルスで開催された。この大会の中心テーマは、イギリスの詩人ジョン・ダンの詩から「島のように孤立した人はいない。われわれは大陸の一部分である」(1642年)が引用された[91]。この言葉は前回までの「われわれの大陸におけるよりよき市民になろう」と比べると格段に進歩している。すなわち、日系アメリカ人、日系メキシコ人、日系ブラジル人、日系何々人というレベルからアイデンティティを摸索しながらも、同じ大陸における人権という共通の人類益を見出したからである。

　各国代表団会議では、日本に出稼ぎにきているペルー、ブラジルの日系人問題が話し合われた[92]。その後、パンアメリカン日系協会は「デカセギ」という、社会・経済・道義上の現象が始まった時、この問題を調査するために、ブラジルやペルーの日系人記者たちの日本への旅費を出した[93]。この調査に基づき、パンアメリカン日系協会は日系人労働者の扱いについて抗議し、神奈川県にオリエンテーションセンターをつくり日本からのペルー、ブラジルへの送金を制度的にできるようにした[94]。こうした、日本に関するフォーラムやパンアメリカン日系協会に属している国々の領事館にこの問題を陳情することによって、今日、日系人は、ずっとよく取り扱われ、彼らの働いている日本の会社でも尊敬されるようになり、ビザの期間や日本の当局の扱いもよくなったと考えている[95]。

　このように、パンアメリカン日系協会は、人道的な市民の援助や協力を中心にして、ますます結束を強化していったのだった。

(4) フジモリ大統領誕生と国際協力 (1990～1992年)

　今まで見てきたように、パンアメリカン日系協会は、人権擁護というレベルで協力することによって、各国市民間の対立および、帰属する国からの分裂を

防いできた。1987年に筆者の行なったインタビューでは、パンアメリカン日系大会の運営委員の二世の人たちは、日本との交流について、第一に文化交流を、第二には県費留学生という、移民の出身母県を通じての日本への留学招待を望んでおり、国レベルの経済交流は望んでいなかった。しかし、ペルーのフジモリ政権誕生後、1990年8月29日にメキシコ市でK・C氏にインタビューした時には、今まで避けていた国レベルの経済交流に対する見方が変わっていた。すなわち、日本政府からの援助金がワイロとして使用されず、国民のために使用される枠組みが整いさえすれば、国レベルの経済交流は望ましいという積極的な姿勢に変わったのであった。

1990年4月8日に、ほとんど無名に近かったフジモリ氏が有力大統領候補バルガス・リョサ氏と接戦になると、日本ではマスコミにフジモリ・ブームが起きた。ペルー以外の国の日系人は、史上初の日系大統領の誕生を待ち望んだ。しかし、ペルーの日系社会は、戦前の排日運動を恐れ、また自分たちの属する階層の利益代表でもある対立候補のバルガス・リョサ氏を推していた。

6月10日、フジモリ氏が貧困層の圧倒的な支持で大統領に当選すると、マスコミのブームとは別に、日本政府は対応に苦慮した[96]。また、ペルーにおいては、選挙中に反フジモリであった日系社会とフジモリ氏の対立があった。

その時、両者の間に入って仲介の労をとったのがパンアメリカン日系協会会長のK・C氏であった。すなわち、日本政府自民党からフジモリ氏について問い合わせがあった時に、ぜひ応援をしてくださいと氏が口添をしたことによって[97]、フジモリ大統領とのパイプが新たにつくられた。また、1967年以来のペルー日系社会とパンアメリカン日系協会の太く長いパイプがあった。このた

---

91 Pan American Nikkei Association The 5th Convention of PANA, *op.cit.*, p. 13, p. 19, p. 21.
92 「大会二日目、交流も深く、広く代表団は『出稼ぎ問題』討議」『羅府新報』ロサンゼルス、1989年7月22日。
93 「パンアメリカン日系協会の国際協力に関する質問に対する筆者へのK・C氏からの手紙」1991年3月6日付、2頁。
94 同上、2頁。
95 同上、2頁。
96 『日本経済新聞』1990年6月11、12日。
97 K・C氏、メキシコ市、自宅、1990年8月29日、インタビュー。

め、日系社会に頼ることもなく自分一人の実力でペルー社会で上昇できたフジモリ氏と、ペルーの日系社会は、パンアメリカン日系協会を通じて互いに歩み寄り協力し合うこととなった。これにより、フジモリ氏は、ペルーの日系社会だけでなく、アメリカ大陸のパンアメリカン日系協会に加盟する国々からも協力を得られることになったのである。

1990年7月14日に、メキシコ市で開催された第9回カラオケ大会にパンアメリカン日系協会の代表者が集まり、K・C氏の誘いで訪問したフジモリ大統領の側近と会見した[98]。K・C氏やK・N氏らのパンアメリカン日系協会のリーダーたちは、大統領就任式に招かれ、またその後の身内のパーティにも招かれ、フジモリ氏の質素な生活とその大統領としての献身的な姿に心を打たれている[99]。

パンアメリカン日系協会が最大の援助をしたのは、ペルーのフジモリ大統領に対してである[100]。というのは、日系人がかくありたいと思うことをフジモリ氏が体現していたからである[101]。すなわち、同じ出自を持ち、顔、そして自分たちの中にたくさんのよい日本の習慣を持っている日系人であり、同時に心からのペルー人であり、メキシコ人であり、米国人であり、アルゼンチン人であり、自分たちの生まれた国を愛し、フジモリ氏がペルーに対してしたように、闘い、生涯を捧げたいと考えているからである[102]。フジモリ大統領は、その意味でパンアメリカン日系協会のめざしてきた理想であるといってよい。

フジモリ大統領に対してパンアメリカン日系協会が行なった援助は、ラテンアメリカのすべての国々で受信できる衛星放送のECOテレビによって広められ、すべての地方のテレビが再放送したニュースとなった[103]。

7月28日の大統領就任式では、フジモリ大統領夫人にすぐに6万米ドルを寄付した[104]。米国ではハワイからニューヨークまで古着をコンテナ五つ分集め、メキシコからは5トン以上のおもちゃが送られ、1991年時点で、パンアメリカン日系協会を通じて、アメリカ大陸の日系人が2000人以上のペルーの子どもの里親になっている[105]。ここに至って、今まで政治とは一線を画していたにもかかわらず、米国とメキシコを中心としてフジモリ政権支援の形をとるようになった。

1989年以降、日本に南米からの出稼ぎが急増すると[106]、日系人と日本との

関係は〈図3〉の戦前の日本と日系人の関係に戻っていった。

1980年代は、ラテンアメリカにとっては、「失われた10年」であり、債務の拡大と投資の冷え込みのあった時期であったが、日本は環太平洋圏の一国として、経済力をつけた時代であった。1989年の第5回ロサンゼルス大会に先立って、ブッシュ大統領から送られた手紙には、「今までの日系人の米国への貢献に感謝すると同時に環太平洋時代において日米の交流の架け橋となるように期待している」とある[107]。このように、1980年代の日系人と日本との関係の深化において、このような環太平洋圏の経済上の変化があったことも忘れてはならない要因だろう。この時点で、日系人はすでに自らの国籍にかかわらず、安心して日本と自分の国の間を行ったり来たりすることができるようになった。また、ルーツを大切にしながらも、日本人から日系人へと進化することにより、人類意識あるいは地球市民としての自覚が形成されやすくなったといえる。

第6節　各国市民からパンアメリカン市民へ

以上見てきたように、パンアメリカン日系協会の国際協力は、1981年から1987年にかけて、各国における市民性が強調され、国際協力もその枠を出ない、志を同じくする外国人同志のロータリークラブ方式であった[108]。したがって、戦時賠償問題も人道上の支援にとどまっている。メキシコ地震の援助もこ

98　K・C氏、1990年8月29日、前掲インタビュー。金井紀年「パナ　メキシコ市大会」『南加日商ニュース』南加日系商工会議所、1990年8月第7号。
99　K・C氏、1990年8月29日、同上インタビュー。金井紀年「ペルー藤森大統領就任式参記」『南加日商ニュース』南加日系商工会議所、1990年12月、第8号。
100　「パンアメリカン日系協会の国際協力に関する質問に対する筆者へのK・C氏からの手紙」メキシコ市、1991年3月6日付、1-4頁。
101　同上、3頁。
102　同上、3頁。
103　同上、1-3頁。
104　同上、1-3頁。
105　「パンアメリカン日系協会の国際協力に関する質問に対する筆者へのK・C氏からの手紙」メキシコ市、1991年3月6日付、1-3頁。
106　『日本経済新聞』1991年5月4日。
107　George Bush's greeting letter to the members of the PANA, The White House, Washington, July 18, 1989.

〈図8〉個人と国際社会（第5回大会以降のパンアメリカン日系協会、1989～1991年）（浅香1992）

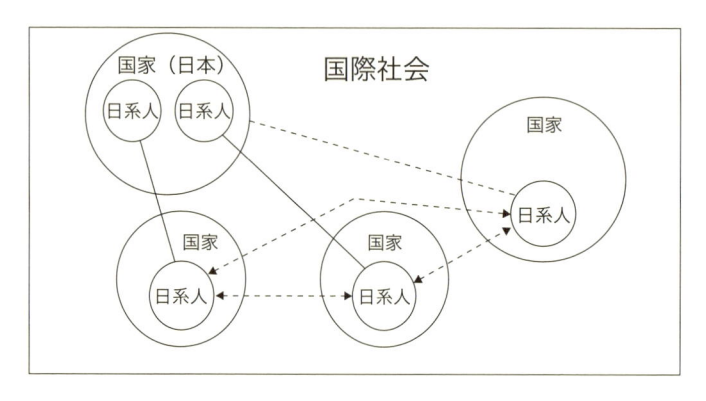

の一線上にある。

　現実に日本文化のルーツを自分たちの拠り所としようとしたのが1987年の第4回大会以降であり、ロータリークラブ方式兼日系人クラブの色彩が出てきた。文化交流や日本での「デカセギ問題」への対処と協力がなされ、その頂点に達したのがフジモリ大統領の誕生であった。出稼ぎ日系人やフジモリ政権に対しては日本からも民間レベル、国レベルで数々の援助がなされた。出稼ぎ日系人に対しては、日本では次のような援助がなされた。『中日新聞』1991年3月24日によると、1992年度に向けて、外務省が海外日系人協会に「出稼ぎ日系人に対応して相談センター設置」法案を提出したり、民間レベルで法務省OBによる海外日系交流センター（東京都千代田区）が設置されたり、愛知県豊田市の日系人向け相談窓口開設といった対応が進んでいる[109]。また、ペルーに対する支援としては次のものがある。民間レベルでは、『中日新聞』1991年4月7日によると、名古屋名駅ロータリークラブから名古屋で開催された米州開発銀行の年次総会出席のフジモリ大統領に100万円激励金が贈られた[110]。その他、自民党がトラックを贈ったり、名古屋市とライオンズクラブが中古自転車を贈ったり、ペルーの子どもたちにミルク基金を贈ったりしている。熊本県や愛知県でも県レベルで支援を行なっている。また、日本政府は調査団をペルーに派遣し、米国と協調して、中南米支援基金を創設して、IMF

（国際通貨基金）と協調路線をとり始めたペルーを支援した。

　出自と文化（言語、価値観、行動様式）を同じにするということは、「人類」の中のあるグループに特に親近感を抱かせ、また、援助、協力なども互いに求めやすく、渡しやすいといえるかもしれない。したがって、このような国境を越えた集団が行動する時、それぞれの属する国の発展に役立つ限り、また、人権擁護というレベルの国際協力をする時、国際社会全体の統合に役立つことはあっても、分裂や破壊をもたらすことはないと考えられる。2011年の時点でこの大会を振り返ると、国境を越え異文化と接する時、同じ地球に棲む者として人間として出自、性別、年齢にかかわらず、同じ権利と義務が求められなければならないと思う。それを土台として、個人、エスニック・グループの個性が多様であることが、21世紀の活力ある社会を形成するのだと考える。すなわち、自分の出自や文化を大切にするからこそ、他の人の出自や文化も尊重できるのである。

---

[108]「パンアメリカン日系協会の国際協力に関する質問に対する筆者へのK・C氏からの手紙」1991年3月6日付、1–4頁。
[109]『中日新聞』1991年3月24日。
[110]『中日新聞』1991年4月7日。

第6章 海外日系人協会

第1節　海外日系人協会とは

　1957年設立の海外日系人協会は、戦後1ドル360円で外貨持ち出しにも制限のある時代に、国会議員が米国訪問時に世話になった日系人へのお礼を込めて設立された。戦前・戦後と海外移住の窓口も務めた全国知事会が主な運営者となっていた。すなわち、日本国籍を有している一世の人々がこの協会の活動の対象であった。その後、一世の高齢化にともない、二世、三世が日系社会の活動の中心になると、一世対象のこの協会のあり方が問われるようになった。1990年代には、日本の労働力不足から、日系人就労者が急増し、その対応が求められるようになった。さらに、日本政府の行政改革による民営化で、外務省、国際協力事業団（JICA）から移住者・日系人支援事業が順次、海外日系人協会に委託されていった。

　本章では、設立当時、国会議員の私的な親善団体であった海外日系人協会が、現在、国の移住者・日系人支援事業が委託されるようになった役割の変遷をトランスナショナル・エスニシティという観点から分析する。海外日系人協会はその設立の経緯から、日本人ディアスポラの要となる「漂泊と定住」理論で説明がつく。しかし、外国籍二世・三世という日系人もその対象としているので、パンアメリカン日系協会との比較のために、「トランスナショナル・エスニシティ」論で分析・考察する。1957年から2002年に及ぶ海外日系人協会の歴史、民営化の中での業務委託による新しい時代の海外日系人協会の役割の順に考察する。

第2節　海外日系人協会の歴史（1957〜2011年）

　海外日系人協会は1957年に設立され、1967年に財団法人として認可された。2002年10月現在、事務局は国際協力事業団横浜国際センター内にある。2002年8月2日付で、賛助会員宛てに送付されてきた「海外日系人協会事業概要」によれば、この協会の目的と事業内容は以下の通りである[1]。

　目的は、海外日系人が居住国の経済、文化および社会の発展等に果たす役割が重要であるという視点から海外日系人との連絡・協力を推進することにある。また、日本および自治体などが行なう国際協力・国際交流事業に協力する。こうして、日本と海外諸国との交流・協力を促進する。海外諸国の対日理解促進と各国間親善と相互の繁栄に寄与することを目的としている。

　事業内容は大きく七つに分類できる。

1. 海外日系人との親善交流・連携強化のための事業
   （1）海外日系人大会
   （2）海外日系新聞大会
2. 海外日系人を通じた対日理解の促進のための事業
   （1）日系留学生中央研修会
   （2）日系相談センターの運営
3. 海外日系人を通じた国際協力に協力する事業
   （1）中南米日系人就労者帰国前技術研修
   （2）日本語生徒研修
   （3）日本語教師研修
   （4）日系社会シニアボランティア
   （5）日系社会青年ボランティア
   （6）日系技術研修員へのブリーフィング・オリエンテーションおよび日本語研修

1　海外日系人協会「海外日系人協会事業概要」2002年8月2日付。

（7）日系有識者招聘
　4. 移住支援事業
　　　（1）海外日系団体援助指導事業実施促進業務
　　　（2）移住者子弟研修員の受け入れ
　　　（3）海外日系人訪日団の受け入れ
　5. 海外日系人に関する調査・研究事業
　6. 広報事業
　　　（1）季刊『海外日系人』誌、年2回発行
　　　（2）隔月間『移住家族』紙発行
　　　（3）JICA機関紙「海外移住」、企画、編集、制作、四半期発行
　7. 海外日系団体との連携・協力

　海外日系人協会の46年の歴史を振り返った時、大きく三つに役割が変遷している。
　第1期　1957～1980年　一世対象期
　第2期　1981～1995年　一世・二世・三世対象期
　第3期　1996～2002年　民営化による移住者・日系人支援事業

　海外日系人協会はあくまでもその対象を日本人の血を引く者に限定している。「日本から海外に本拠地を移し、永住の目的を持って生活されている日本人並びにその子孫の二世、三世、四世等で国籍、混血は問いませんが、そういう方々を海外日系人として定義しています」[2]。平成11年（1999年）度に海外日系人数は250万人、在日日系人は31万人と推定し、これらの日系社会との協力、共生を目指している。「海外日系人大会」と『海外日系人』誌を重要な柱としている。海外日系人協会は、毎年東京で開催され、式典には皇族も出席される海外日系人大会の集いを中心としていた。現在もこの大会は続いており重要である。すなわち、この大会では、海外日系社会の代表が参加して要望を出す会議が同時に開催されるからである。そして、この会議および大会の様子は『海外日系人』誌で公開されている。この『海外日系人』誌では、海外日系新聞協会の編集で日系社会の現況を知ることができる。また個人で永住のため

海外に住む日本人も情報をここに発信している。世界の日系社会を知るのに欠かせない機関誌となっている。

世界の日系人の集う海外日系人大会は、1957年に第1回大会を開催し、その後、1962年に第2回大会を開催して以来、毎年大会が開催されている[3]。海外日系人協会は発足以来、海外日系人との親善・交流・対日理解の促進を目指してきた。1995年の「閣議決定」に基づき政府は「国が行なう移住者・日系人支援については民間に移管する」旨の方針を打ち出した[4]。その結果、外務省、JICAから海外日系人協会に、移住者・日系人支援事業が順次委託された。2000年には「海外移住審議会」の意見書が具申され、その中で、移住者・日系人に対する支援措置の強化、日系本邦就労者支援の充実、海外日系人協会の基盤強化などの必要性が強調された[5]。

従来、海外日系人協会は、海外日系人大会を毎年開催し、『海外日系人』誌を年2回発刊し、夏冬2回日本に留学している日系人留学生を集めて研修会を開き、海外での日本語新聞や放送の支援をしてきた[6]。

民営化による海外日系人協会の事業拡大理由を鏑木常務理事は次のように説明する[7]。「戦後、海外からの復員軍人や引揚者など600万人以上もの国民が日本に帰国し、大きな人口問題となった。しかし、戦争荒廃した日本の経済力は落ち、増大した人口を養うことができなかった。そのため、官民一致した国策が、戦前にも行なわれた海外移住だった。ブラジルを初めとした中南米へ国策として移住者を送った責任上、現地で定着・安定を支援し面倒を見てきたのが、外務省を通じてこの仕事をした現在の国際協力事業団（JICA）であった。国際協力事業団の前身は、戦後の移住者への援護を一元化してやっていくためにつくられた海外移住事業団だった。

---

2 海外日系人協会「賛助会員のご案内」。
3 「柳谷理事長報告」『季刊 海外日系人』1999年11月、第45号、15頁。
4 2002年8月1日付、毎日協合第127号「(財) 海外日系人協会賛助会員の平成14年度のご継続について（ご依頼）」（賛助会員への手紙）。
5 同上。
6 石丸和人「移住者支援業務の拡大進む海外日系人協会──鏑木常務理事・事務局長に聞く」『海外日系人』1998年5月、第42号、64頁。
7 同上。

その後、日本の高度経済成長とともに新規の移住者は減少し、国策として移住者支援の必要がなくなった。移住者の定着安定にともない、移住者子弟への人材育成（日本語教育、日本文化理解、技術的育成）、移住者への高齢化対策へと国の援護事業の柱となった」。

1993～1994年頃国からの予算の3分の2が移住者子弟の二世・三世の人材育成や高齢者への福祉、医療事業に使われるようになった。本来の移住者定着安定に使用される予算は3割を切るようになった[8]。

こうした国籍は異なる二世・三世への支援は鈴木巧事務局長によれば、中南米に多くの移住者を出しているドイツ、ポルトガル、オランダ、東欧諸国など、国益にかなうものとして行なっているが、国の機関が直接援護という形式はとっていない。「内政干渉」のようになるからである。そこで、二世・三世に対象が移ることによって、国の機関が行なうよりも民間団体を通じて行なうことが望ましいとのことから、実績のある海外日系人協会への委託となった[9]。

2011年の時点から振り返って見て興味深いのはこの間送り出し側のラテンアメリカのメキシコ、ブラジル、ペルー、パラグアイは海外の自国移民に実質的に二重国籍を認め、そのつながりによって、送金、新技術を自国に取り込み開発を図ろうとしていることである。もし、日本が重国籍を認めるのであれば、日本政府が定住者資格としている三世まで政府が直接対応するのは間違っていない。また、現在海外の企業や在住の日本人一世をどう扱うかは重要な事項である。おそらく日本人の海外への出かける型は鶴見和子が指摘した「漂泊と定住」に見られる出稼ぎ型が主流だと考えられる。そうであるならば、こうした循環型の人たちを正確に把握し、195カ国の国々で活躍してもらうことは日本の国益にかなうのではないか。戦前の在外公館の報告書を読むとこれらの事項が正確に把握されており、海外での日本の国力測定に役立っているからである。

第3節　新しい時代の海外日系人協会の役割

海外日系人協会の特徴は、同様にトランスナショナル・エスニシティの概念を当てはめることのできるパンアメリカン日系協会（1981～）と比較するとその特徴がよく理解できる。海外日系人協会は「へその緒」としての性格が強い。

母の胎内にいる間は有効な命綱であるが、胎内から出る時には、切り離さなければ生存できない。そして、へその緒は、親子をつなぐ自明のものである。血でつながっており、きわめて分かりやすい。大切なものであるが、これを強調しすぎると血のつながりのない者を排除する。

一方、パンアメリカン日系協会は、日本の文化を現地に役立てることを目指しており、日本人の血を必ずしも引く必要はない。抽象化された日本の良さが無限に広がるおもしろさを持っている。また、日本人の血統を持たない、日本以外の国籍を持つ人にも、日本の文化は開かれている。実際日系人以外の友だちも友人の日系人に連れられて一緒に参加しているのに、筆者は何度も出会った。これは開かれた会である。

日本政府の民営化政策によって、海外日系人協会は、外務省と国際協力事業団から、移住者・日系人支援や協力の実施の中核的存在になっている。人が国境を越えて移動することが頻繁になった時代に個人レベルで相談する先があるのは心強い。

「賛助会員のご案内」によれば、海外日系人は、南北アメリカ大陸とオーストラリアに分布しているとしている[10]。しかし、2001年の10月に行なわれた海外日系人大会には、ヨーロッパ、フィリピン、韓国の日系人も参加している[11]。これは、南北アメリカ大陸を中心とした参加者により構成されるパンアメリカン日系大会とは大きく違うことである。二重国籍を求める要望書はスイスに住む新一世から発議された[12]。親の介護のために日本に一時帰国する必要からだった。

日系企業の海外での展開、また個人で海外に住む人の増加によって、海外日系人協会は新たな支援対象を獲得している。海外日系人協会の優れた点は、個人で参加した海外に住む日本人でも、移住者・海外日系人と同様に、国政レベ

---

8 石丸和人「移住者支援業務の拡大進む海外日系人協会——鏑木常務理事・事務局長に聞く」『海外日系人』1998年5月、第42号、64頁。
9 同上、64–65頁。
10 海外日系人協会「賛助会員のご案内」。
11 2001年10月23・24日、第42回海外日系人大会。
12 同上。

ルでの要望を大会で提案できることである。しかし、2010年からは基本的に在外日本人団体、日系人団体を中心に代表者会議が開催されるようになった。

　一方、移住者受け入れに関する支援事業では、海外日系人協会だけでは数量的に不足である。地域ごと、コミュニティレベルでの受け入れが必要である。海外日系人協会は、国政レベル・地方レベルでの政策の吸い上げ調整立案機関としての役割を果たすことが求められる。また、各地で活躍するNGOの全体像をつかみ、それを必要とする個人に橋渡しできるように、ホームページ等を通じてのネットワーク化が必要である。2010年には、このネットワーク化が簡単にできるようになり、海外日系人大会でデモンストレーションがなされた。

　以上見てきたように、海外日系人協会は、私的な親善団体、二世・三世も含む日系人支援、そして、現在では政府の民営化により業務委託される機関となった。その「へその緒」的特徴を活かし、排他的にならないように気を付け、国政レベルからNGOレベルまでの意見をまとめ政策立案する民間団体となれば、その役割は21世紀になくてはならないものである。懇親会などで、国政レベルには直接上げるまでではないが、日本国籍を持った人が、海外で不利益を受けないように理事の大使経験者が直接相談に乗られているのは、重要なことであると思う。国民が自由に国境を越え生活し、仕事をする時代にあって速やかな対応が求められているからである。

◆ 第2部のまとめと暫定的結論

　南北アメリカ日系社会と日本における日系社会の形成は、「漂泊と定住」の分析枠組みで説明できる人の移動と文化受容の結果である。それを日本と日本文化を扇の要として束ねているのが、1957年に設立された海外日系人協会である。今日に至っても絶えず海外へ企業派遣や留学などで日本人が出かけ、ある者は定住して新一世となっていくために、この協会がこのような新日系人の拠り所となっている。「漂泊と定住」の元締めと言ってよい機関である。

　戦後、日本を起点とする「漂泊と定住」が分断された時代が長く続き、1981年にパンアメリカン日系協会が設立された。Nikkeiとして現地に貢献しようとする人々がそこに集い「トランスナショナル・エスニシティ」を形成した。1990年の「出入国管理及び難民認定法」の改正施行は戦後の移民再開同様、ブラジルの移民たちからの強い要望であった。パンアメリカン日系協会もデカセギの再開を働きかけている。しかし、生まれた国で成功した日系人は定住地でこの「トランスナショナル・エスニシティ」を継続している。1990年以来、「漂泊と定住」により、新しい日本文化が移住地に持ち込まれ、また、日本の日系社会へは、戦前の日本と混合して形成された日系文化が持ち込まれている。

　パンアメリカン日系協会で観察できる「トランスナショナル・エスニシティ」においては国家よりも市民レベルでの活動に力点が置かれている。日系人は日本国籍により日本政府から保護を受けるというより、生まれた国に定住し、その中で日本人および日本文化の良さを現地で活かし活躍しようとしている。2011年9月のパンアメリカン日系大会は、今回初めてメキシコの三世の若者が中心となり、二世の親世代が支えて行なう大会となった。大会のテーマが「日系であることは異なる者であるということではなく、違いを出すということ」というのは、統合を志向しながらも南北アメリカ大陸の横のつながりを維持し、日系としての貢献を志向している。この態度は、グローバル化が進む時代に国境を越え現地と上手く付き合っていく時に日系人だけでなく、日本人にとっても有効なものである。おそらく、これであるからこそ成功したものと考えられる。

　また、この「トランスナショナル・エスニシティ」というあり方は、移民が

パンアメリカン日系大会ではじめて若者も代表者会議に参加し全員で撮った写真（2011年カンクン大会）

　ホスト社会から差別されないためにも重要な示唆を持っている。「漂泊と定住」理論の中で鶴見和子は、漂泊者が定住者からいわれない差別を受けたり、それとは正反対の憧れの対象となる振幅の多い存在であると述べている。そうであるなら、漂泊者は定住地で十分な注意を払い、差別される側ではなく憧れられ尊敬されるように一歩一歩進んでいかなければならない。それが Nikkei としてアメリカ大陸の模範的な市民になって活躍することなのである。決して怪しい者ではないという証明を日々示していかなければならなかった。それゆえ、日本の国際関係上の地位は彼らにとってすこぶる重要であった。南北アメリカ大陸においては、外見上日本人とすぐ分かるからである。

第3部

日本の多文化共生とラテンアメリカ

　鶴見和子の「漂泊と定住」理論の礎となった柳田国男は、日本は南北に長く多様な自然環境なので中央集権型の開発のやり方ではなく、地域の定住者である常民が自律的にその担い手となり、漂泊による経験や漂泊者との出会いにより刺激を受け発展する方法を考えていた。また、鶴見は日本の土着（内発）の理論として、社会変動論としては柳田国男の業績を使い、日本の多様性のあり方としては南方熊楠の仕事から「曼荼羅型」の社会を理論化していた。

　東京を中心とする中央から日本を見れば単一に見えるかもしれないが、気候の多様性、人の移動を通して見た多様性と世界へのつながり方の多様性が存在するのが実際の日本社会である。このような多様性を明らかにして、1990年以降ラテンアメリカ、とりわけ、ブラジル、ペルーからデカセギが日本にやって来ることによって、日本では多文化共生政策が立案されるようになった。1990年の「出入国管理及び難民認定法」の改正施行は「漂泊と定住」を復活させた。その時に日本にやって来たのは、最初は日本語も話せる人たちであったが、人の流れが大きくなり日本に来やすくなると、日本語の不自由な二世、三世やその配偶者などラテンアメリカ化した人たちであった。1990年以降加速した日本社会の変容を明らかにし、どのような多文化共生政策がとられたかを、日本とラテンアメリカとの関係に焦点を当て、「漂泊と定住」と「トランスナショナル・エスニシティ」という観点から考察する。

第7章
日本の多文化共生政策

第1節　内発的発展論の視座から

　日本の多文化共生政策は、ブラジル、ベネズエラやボリビアのように憲法で明文化されていないところに特徴がある。日本の場合は、日本国憲法で基本が定まっており、頻繁に憲法を変更しないからである。このため、明文化された国々と比較すると、国家として統一された多文化共生政策がないように見える[1]。しかし、実際には総務省が中心となり指針を出し、該当する地方自治体が主体となって地方分権の潮流の中で施策が具体的に形成されつつある。また、日本は単一民族・単一文化のようにイメージする人たちもいるが、実際に地方を訪れ、生活レベルで見た時、驚くべき多様性を持った国でもある。それゆえ現場の実情に合わせて具体策を作成する方が有効なようにも思われる。
　この多文化共生政策は別名移民政策でもある。日本には多文化共生庁（省）も移民庁（省）も存在しないため、この案件に関しては外務省、総務省、法務省、厚生労働省、文部科学省にまたがった問題となり、迅速な処理ができない状態になっている。EUやオーストラリアの移民政策を研究する研究者たちは日本の閉鎖性を指摘している[2]。日本国際政治学会のトランスナショナル分科会（馬場伸也が立ち上げた）では、研究者の年齢層によってほぼ3通りの傾向がある。50代後半から60代にかけての研究者は移民に対して開放的な立場であり、20代後半から30代にかけての研究者は移民受け入れに懐疑的であり、40代後半から50代前半にかけての研究者は両者の中間の立場を取ることが分かっている。
　また、1991年に設立された日本移民学会の研究者の多くは、海外に移住す

ることがそんなに簡単なことではないことをインタビューなどの調査を通じてよく知っており、さらに国家間の関係にも移民の生活は強い影響を受けているので、移民受け入れには慎重な態度である。

　それに対して 2008 年に設立された移民政策学会は積極的に海外の移民政策を研究し、それを日本の政策に活かしていく立場を取っている。このため、移民の側から日本の政策を提言するので、日本国内の事情や受け入れ側の立場というものが十分に考慮されていない。本書では、移民排除でも大量受け入れでもない、受け入れ側の国民の実情をよく考慮した移民政策、多文化共生政策が必要だと考えている。なぜならば、同じ空間を共有して生活する仲間として受け入れるためには、日本人が納得するものでなければ現実性が薄いからである。「漂泊と定住」というホモロジカルな理論をあえて使用して海外の日系人を合わせ鏡として研究するのは、このような実情による。

　多文化共生政策の根幹ともいえる少子高齢化で導入が検討される移民政策をはじめ、国全体をどのように方向付けるかというビジョンが欠如しているので、現場に不安感をもたらしているのも事実である。2008 年 9 月のアメリカ発の金融危機以来、自動車をはじめとする製造業の減産で年末には大量の失業者があふれた。国民レベルでは解決に向けて協力が進んでいるのに、国政レベルでは、ねじれ国会ゆえに、このように緊急を有する問題に対して緊張感がなく政争が止まず、国民の意識との間に大きな乖離がある。

　本章では、多様な日本の現状を概観し、多文化共生概念が生まれた背景、多文化共生政策の指針を中心に分析し、地方ごと、特に外国人集住都市である東海地域の事例を中心にして、検討していく。名古屋市生まれであり、大学院生時代や留学期間などを除き、長年の生活者でもある筆者にとり、内側からよく知っている地域でもあるからだ。また、一市民としてこの地域の発展を願ってやまないからである。自動車をはじめとする製造業が集積発達する愛知

1　Sachie Asaka, 'La política multicultural en Japón y sus perspectives', *Perspectivas Latinoamericanas*, Centro de estudios latinoamericanos, Universidad Nanzan, no. 4, 2008, pp. 191-198.
2　梶田孝道『エスニシティと社会変動』有信堂高文社、1988 年、30 – 32 頁。梶田孝道、丹野清人、樋口直人『顔の見えない定住化』名古屋大学出版会、2005 年、298 – 299 頁。関根政美『エスニシティの政治社会学——民族紛争の制度化のために』名古屋大学出版会、1994 年、283 – 284 頁。

県は日本経済を牽引する役割を担い、そのため、外国人労働者の増加も著しく、1994年3月には名古屋ブラジル総領事館、2008年2月には名古屋ペルー共和国総領事館が設立された。しかし、2008年9月のアメリカ発の金融危機と急激な円高で、日本の中で最も打撃を受けたのも対米貿易比率の高い愛知県であった。困難な時ではあるが、多文化共生の試みの中に、今回の経済危機を脱し、さらなる発展の方法があることを内発的発展論の視座から例証していきたい。

　内発的発展論とは、国際関係における近代化の構造と機能について、日本、中国などの非西欧社会の経験から工業化のパターンの多様性を理論化しようとするものである[3]。ここでは、アメリカ型近代の優位性の主張である近代化論、それに対抗するラテンアメリカ生まれの従属論はそれぞれの土壌から構築されたのでそれぞれ内発的発展論と考えられている。この発展は多系の発展の形を持っているので、それぞれの大地に根差したモデルを交換し合うことによって形成されつつあるものである。本書も、この鶴見のアイディアにならい、日本とラテンアメリカの「多文化共生」モデルの交流、ノートの比べ合いによって、新たなパラダイム（ものの見方）の提案を目指している。本章では、こうした問題意識から、日本の多文化共生政策を考察する。

第2節　多様な日本・日本人の現状

　2008年1月『週刊エコノミスト』（毎日新聞社）は「外国人労働者受け入れと日本経済　労働開国」の特集を組んだ。日本の人口が減少する中で、全国約1800の市区町村は、人口動態や産業面で四つの集団に階層化されている[4]。
 1. 東京都区部、横浜市、名古屋市に代表される大都市では、人口集中が顕著になっており、内外から人材が集まりやすい。
 2. 国内製造業の競争力回復とともに、中部地方を中心に「新工業都市」が勃興し、そこへの労働力の集中が顕著になっている。
 3. 若年人口が流出し、高齢化率が上昇する地方の小規模自治体が増加しつつある。
 4. 大都市周辺または交通の便の良い「中核都市」などでは人口流入が流出を何とか上回っている。

すなわち、仕事のある地域・都市へと人口移動がなされ、そうしたものを持たない地域は若年人口が流出して空洞化していく傾向を示している。

『人口減少と地域　地理学的アプローチ』では、2000年の国勢調査の外国人約131万人に関する個表から得られたマイクロ・データ・サンプルを分析して外国人の移動について研究した[5]。第二次世界大戦以前に起源を持つ「オールドカマー」が大多数である韓国・朝鮮人と1980年代半ば以降急増した「ニューカマー」のその他の外国人には、人口移動パターンに大きな違いがあると指摘する[6]。それによれば、日本人の人口移動パターンは高度経済成長期以来、若年層による東京集中と、卒業後の全国への還流という都道府県間移動である。韓国・朝鮮人の人口移動パターンの特徴は日本人の人口移動のパターンとの類似性があるが、居住分布の偏りも含め、大阪圏と東京圏の間など大都市圏間移動が大きいことである。1995年から2000年における「フレキシブルな労働力」として就労するブラジル人やペルー人の国内移動の特徴は、名古屋圏や中部地方に位置する製造業の強い県への大きな転入超過が目立つ。ニューカマーのうち、中国人をはじめとする大量に流入したアジア系外国人は東京大都市圏内部において人口移動が活発化している[7]。調査の知見としてすでに同じ国籍を持つ外国人がある程度住んでいる所が居住地として好まれていることが明らかになった[8]。これらの調査から国籍によって棲み分けている外国人の実態が分かる。

同研究チームは、日本における外国人の国内移動の空間パターンを抽出する

3　鶴見和子「国際関係と近代化・発展論」（武者小路公秀、蠟山道雄編『国際学　理論と展望』、東京大学出版会、1976年初版、1980年3刷）56頁。
4　井口泰「ビジョンなき『人口減少社会』ニッポン　活力維持へ長期的視点で移民政策を」『週刊エコノミスト』毎日新聞社、2008年1月、31-33頁。
5　石川義孝編『人口減少と地域　地理的アプローチ』京都大学学術出版会、2007年、191-319頁。本書は、2008年3月15日上智大学四谷キャンパス図書館で開催された「日本社会とブラジル人」ワークショップで、外国人労働者研究の第一人者駒井洋筑波大学名誉教授が講演で重要な基礎データと指摘された文献である。外国人労働者は、転出入データがないため、京都大学の人口地理グループが国勢調査の生データを特別に使い外国人の国内移動を明らかにした。
6　同上、222-223頁。
7　同上、193頁。
8　同上、194頁。

ために47都道府県を五つのグループに分類した[9]。
1. 東京圏（埼玉・千葉・東京・神奈川）・京阪神圏（京都・大阪・兵庫・奈良）・名古屋圏（岐阜・愛知・三重）の三大都市圏に含まれる11都府県のグループにおいては、東京・大阪・愛知の中心に外国人は集中して住んでいる。
2. 「大都市圏縁辺部」の滋賀県と北関東の3県（茨城・栃木・群馬）は、1995年、日本全体の外国人の6.23％を占めていた。製造業とサービス業が経済基盤であり、ブラジル人（27.2％）と韓国・朝鮮人（25.9％）が主要な外国人である。
3. 「製造業拠点」として、1970年代以来の大規模で長期にわたる経済的再編によって強力な製造業の基盤を持った中部地方の非大都市圏の3県（静岡・長野・山梨）では、1995年、日本全体の外国人の5.32％を占めていた。安価で柔軟な労働力として外国人労働者に依存した1980年代以降の多数の製造業の下請け業者による効果的な生き残り戦略であった。ブラジル人労働者の雇用が好まれ、1995年には、当地域外国人の42.3％を占めている。
4. 東北地方6県では、農村において、直系家族維持のため、外国人花嫁の受け入れが1980年代から重要な方策となっている。
5. それ以外の日本（23道県）では、多くが西日本に位置しており、福岡市と福岡県を除くすべての道県で1995～2000年の都道府県間移動に関する限り、転出超過となっている。

外国人と日本人との人口移動の類似性について、同研究グループは、次のように結論づけている[10]。大都市圏縁辺部の転入超過は東京圏・名古屋圏の空間的拡大の反映であり、京阪神圏の転出超過は製造業が縮小した上、知識集約産業へのシフトが進まなかったからだとしている。また、東北とその他の地域の転出超過は日本経済のグローバル化が地方に新規雇用を生み出すのに失敗したからだと分析している。この分類の1から3の人口が集中する地域で多文化共生の諸相の事例を見ることができる[11]（浅香編 2009：89-194）。

では、グローバル化に対して、他の先進諸国はどのような傾向を示しているのだろうか？　先進諸国25カ国が加盟する経済協力開発機構（OECD：Organisation for Economic Co-operation and Development）の都市集中と地域発展の国際比較調査によると、日本に限らず、地域問題が共通の問題となっている[12]。大

部分の加盟国で 1998 〜 2003 年に創出された新規雇用の半分以上が、わずか 10％の地域に分布しており、活力のある少数の地域が国家の成長を支えている傾向がある。一国を都市地域・中間地域・農村地域に3分類して、国内総生産（GDP）の成長率を比較すると、22 の加盟国の傾向として、都市地域と中間地域の成長率が高い傾向が見られるが、韓国・アイルランド・ポーランド・スペイン・ギリシャ・フィンランド・フランス・スウェーデン・オーストリアの9カ国では農村地域の GDP 成長率が最も高くなっている[13]。この数字が意味するものは、農業はやり方によっては生産性が必ずしも低いものではないことを示している。ここに、日本の農村地域で若年人口流出のあるところへの一つの処方箋があるように思う。

では、日本人とはどのような人たちであり、文化的傾向を持つのであろうか？　外国人との共生を考えるに際して自分たちが何者であるかを知ることは大切である。DNA 多型分析・考古学・言語学の知見を統合して日本人のルーツをたどった研究に『DNA でたどる日本人 10 万年の旅——多様なヒト・言語・文化はどこから来たのか？』[14] がある。それによれば、日本列島の北にはアイヌ民族が新石器時代以来の環境にあまり負荷をかけない文化を維持し、南では琉球民族が東南アジアや中国と深い文化的絆を維持してきた。さらに、日本列島中間部は、ユーラシア大陸での激しい生存競争に破れた人々を迎え入れ、出身地では絶えた DNA、文化、言語をこの地で温存させた。日本列島の特徴を弱者に優しい多様性維持であると指摘する。日本列島における多様なヒト集

9　石川義孝編『人口減少と地域　地理的アプローチ』京都大学学術出版会、2007 年、233 – 236 頁。
10　同上、236 頁。
11　具体的には以下の事例研究に見ることができる。松本雅美「第 4 章　すべての子どもたちに学ぶ歓びを——ムンド・デ・アレグリア学校の挑戦」、コンダカル・ラハマン「第 5 章　ビジネスにおける在日日系人の挑戦」、梶田純子「第 6 章　多文化共生を求めて——オールドカマーとニューカマーの共存の事例」、寺澤宏美「第 7 章　在日ペルー人の宗教行事『奇跡の主』——異文化受容の視点から」、渡会環「第 8 章　YOSAKOI ソーランが繋ぐ『ブラジル』と『日本』」（浅香幸枝編『地球時代の多文化共生の諸相——人が繋ぐ国際関係』行路社、2009 年）。
12　OECD 編著、神谷浩夫監訳『地図でみる世界の地域格差——都市集中と地域発展の国際比較』明石書店、2007 年。
13　同上、37 頁。
14　崎谷満『DNA でたどる日本人 10 万年の旅——多様なヒト・言語・文化はどこから来たのか？』昭和堂、2008 年、144 – 150 頁。

団、多様な文化、多様な言語が維持されてきたことは、ある程度の関わりの中で、一方が他方を抹殺することなく助け合ってきた状況があったのではないかという。つまり、単なる共存（coexistence）ではなく、もっと積極的な共生（symbiosis）があり、この共生の原理（symbiosis principle）のおかげで、ユーラシア大陸東部とは根本的に異なり、これが、21世紀の平和と多文化共存に貢献できる歴史であると主張している。

　外国人から見た日本人や日本文化とは、どのようなものなのであろうか？1995年から翌年にかけて『週刊エコノミスト』に連載された後出版された『逝きし世の面影』[15]は、膨大な幕末・明治年間の来日外国人の記録を基に、失われた文明（江戸文明・徳川文明）を再構築した本である[16]。文庫本であり、2005年9月9日の重陽の節句に初版が出て、20日後にすでに2刷を印刷している。多くの公共図書館には備えてあり、貸出状況も良好なことがインターネット予約のシステムから確認できる。この本を読むと、「文化は滅びないしまた、民族の特性も滅びない。歴史的個性としての生活総体である文明は滅びる」という仮説を検証している[17]。確かに、日本人の心性や感じ方、特に異なるものへの好奇心は昔も今もすごいと思わせる。また、「クール・ジャパン」といわれる漫画・アニメーションなどの文化を支える現代の日本人の原型をここに見つけることができる。ここには、異文化に対して興味の方が勝り、新しい文化を自らの文化に取り込み創生する型を見出すことができる。

　スペイン語圏で、ジャポニスムとも言える日本の肯定的なイメージを流布した作家にグアテマラ人でパリで活躍したエンリケ・ゴメス・カリーリョ（Enrique Gómez Carillo: 1873-1927、第2章第4節参照）がいるが、その著書によれば、日本は東洋と西洋文明を合わせ持ち、高いレベルの美意識、道徳、自然との共生、高い技術を持つ新しい文明のあり方を示していると指摘する[18]。日本ではあまり知られていないが、ラテンアメリカでは日本は独自性を維持した近代化のモデルの一つと考えられているのである。2004年2月26日に、江戸開府400年記念第22回港ユネスコ協会国際シンポジウム『江戸の平和と江戸文化の国際性』が東京都江戸東京博物館で開催された[19]。グローバリゼーションの時代に江戸の文化に学び、今日を生き明日を拓こうという目的で開催された。外発的に国際人になるのではなく、国際社会の荒波を乗り切り、生き延びるためには、

他者と違った自我を価値あるものと確認できなければ、国際社会への貢献はおぼつかない。内発的な国際人への道を江戸の歴史に学ぼうというものであった。西洋列強に出会う前の国の形と言えば、江戸時代の徳川体制が、新大陸のアステカ帝国やインカ帝国と比較できるだろう。この江戸時代は、日本人が思っている以上に海外からの評価が高い。

『日本人の価値観・世界ランキング』[20] は、「価値観」という心理的な指標で日本人の世界的な位置付けを試みている。電通総研が1996～2001年まで、世界の人々の価値観における傾向を比較分析するために、東京、ニューヨーク、ロンドン、パリ、ベルリン、北京、ソウル、バンコク、シンガポール、ムンバイで、18歳から69歳の男女個人を対象に、有効サンプル数700程度を目安に隔年で実施した調査によれば、日本人の「グローバリゼーション」のイメージは不安先行だと位置付けている。否定的な評価として、1位　犯罪が増え社会不安が高まる（78.7％）、5位　競争志向が強まり弱者が切り捨てられる（67.0％）が示されているからである。肯定的な評価として、2位　良質の製品が安価に手に入るようになる（76.1％）、3位　多様な価値観が共存する社会になる（74.5％）、4位　新たな市場が開拓され新たなビジネス機会が生まれる

15　渡辺京二『逝きし世の面影』平凡社、2005年。
16　本書は、2008年11月28日、メキシコ大使館と財団法人国際経済交流財団の主催でメキシコ大使館大使公邸で行なわれた「日墨修好通商航海条約締結120周年記念セミナー」のレセプションで、ある大使が日本のことを理解するのにぜひ読むとよいと薦めてくださったものである。大使は涙が止まらなかったと言われたが、筆者は読みながら抱腹絶倒してしまった。おそらく大使は自然と共生する完成されたエコシステムを持ち、人々が穏やかに楽しく生活していた江戸の文明が西欧列強に囲まれ、西欧化せざるを得なかったことをその外交経験から思うところがあったのだと理解したが、日々、日本の中で普通の人たちと接していると、江戸時代の感性やそれ以前の伝統は根を深く下ろしていてこの本に描かれている世界は筆者にとり、懐かしい原型のように思えた。こんな愉快で情のある日常世界があるから、かつての浮世絵のように世界の人々から注目され受容される文化を創り出すことができると再確認した。
17　同上、10頁。
18　浅香幸枝「ラテンアメリカのジャポニスム――エンリケ・ゴメス・カリーリョに見る日本へのまなざし」（南山大学ラテンアメリカ研究センター編『ラテンアメリカの諸相と展望』行路社、2004年）。
19　コーディネーターは三輪公忠上智大学名誉教授、パネリストは芳賀徹京都造形芸術大学学長、イルメラ・日地谷・キルシュネライト　ベルリン自由大学教授、蠟山道雄上智大学名誉教授、竹内誠東京都江戸東京博物館館長であった。
20　高橋徹『日本人の価値観・世界ランキング』中央公論新社、2003年、ii‒iii頁、22‒27頁。

(72.6%) と回答されている。これをアメリカ、イギリス、フランス、ドイツと比較した際に、日本の「3位 多様な価値観が共存する社会になる (74.5%)」はフランスの「2位 新しい文化に接する機会が増え新たな文化が創造される (77.7%)」と並ぶほど高い評価を得ていることが特徴となっている。不安があっても、安価で良質な製品が手に入り、ビジネス機会が生まれるという実利に加え、多様な価値観が共存すると江戸時代さながらに好奇心が示されている。「新しい文化に接する機会が増え新たな文化が創造される」は、アメリカにあっては2位であるが (56.4%)、イギリスにあっては4位 (63.2%)、ドイツでは5位までに入らないという状況である。質問の作られ方によるのかもしれないが、新しい文化が創造されるというよりは、多様な文化が共存するというのは、内発的発展論の提唱者である故鶴見和子上智大学名誉教授が指摘した「曼荼羅型」の世界観が示されているのではないか。これは、実は多種多様な要素をそのまま受け入れるという底なしといってもいいほどの柔軟性を持つ構造である。日本人の特性を好奇心だと指摘した鶴見だが、この曼荼羅型と好奇心は表裏の関係にある。つまり、好奇心旺盛な人間にとって、どこが中心か分からない曼荼羅はいっぱい容れ込むことができる構造なのである。世界中の子どもたちに人気のドラえもんのポケットである。

　これらの研究から、地域ごとに多様性を持ちながら、かつ日本人が伝統的に異文化に対して寛容であり、好奇心を示し、自分たちの中に取り込んでいく文化の型を持っていることが分かる。政府の多文化共生の指針が示される以前に現場では、様々な取り組みが行なわれてきた。日本人の多くの個人は外国人に対して親切な傾向が認められる。しかし、国として移民政策が明確化されていないので、定住して資産を形成しようという時に不安が残る。また、生まれた子どもたちの国籍問題が生じる。富を求めて日本にやって来ても、法律が整備されていないため、安定的なビジネスの発展が継続できない。日本からラテンアメリカへ送り出した移民は現地の国民と平等の法律があったので、富を築き、社会の階段を上昇できた。大統領の名代として2009年には3名の日系人大使（パラグアイ、ベネズエラ、ボリビア）が日本で両国の架け橋として二国間の外交の中心にいる[21]。移民問題はきわめて外交色の強い国策問題なのである。外国人労働者問題は、本質において「明日の国民を選ぶ」プロセスであるという指

摘[22]は的を射たものである。

　また、移民は一旗揚げようという野心を持っていることが、日本人の多くに伝わっていない。さらに私たちが外国に行ったら、その国のルールに従う。それと同じように、日本に来た人も日本のルールに従うのは当然である。多文化共生とは、外国人だからといって特別扱いすることではない。一緒に日本を形づくり、発展させるためにいるのである。日本にやって来る日系人の間で現代の民話として1980年代の後半から今日まで伝えられているデカセギの成功物語がある。「お手伝いさんとして、一人暮らしのおばあさんのところで、親切にしてよく面倒を見た女性が、おばあさんが亡くなった時にお礼に遺産相続を受け取った」というものである。実際にデカセギ御殿もある。日本に住む日本人からすれば、ほどほどの金額でも為替の交換で10倍にもそれ以上にも価値が上がるのである。また、日系ではないが、絶えず移民を受け入れてきたアルゼンチンで収集された「半分ニワトリ」という現代民話は、移民の苦労と莫大な富を生み出す成功物語である[23]。このように、逆境にも耐えて人に親切にして移民先で祖国では得られなかった富を得る物語が語り伝えられている。私たちはここに移民の活力を認識する必要がある。棄民だとか、かわいそうというのは当たっていない。自分の運を信じて、さらに運を良くするために仕事ばかりではなく、善行を積む姿を理念型としているのである。こうした、庶民の道徳は日本民話会の外国民話研究会の1986年以来の共同研究で集められた世界の民話の中にも共通して確認できることである[24]。

21　3大使の経験と日本人移民の外交上の重要性と可能性は以下の論文に詳しい。
「第4部　多文化共生の架け橋——日系人大使との対話」、田岡功「第13章　パラグアイにおける日本と日系人——移住者として市長として大使としての体験から」、セイコウ・ルイス・イシカワ・コバヤシ「第14章　移住者が繋ぐ両国関係——多文化共生−相互理解と対話」、マサカツ・ハイメ・アシミネ・オオシロ「第15章　多文化共生の架け橋——移住者が繋ぐ両国関係」（浅香幸枝編『地球時代の多文化共生の諸相——人が繋ぐ国際関係』行路社、2009年）。
22　花見忠、桑原靖夫編『明日の隣人　外国人労働者』東洋経済新報社、1989年。
23　浅香幸枝「『半分ニワトリ』に見る移民の心性」（篠田知和基編『神話・象徴・文化』楽浪書院、2005年）195−210頁。

第3節　多文化共生概念が生まれた背景

　多文化共生概念が登場するのは、国家の構成員として、多民族・多文化が存在することを前提としている。日本人は一民族一文化だと認識するならば、この概念は生まれない。戦後、日本はアイヌ先住民や旧植民地出身の在日韓国・朝鮮人や在日台湾人が国内にいるのに、あたかも単一民族・文化と日本人をみなし、その方向で国の施策も形成されてきた。

　しかし、1980年代半ばのプラザ合意による急激な円高により、アメリカやアジアに工場を移したが、少子高齢化と若者の3K（きつい、汚い、危険）労働忌避により、国内では労働力不足となり、安価な単純労働者が求められるようになった。その頃、日本が国策として移住者を送り出していたラテンアメリカは「失われた10年」といわれるほどの経済危機に見舞われていた。日本国籍を保持する永住者のブラジルの一世が日本にデカセギとして働きに来るようになり、相互の利益が図られた。日本人には低賃金でも、為替相場で10倍ほどの価値があった。この時点では、日本語の問題はないので、文化摩擦が生じようがなかった。受け入れ側もよく働く日系人に期待した。「文化的同質性」があると日系人に限り単純労働者として、日本人と同じように日本国内での就業を認める「出入国管理及び難民認定法」が1990年に改正施行された。これにより、ラテンアメリカの日系人やその配偶者が来日し、一世だけの時とは異なり、日本語の通じない異文化を持つ人々が来日するようになった。

　日本人と同じと思っていた日系人は、実は一世とか、日本人移住地育ちの二世を除いて、各移住国に統合されており、言語も文化も予想していた「日本人」ではなかったことが判明したのである[25]。日本人自身も仕事で海外に長期滞在して一世状態を経験し、帰国子女といわれる子どもたちは二世に近いような文化経験を持つようになった。研修生として、途上国から若者たちがやって来た。人の流れは独自のネットワークを幾層にも形成していく。このように日本人とも現地人ともどちらとも言えない自身のアイデンティティを第3節では考察し、これらの人々の21世紀における役割を考察する。

　たとえば、ボリビア国籍保有者が全国で2位の愛知県における日系ボリビ

ア人は次のようなルートで働いている[26]。愛知県に住むサンファン移住地（日本人移住地）出身者の親戚が、シールド工事（トンネル建設作業）などの人手不足を補うための労働力をサンファン移住地に求めて、日本に呼び寄せたことがきっかけとなっている。また、名古屋の食品会社でも同様の呼び寄せがあったという。なぜ、愛知県出身でもないサンファン移住地の者が愛知県にいるかについて、生野は次のように推測している。ボリビア移住時に、出身地の長崎県や福岡県にいた親戚が高度経済成長期に愛知県に移り住み就職し、人手不足の時にボリビアの親戚を呼び寄せたという。日本国籍を持つサンファン移住者も多く存在しているとも言われている。このようにサンファン移住地の日系人の経営する会社は知多市、小牧市、豊田市に多いと報告している。確かに、愛知県には集団就職でやって来たりして移り住んでいる九州出身者は多く、方言や文化など、他地域の人たちよりは馴染みがある。おそらく同県人というのは、かなり文化的同質性があり気の置けない仲間であろう。したがって、このようなネットワークの中に入っていれば安心であろうし、定住化にはかなり有利であろう。家族や社会から孤立した日本人の非正規雇用者よりも、ある意味幸福な状況である。

　多民族・多文化社会が日本国内でも可視化し、共生の必要が国民レベルで認識され始めたのは、2005年のことではないだろうか。一つには外国人登録者数が200万人を超え、デカセギではなく、定住化傾向が確認され、住民として施策対象にしなければならなくなったからである。この問題が、日本全国で

---

[24] 民話を分析して、民衆のコスモロジー（世界観）を研究する方向を示してくださったのは、鶴見和子上智大学名誉教授と高山智博上智大学名誉教授であった。1986年のIBBY東京世界大会でお目にかかった作家の松谷みよ子氏に民話の会入会を薦めていただいて以来、外国民話研究会との共同研究や成果物の出版を通じて民衆の世界観を学んできた。また、目崎茂和南山大学教授の薦めで、比較神話学研究組織（代表：篠田知和基元名古屋大学教授）の国際シンポジウムや研究会に参加させていただき、勉強になった。運命と民衆の倫理観については次の資料集が特に参考になる。日本民話の会・外国民話研究会『世界の運命と予言の民話』三弥井書店、2002年。
[25] 浅香幸枝「1990年入国管理法改正が与えた南北アメリカ日系社会への影響と日本社会の多文化形成」（二村久則、山田敬信、浅香幸枝編『地球時代の南北アメリカと日本』ミネルヴァ書房、2006年）195－219頁。
[26] 生野恵理子「日本における日系ボリビア人社会」（ボリビア日本人移住100周年移住史編纂委員会編『日本人移住100周年誌――ボリビアに生きる』ボリビア日系協会連合会、2000年）306－307頁。

なかなか認識されず、いまひとつ国民的議論を喚起しなかった理由は前節で見たように外国人労働者が住んでいる地域が外国人集住地域に偏っていたからである。さらに、集住県の中でも集住する市町村があり、そうでないところはほとんど地域社会で出会うことがないからである。そのため、この問題が見えにくくなっていた。この間の工業労働者の増加と定住について梶田らは「顔の見えない定住化」と問題提起している[27]。

さらに、日本語能力・学歴が高い場合には、容易に子どもの教育についても情報収集し的確な判断をしており、家庭でも絵本などを読み聞かせて、感性と学力のバランスの取れた教育をしている。実際、日系人の来日とともに、輸入が増加しているのが、スペイン語やポルトガル語の絵本である[28]。こうした人たちの場合、適応能力が高いために、周囲は外国籍だと全く気が付かない。

ラテンアメリカからのデカセギは、出身国によって、また日本の出身地のネットワークによってつながっている。また、日本語能力・最終学歴によっても多様性がある。たとえば、パラグアイやボリビアから来たデカセギといわれる人は、日本人移住地で日本語を習い、日本文化を身に付けているので、日本に来ても、ほとんど違和感なく日本人と変わらないため、仕事や子どもの教育についても問題が生じにくい。アルゼンチンやメキシコから来る人たちは学歴も日本語能力も日本で生活するのにあまり困らない。

ペルーの場合人数が多く、中には、偽日系人も混ざっている。移民受け入れ国であったペルーに住む人から見れば、同じペルー人であるのに、日系二世のアルベルト・フジモリ大統領（1990～2000年）もいるのに、なぜ日本にルーツがないというだけで入国できないのかと考えるのであろう。1990年の「出入国管理及び難民認定法」の改正施行により、日系三世まで定住者資格を与えたインパクトは大変大きい。ブラジルの場合は人数も多く、自動車工場のラインを請け負う仕事の比率が高いため、集団で行動することが多い。多くの場合共通しているのは、日本語能力・学歴によって活躍する場所が大きく異なっていることである。したがって、すべての日系人労働者が助けなければならないような存在ではないことは指摘する必要がある。この問題は日本人の低所得世帯にも共通する問題である。社会の安全網で救い上げ能力を開発する政策が不可欠である。日本語・スペイン語あるいはポルトガル語においてアカデミック・

リテラシー（大学で勉強するレベルの語学力・読解力）がある日系三世あるいは二世で日本に親と一緒にやって来た子どもたちは、日本人の優秀な者と互角か、時にはそれ以上のレベルであることも忘れてはならない。

2008 年を表わす言葉は「変」と発表されたが、この多文化共生をめぐる問題、もっと言えば「移民」問題も 180 度転換した。5 月の時点では、好調な景気を支える労働力が不足しており、田岡駐日パラグアイ大使の講演の質問への答えでも、人的資源としての日系人の重要性が指摘されている[29]。また、6 月には今後 50 年で移民 1000 万人受け入れが自民党の「海外人材交流推進議員連盟」から提案された[30]。さらに、2007 年度末の、対外純資産（日本の企業や政府、個人投資家が海外に持つ資産から負債を差し引いたもの）は 250 兆 2210 億円と 2 年連続で増加し、過去最高を更新した[31]。2 位はドイツで 107 兆 5715 億円である。3 位は中国 78 兆 7510 億円、香港 61 兆 6548 億円である。17 年間連続債権は世界一であり、日本経済はますます好調で人手不足必至と考えられてきた。

2008 年 9 月にアメリカ発の金融危機と急激な円高により、円安・輸出増による好景気が一気に減速した。12 月 26 日の厚生労働省の発表で 10 月から 2009 年 3 月までに非正社員 8.5 万人が失職し、そのうち愛知県は 1 万人を占めることが明らかになった[32]。失職により、住居も失う人々の多さが明らかになり、お正月を迎えるに当たって多くの日本人が心を痛め、好景気で見えなかった社会の構造上の問題への関心が一気に高まった。地方自治体や支援団体・企業・個人が迅速に動き、厚生労働省を中心とした国政レベルでの対応が急務となった。特に、雇用の 3 分の 1 が非正社員であり、仕事を通じてキャリア・アップすることもないというのは、慄然とさせられる事実であった。集住都市地域

27　梶田孝道、丹野清人、樋口直人『顔の見えない定住化』名古屋大学出版会、2005 年。
28　国際児童図書評議会（IBBY: International Board on Books for Young People、1953 年〜、本部バーゼル）の世界大会で聞かされたことである。
29　田岡功「パラグアイにおける日本と日系人——移住者として市長として大使としての体験から」（浅香幸枝編『地球時代の多文化共生の諸相——人が繋ぐ国際関係』行路社、2009 年）。
30　『読売新聞』2008 年 8 月 5 日（オンライン版）。
31　『中日新聞』夕刊、2008 年 5 月 23 日。
32　『朝日新聞』夕刊、2008 年 12 月 26 日。

では、この困難にあって、外国人非正社員も仲間として、一緒に乗り越えようとしている。それは、外国人労働者が企業の発展に必要な役割を果たしてきたからである。また、起業家や企業家としてもすでに活躍し始めており、経済効果が出ていることも、共生を目指す裏打ちになっている。東海3県における在住ブラジル人の地域経済に及ぼす経済的影響力は以下の通りである[33]。ブラジル人労働者7万2000人が2500億円稼ぎ、消費額の1428億円は名古屋の大手百貨店の年間売り上げに相当する規模となっていて、東海3県のGDPを0.28％押し上げている。さらに、海外送金は482億円、貯蓄額は394億円の規模と報告されている。

ブラジルの日系人をはじめとするラテンアメリカからの人の移動は、小牧空港（前名古屋国際空港）―ロサンゼルス―サンパウロ間の直行便（JALとヴァリグ共同運航便）が支え、その後、中部国際空港（セントレア）―ドバイ―サンパウロ（エミレーツ航空）が双方向の輸送を担っている。この路線は2009年3月末まで運行されるが、4月からは廃止され、関西国際空港に一本化される[34]。物流だけでなく定期的な人の移動がないと、このような国際線は維持できない。移民船がこの役割を果たしていたことは、意外に知られていないように思う[35]。

多文化共生という言葉が実態を持って運動として出てきたのはオールドカマーの多い関西であった。1995年の阪神・淡路大震災をきっかけに市民が一致団結した時に先行して始まっていた[36]。危機に際して、本質的問題を明瞭にし、成員を大切にし、困難を乗り越えれば、新しい地平が見えてくるという勇気付けられる活動である。

第4節　多文化共生政策の指針

本節では日本政府の多文化共生政策の指針を中心に紹介して考察する。

地域における多文化共生推進プランは2006年3月27日付で、総務省自治行政局国際室長名で、各都道府県・指定都市外国人住民施策担当部局長宛に送られている。A4用紙11枚にわたる内容で、2006年3月7日に公表された「多文化共生の推進に関する研究会報告書」を基に作成され、地域における多文化共生の推進を計画的かつ総合的に実施するように求めている。

2004年末に外国人登録者が約200万人となり、今後のグローバル化の進展と日本人の人口減少傾向を背景として外国人住民の増加が予想され、一部地方公共団体のみならず全国的な課題になるからだとしている[37]。

　ここでは、多文化共生の定義を以下のようにしている。「国籍や民族などの異なる人々が、互いの文化的差異を認め合い、対等な関係を築こうとしながら、地域社会の構成員として共に生きていく」。

　1980年代後半からの「国際交流」「国際協力」を柱とする地域の国際化の推進に加え、この「地域における多文化共生」を第3の柱として地域の国際化を一層推進しようとしている[38]。

　地域における多文化共生の意義は、各地域で明確にすることとしながら、例示として、以下の五つのポイントを示している[39]。
1. 外国人住民の受け入れ主体としての地域
2. 外国人住民の人権保障
3. 地域の活性化
4. 住民の異文化理解力の向上
5. ユニバーサルデザインのまちづくり

地域における多文化共生施策の基本的な考え方[40]
1. コミュニケーション支援

---

[33] 共立総合研究所調査部「ブラジル人の消費が地域経済に及ぼす経済的影響力の試算について」2007年12月20日、1頁。
[34] 『中日新聞』夕刊、2009年1月10日。
[35] 山田廸生「日本移民船始末記」(『世界の艦船』1993年11月〜1995年6月号)。山田は客船業の持つ本質は19〜20世紀の定期客船時代も現代のクルーズ客船時代も変わらず、客船業を成立させてきたのは、国の手厚い助成と移民輸送であるとしている。日本の場合は、北米南米への遠洋航路は移民輸送を背景にしたものであり、台湾、南カラフト、朝鮮半島、満州(中国東北地方)への近海航路も日本人の海外渡航の大動脈であったと指摘する(同上、1993.11：96)。
[36] 梶田純子「第6章 多文化共生を求めて——オールドカマーとニューカマーの共存の事例」(浅香幸枝編『地球時代の多文化共生の諸相——人が繋ぐ国際関係』行路社、2009年)。
[37] 総務省自治行政局国際室長、各都道府県・指定都市外国人住民施策担当部局長宛「地域における多文化共生推進プランについて」総行国第79号、2006年3月27日、1頁。
[38] 同上、1頁。
[39] 同上、3頁。
[40] 同上、3-11頁より作成。

（1）地域における情報の多言語化
　　（2）日本語および日本社会に関する学習支援
　2．生活支援
　　（1）居住：情報提供と入居差別の解消、住宅入居後のオリエンテーション、自治会・町内会等を中心とする取り組み、外国人住民が集住する団地等における相談窓口の設置
　　（2）教育：学校入学時の就学案内・援助制度の多様な言語による情報提供、日本語の学習支援、地域ぐるみの取り組み、不就学の子どもへの対応、進路指導および就職支援、多文化共生の視点に立った国際理解教育の推進、外国人学校の法的地位の明確化、幼児教育制度の周知および多文化対応
　　（3）労働環境：ハローワークとの連携による就業支援、商工会議所等との連携による就業環境の改善、外国人住民の起業支援
　　（4）医療・保険・福祉：外国語対応可能な病院・薬局に関する情報提供、医療問診票の多様な言語による表記、広域的な医療通訳者派遣システムの構築、健康診断や健康相談の実施、母子保健および保育における対応、高齢者・障害者への対応
　　（5）防災：災害等への対応、緊急時の外国人住民の所在把握、災害時の通訳ボランティアの育成・支援・連携・協同、大規模災害時に備えた広域応援協定、災害時の外国人への情報伝達手段の多言語化、多様なメディアとの連携
　　（6）その他：より専門性の高い相談体制の整備と人材育成、留学生支援
　3．多文化共生の地域づくり
　　（1）地域社会に対する意識啓発：地域住民等に対する多文化共生の啓発、多文化共生の拠点づくり、多文化共生をテーマにした交流イベントの開催
　　（2）外国人住民の自立と社会参画：キーパーソン・ネットワーク・自助組織等の支援、外国人住民の意見を地域の施策に反映させる仕組みの導入、外国人住民の地域社会への参画、地域社会に貢献する外国人住民の表彰制度

4. 多文化共生施策の推進体制の整備
 （1）多文化共生推進担当部署の設置や町内の横断的な連携
 （2）地域における各主体の役割分担と連携・協同
　　市町村の役割：外国人住民を直接支援する主体、外国人住民施策担当部局および国際交流協会が中心となり、民間団体と連携・協同
　　都道府県の役割：広域の地方公共団体として、市町村と情報を共有し専門的人材育成やモデル事業の実施、外国人住民施策担当部局および国際交流協会が中心となり民間団体と連携・協同

　外国人住民の受け入れはあくまで、地方公共団体であり、地域の産業・経済振興という枠組みで、「国際人権規約」「人種差別撤廃条約」を遵守し、普遍的なまちづくりをせよというのである。しかし、この意義を言われても、肝心な資産形成および参政権の問題、日本で生まれた子どもの国籍問題は、この指針には何も触れられていないので、生活全般にわたることは事細かく親切であるが、外国人としてお客様のまま、宙ぶらりんで置かれている印象を受ける。頑張った後、自分はどのような人生を歩んでいくのかという、先が見えない。日系人労働者が感じる疎外感は、かつて自分たちを国民として受け入れてくれた国（たとえ苦労したにせよ）と異なり、親切であるが、親の出身国なのに自国民としては受け入れてもらえない制度であるように思う。

第5節　東海地域の事例から

　中部経済産業局地域経済部産業人材政策課は、『東海地域の製造業に働く外国人労働者の実態と共生にむけた取組事例に関する調査報告書　概要版』[41]を出した。これによれば、東海地域（愛知県、岐阜県、三重県、静岡県の東海4県）では、全国の日系ブラジル人の半数（約16万人）、ペルー人の3分の1（約2万人）が集中しており、その多くが製造業に従事し、約8.3万人と推定され、生産活

41　中部経済産業局地域経済部産業人材政策課『東海地域の製造業に働く外国人労働者の実態と共生にむけた取組事例に関する調査報告書　概要版』2007年5月。

動の重要な担い手となっている。デカセギ目的で日本にやって来たが、定住化し、集住化し家族化しているが日本滞在のビジョンが不明確であるという特徴を持っているとしている。

　労働者・生活者として、五つの問題点が指摘されている。
 1. 社会保険未加入：医療費不払い、健康問題
 2. 雇用形態が不安定：技能研鑽機会の低下、生活の不安定化
 3. 住居確保の困難さ：集住化による地域住民からの不信感
 4. 日本語コミュニケーション能力の不足：地域社会への不適応、労働条件の阻害
 5. 子弟、不就学：低賃金外国人労働者層の形成、固定化の懸念

　こうした問題に対して、地域の自治体、NPO等、地域企業の支援の取り組みを調査しモデルとして紹介している。2003年に策定された「グレーター・ナゴヤ・イニシアティブ」は、名古屋を中心に半径約100キロに拡がる圏内の産業経済を世界に開き、世界から優れた企業・技術や人・情報を呼び込み、圏内の県、市、産業界、大学、研究機関が一体となり、国際的産業交流を促進しようとしている[42]。この経済圏構想の中でこの問題も位置付けている。一石二鳥以上の効果を上げるのが、企業による外国人労働者の直接雇用である。

　たとえば、ある部品メーカーは、正社員1万1600人のうち製造部門は9000人、内3000人が期間従業員で日系人は1800人働いている[43]。ほとんど直接雇用であり、雇用当初は3カ月、更新後は6カ月契約が基本で、原則として労働者本人の希望がある限り再契約しているという。1800人の日系人の期間従業員のうち永住を希望していたのは70人程度で、残りは帰国を前提として、大半は稼いで帰りたいとの希望を持っているという。最近は永住希望者が増える傾向にあるとのことだ。

　経営戦略から見ると、日系人労働者を海外の工場での戦力として期間従業員から正社員登用するだけでなく、日本の高校を卒業した日系人の採用を継続して行なっている。2006年から不定期の日本語教室は本人のためだけでなく、会社の発展のためにもなるという認識である。

　日系人労働者を正社員として直接雇用し社会保険で定着率を上げ、スキル

アップさせ、日本での生活ルールを厳しく伝え、親身になっている会社は、給料が低くても定着率がよく、戦力として重宝していることが明らかになっている[44]。このように直接雇用している会社は、日本人の若者を採用できないことから日系人を採用したのであったが、派遣よりも直接雇用の方が、トータルに考えると労使双方に将来の見通しができ、外国人は問題と言われるが日本人でも同様だと回答している[45]。

浜松市のムンド・デ・アレグリア校もその実践例として紹介されている。この学校へ教育支援として、自動車会社ほか協力会社50数社が協同で寄付している。自社で働く外国人労働者の子弟の教育のため、地域に根差した外国人学校の必要性を考えるようになっていたところ、この学校があったことが寄付の方向性を決めた。寄付金について、損金算入など処置を望んでいる[46]。

以上の共生例を見ていくと、日本人と外国人、企業と労働者が互いに大切な仲間として接しているかが成功の鍵となっている。また、共通の利益があることも大切だ。

では、行政はどのように取り組んでいるのであろうか。県レベルでは、愛知県は多文化共生推進室、岐阜県・三重県・静岡県は国際室がこの多文化共生の所轄となっており、県ごとの国籍別外国人登録者の推移を掌握している[47]。行政の母国語による対応強化と地域共生のための取り組みモデルは以下のものがある[48]。国際交流員の配置、外国語版の広報紙・ホームページのほかに、名古屋国際センターが実施している遠隔通訳システムは、英語、ポルトガル語、スペイン語など7カ国語をトリオホン（三者間通話）システムを用いて通訳をしている。役所だけでなく、職場でも、自宅でも利用できるので便利である。地域共生のためには、外国人児童生徒の支援として、プレスクールで公立小・中学校での勉学の導入を行なったり、アフタースクールで補習を実施している。

42　中部経済産業局地域経済部産業人材政策課、前掲書、11頁。
43　同上、37-38頁。
44　同上、39頁。
45　同上、42頁。
46　同上、29-30頁。
47　同上、51-52頁。
48　同上、13-16頁。

国と国の架け橋になれるように、日本とブラジル、ペルーのカリキュラムを学ぶムンド・デ・アレグリア校の生徒たち［提供：松本雅美氏］

　筆者が特別重要だと思うのは、公立図書館にある多文化共生コーナーである。ある場合には、世界の絵本のような分類にしているが、乳幼児期から、多文化に馴染むことは、外国人児童だけでなく日本人の子どもにとっても、視野を拡げる役割を持つ。自分の国の本を発見した子どもはどんなに自分のルーツを誇りに思うだろう。そして、日本での自分の立ち位置が分かり、活躍する場も見つけることができるだろう。また、日本の子ども向け知識の本は最新の研究成果が分かりやすく楽しく伝えられて世界的に高い評価を受けている。公立図書館は入館料が無料なので、日本語能力の強化だけでなく、感性の涵養と共感する力の育成、知識の強化のために広く利用されるとよい施設である。第一次・第二次世界大戦の反省から、子どもの本を通じて国際理解を進めるIBBY (International Board on Books for Young People: 1953～、本部バーゼル) は、2008年のコペンハーゲン大会を、「歴史の中の物語、物語の中の歴史」という共通論題で開催し、主体によって歴史の見方は異なり、それぞれの物語を重視する方向が示された。2010年のサンティアゴ・デ・コンポステーラ大会では、「マイノリティの力」を共通論題にするなど、世界的な取り組みが行なわれた。2012年ロンドン大会は「国境を越える──翻訳と人の移動」を共通論題にしている。人

の移動により多民族・多文化社会となった現実に対して、子どもの本を通じて異文化理解を進めようというのである。子どもは未来への希望そのものであり、子どもの本を通して大人と子どもが異なる他者の尊厳を認め合うことは、異文化の受容、新しい文化の創造への過程で基礎的な作業となるだろう。

第6節　国民的なコンセンサスに向けて

　外国人住民といっても地域によって多様である。日本政府の多文化共生政策の指針は日本人と外国人を住民として同じ扱いにすることは評価できる。しかし実現にはかなりの予算と人員がかかると思われる。本人の日本語能力・学歴が異なり、日本との外交関係（旧植民地出身者、旧日本国籍保持者やその子孫）によって現在日本にいる理由も異なるので、二国間レベルで、年金も含めて相互に擦り合わせる必要がある。日本で公的年金や保険に加入した場合の特典をきちんと伝えることが大切だ。ブラジルやペルーなどのように人数が多い場合は優先的に対処する必要がある。人口過剰であった時代の日本が移住を受け入れてもらった国々は配慮されなければならないだろう。国籍をめぐる議論はその歴史背景からなされねばならないと考える。

　また、国民的なコンセンサスを得て、どのような人たちを新日本人として受け入れるのか長所・短所を明らかにすることが必要なことだろう。ラテンアメリカでの多文化共生が上手くいった事例の特徴として、移民政策を実施した後に、移動した人と受け入れた地域双方に、実質的な利益が出たことである。こうした文脈の中で新しい日本のビジョンを描くことが急務である。その時、忘れてはならないのは、社会的弱者に位置付けられている日本人のことである。誰もが安心して暮らせ、自分の力を出し挑戦できる体制を整える必要がある。そうでなければ、安価な労働力というだけの外国人が増え、国内での労働環境の悪化と異文化対立を無用に激化させることが予測できる。

　どんな人も、いつも元気で第一線で働けるわけではない。「いつか来た道、いつか行く道」とは、昔から、社会の中心で働く人を戒める言葉であった。頼りなげに見える子どもや若者は、かつての自分であり、今助けを必要とする老人は未来の自分の姿である。このように相手に共感する能力が多民族・多文化

社会を形成する時に必要である。内発的発展論の発想の原点は今西錦司京都大学名誉教授の「棲み分け理論」だと鶴見は話していた。西洋の進化論とは異なり、日本では自然と生き物が、共生して生きていく型が基本にあるということだった。それにならえば、異なる意見の対立が平行線でそのまま続くのではなく、自分も相手も生かしながら建設的に世界を創り上げていくことが大切である。

　2011年の時点から1980年代を振り返ると、現在は多様性を志向しながらも、制度自体は以前よりも硬直化して単線となっているように見える。それを創りかえる時、すでに日本に棲んでいる多様な民族・文化の住民と実は多様性を有している日本人が新たな自分たちに心地よい文化を創造しつつあるのではないかと考察する。

第8章
日本の多文化共生政策決定過程

第1節　政策決定過程論の視座

　日本の多文化共生政策決定過程を扱った論文は現在までのところ見あたらない。日本に住む外国人労働者については、主に労働力の国際移動の視点からは研究されてきたが、移民が文化を伝播するという点や人の移動やそれにともなう影響力は外交上の問題であり、ソフトパワーの問題であるということには、言及されてこなかった。政策決定過程自体あまり研究の進んだ分野ではないが、この分野の第一人者である草野厚慶應義塾大学教授は、2001年に発足し約6年間続いた小泉内閣の官邸主導の政治と2007年夏の参議院選挙での日本の政治史上初の与野党の逆転によるねじれ現象により、政策過程分析が必要とされていると指摘する[1]。さらに、政策過程論は「主として税金の使われ方を明らかにしたり、政府や企業が直面する危機を乗り越えるためにはどうすればよいかを過去に遡り学ぶ研究、学問」「実際に打ち出された政策よりも、よりよい政策を決定したり、実施したり、なぜできなかったかを、その政策過程に遡って検証すること」としている。行政の透明性、説明責任についても明らかにする必要性を指摘している。

　多文化共生という視点から、日本の外国人政策や移民政策を考察する時、新たな国民を選択するという非常に大切な案件であるにもかかわらず、外国人受け入れに反対と賛成に割れただけで国を挙げての議論が行なわれず、1990年「出入国管理及び難民認定法」（1951年、以下「入管法」と略す）が改正施行された。

1　草野厚『政策過程分析の最前線』慶應義塾大学出版会、2008年、1－2頁。

2009 年国会で新たな改正が加わった。内閣は第 171 国会議案番号 51 で「出入国管理及び難民認定法及び日本国との平和条約に基づき日本の国籍を離脱した者等の出入国管理に関する特例法の一部を改正する等の法案：以下『改正入管法』と略す」を 2009 年 3 月 6 日に衆議院議案受理し、4 月 23 日に衆議院法務委員会に付託された。7 月 8 日参議院本会議で、「改正入管法」が成立した[2]。不法滞在の外国人に対して法務大臣の裁量で在留を認める「在留特別許可」のガイドラインを改定し、7 月 13 日から適用される[3]。国会のホームページを見ると実はこの法案は「国会提出主要法案第 171 回国会（常会）」の 3 本のうちの 1 本であった。しかし、3 月から 7 月の間に、『朝日新聞』『日本経済新聞』『中日新聞』の朝刊・夕刊を見ていくと、そのような扱いにはなっていない。国民的なレベルで議論が行なわれた痕跡はない。

　本章では、日本の一連の多文化共生政策を概観し、今日の日本に住む外国人の概要を明らかにし、「循環移民」という分析概念を用いて、多文化共生政策の決定過程を検討することを目的としている。国家の行く末を決めるこのような重要な法案が、国の目指すべき方向性を確認もされないまま、決まっていく。どこかに、その基本ガイドがあるかのようである。それは何なのか。その原理も本章では明らかにし、政策過程論が大切にする国民の税金を有効に活用して、来るべき時代に日本人・外国人も含めてどのような政策を提言するのか考察する。資料として、世論に影響を与え、社会の木鐸としての役割を持つ新聞の中から『朝日新聞』『日本経済新聞』『中日新聞』の朝刊・夕刊、NHK ニュース、政府のホームページ、外国人集住都市会議のホームページ、経団連のホームページを分析対象としている。

第 2 節　日本の多文化共生政策の概観と特徴

　1980 年代後半に始まった日本のバブル景気と若者の 3 K 労働の忌避による人手不足が原因となり、南米に住む日系人のデカセギが始まった。初期の頃は、日本国籍を持つ永住者の一世たちが主な担い手だったので、日本語の問題も文化的適応も何の問題も起きなかった。むしろ、双方にとって利益のあることだった。そのため、「文化的に同一」であろうと考えられた南米生まれの二世、三

世も、日本人と同じように単純労働が許可される「出入国管理及び難民認定法」が1989年に改正され、1990年に施行された。

当初、デカセギにより為替の交換をすると10倍以上の価値になったので、3年働けば南米で30年働いたのと同じ金額を得ることができた。そのため、専門職の人までが、開業資金を短期で得るために単身で働きに来ていた。あるいは、家族で来る場合にも、貯蓄を目的にして、子どもの教育にも支障を出さないように帰国するというデカセギ戦略を持っていた。

しかし、物は豊富だが物価が高い日本では、我慢して貯蓄できる人ばかりではなく、耐久消費財などにも大きな支出をしてなかなか資金がたまらず、滞在が長期化し、定住化する傾向が出てきた。また、日本生まれの子どももできて、さらに日本語のできない二世、三世やその配偶者は、日本では社会統合において問題を生じさせるようになった。さらに、日本の製造業の人手不足を補うために景気の後退した南米を中心とする地域から日系人を労働の担い手として集めるようになったが、どこの社会でも優秀な人というのは人数に限りがあり、近年では、日本語の読み書きさえもまともにできないという日本国籍を持つ人たちが日本に働きに来るようになった。また、人手不足から、1993年には外国人研修・技能実習生の受け入れが始まった。途上国の若者に技術を学んでもらい、帰国した際にその国の発展に役立ててもらうのが、趣旨であったが、実際多くの場合には、日本人の働き手の不足する職場での安価な労働力であった。2009年9月、米国発の金融危機によって、「100年に一度の世界的な経済危機」があったが、少子高齢化の進む日本では労働力の不足は中長期的に避けられないと考えられている。介護・農業分野での人手不足が特に指摘されている。

この間、多文化共生という視座から見た時に、重要な政策の変更が四つあった。

第一は、2005年11月に広島市で発生した日系ペルー人三世による小学1年生女児殺害事件がきっかけとなり、1990年の「入管法」の告示を変更することとなった[4]。2006年3月29日付官報で告示され、4月29日から施行された。具体的には、定住資格に犯罪歴証明の提出を義務付けることとなった。「在

---

2 『朝日新聞』『日本経済新聞』夕刊、2009年7月8日。
3 『朝日新聞』『日本経済新聞』夕刊、2009年7月10日。

留資格『定住者』で入国在留する日系人の方の入管手続について」[5]（入管ホームページ）によれば、対象となるのは、日系人、日系人の配偶者、日系人の未成年で未婚の実子、日系人の配偶者の未成年で未婚の実子である。入国時や期間更新等の際、本国の犯罪経歴証明書を提出しなければならなくなった。ブラジル、ペルー、フィリピン、その他の国と提出書類の発行先案内が示されている。

第二は、地域における「多文化共生推進プラン」が、2006年3月27日付で、総務省自治行政局国際室長名で各都道府県・指定都市外国人住民施策担当部局長宛に送られたものである[6]。ここでは、「多文化共生」の定義を「国籍や民族などの異なる人々が、互いの文化的差異を認め合い、対等な関係を築こうとしながら、社会の構成員として共に生きていく」というものである。ポイントは五つあり、①外国人住民の受け入れ主体としての地域、②外国人住民の人権保障、③地域の活性化、④住民の異文化理解向上、⑤ユニバーサルデザインのまちづくりである。詳細については、すでに第7章の「日本の多文化共生政策」で述べたので、要点だけまとめると、地方の実態に合わせて、日本人住民と同じようなサービスが受けられるようにしなさいというものである。財源も示されていないので、実質「丸投げ」に等しい。このようなガイドラインゆえに、外国人集住都市会議は、積極的に国に働きかけるようになっていく。

第三は、2008年10月15日、静岡や愛知などの7県26市町で構成する「外国人集住都市会議」が「外国人政策を総合的に企画・立案し、関係省庁に対し強い主導力を発揮し、着実に推進できる新たな組織」設置を求める宣言を出した[7]（「みのかも宣言――すべての人が参加する地域づくり」2008年10月15日）。これを受け、2009年1月9日付で、内閣府は定住外国人施策推進室を設置した[8]。雇用情勢の悪化で職を失う定住外国人が増加しているため、就労や子どもの教育など当面の対策を検討した。これでようやく、定住外国人の政策の一元化の方向性がついた。

第四が2009年の「改正入管法」であり、3年後に施行される。内容は3カ月以上の日本滞在を認められた外国人に「在留カード」を発行し、国が一元管理できるようにするものである。従来、出入国は国が管理していても、外国人登録は地方自治体の管理であった。そのため、外国人の日本国内移動がどのようになされているか掌握することができず、国レベルの政策立案・実現の障

害になっていた。また、連携の不備から法務省推定で、約2万人の不法滞在者に登録証が交付されていた[9]。この数字の意味することは、地方自治体では、外国人登録を申請する外国人に対しては、不法滞在であったにもかかわらず、生活者として不利にならないように対応してきたことである。筆者たちの共同研究「多文化共生の諸相——ラテンアメリカと日本の日系ラテンアメリカ人社会の事例から」(2006～2008年度、南山大学地域研究センター委員会)[10]で明らかになったことと重なっている。これは、行政だけでなく、実生活でも日本人が親切にしていることと重なっている。

この「在留カード」に加え、7月13日から適用される不法滞在者のための「在留特別許可」についてのガイドラインの改定がなされた[11]。これは、「総合的に判断」というあいまいな基準ではなく、不正入国には厳しく、正規に入国し、ルールを遵守すれば、日本人と同様に生活者としての権利が保証される仕組みである。この案件で、話題になった偽造パスポートで入国した両親が強制退去命令を受け、日本生まれの女児が日本に残ることになった事例は、「退去」方向と示された。多民族・多文化が共生を目指す時、重要なのはその属性にかかわらず、社会のルールを守り、市民として当該社会に貢献し、社会からも恩恵を受けることである。その意味で妥当な方向であると考える。

---

4 浅香幸枝「1990年入国管理法改正が与えた南北アメリカ日系社会への影響と日本社会の多文化形成」(二村久則、山田敬信、浅香幸枝編『地球時代の南北アメリカと日本』ミネルヴァ書房、2006年) 217頁。
5 「在留資格『定住者』で入国在留する日系人の方の入管手続について」2006年3月29日。www.immi-moj.go.jp/keiziban/happyou/Nikkei.html
6 浅香幸枝「日本の多文化共生政策——内発的発展論の視座から」(浅香幸枝編『地球時代の多文化共生の諸相——人が繋ぐ国際関係』行路社、2009年) 27 - 29頁。
7 外国人集住都市会議「みのかも宣言——すべての人が参加する地域づくり」2008年10月15日。
8 『日本経済新聞』夕刊、2009年1月10日。
9 『日本経済新聞』夕刊、2009年3月6日。
10 浅香幸枝編『地球時代の多文化共生の諸相——人が繋ぐ国際関係』行路社、2009年。
11 『朝日新聞』、『日本経済新聞』夕刊、2009年7月10日。

第3節　日本に住む外国人の概要

　法務省入国管理局の「平成20年末現在における外国人登録者統計」[12]（2009年7月）によると、外国人登録者数は、2008年末には221万7426人となり、過去最高を更新し、日本の総人口の1.74％を占めている。出身地は190カ国であり、中国（香港・台湾を含む）が約66万人（30％）、韓国・朝鮮が約59万人（27％）、ブラジルが約31万人（14％）、フィリピンが約21万人（10％）、ペルーが約6万人（3％）、米国が約5万人（2％）の順位となっている。約222万人の外国人登録者のうち41％が永住者である。定住者は12％である。1990年の「出入国管理及び難民認定法」改正施行はこの定住者を増加させた。しかし、2007年末と比較すると、この定住者数は1％下がっている。ブラジルを中心とした外国人登録者が4385人減少したからである。これは自動車産業を中心とする製造業に従事していたブラジル人の帰国があったからである。

　また、帰国に際して、申請者には帰国費用が支払われている。それに比べると中国は4万8488人、フィリピンは8025人増加している。

　2009年3月26日付の法務省入国管理局の「平成20年における外国人入国

〈表1〉外国人入国者数と再入国者数の推移（1985～2008年）

年	入国者数（人）	再入国者数（人）	割合（％）*	年	入国者数（人）	再入国者数（人）	割合（％）*
1985	2,259,894	271,989	12	1997	4,669,514	859,835	18
1986	2,021,450	311,000	15	1998	4,556,845	889,032	20
1987	2,161,275	374,201	17	1999	4,901,317	941,696	19
1988	2,414,447	454,127	19	2000	5,272,095	1,015,692	19
1989	2,985,764	529,988	18	2001	5,286,310	1,057,053	20
1990	3,504,470	576,892	16	2002	5,771,975	1,125,735	20
1991	3,855,952	618,078	16	2003	5,727,240	1,093,348	19
1992	3,926,347	674,594	17	2004	6,756,830	1,247,904	18
1993	3,747,157	706,438	19	2005	7,450,103	1,329,394	18
1994	3,831,367	739,786	19	2006	8,107,963	1,374,378	17
1995	3,732,450	798,022	21	2007	9,152,186	1,430,928	16
1996	4,244,529	834,503	20	2008	9,146,108	1,434,280	16

*浅香による計算。1985～2008年の平均は18％。

〈図1〉 外国人入国者数と再入国者数の推移（1985～2008年）

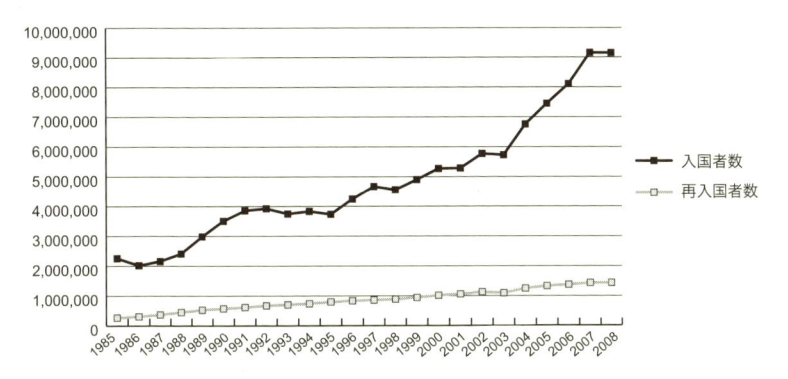

〈図2〉 外国人再入国者数の割合の推移（1985～2008年）

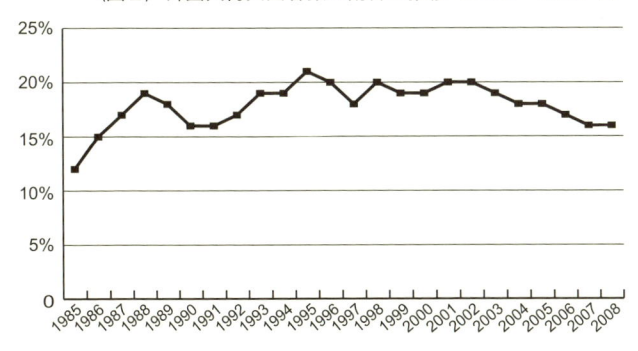

出所：法務省入国管理局、2009年3月26日

12　法務省入国管理局「平成20年末現在における外国人登録者統計」2009年7月。

〈表2〉出身地ごとの入国者数と再入国者数（2008年）

出身地	地域総数（人）	再入国者数（人）	割合（%）*
アジア	6,771,094	1,132,820	17
ヨーロッパ	955,452	108,099	11
アフリカ	28,836	8,109	28
北米	1,003,142	108,874	11
南米	101,249	52,452	52
オセアニア	285,022	23,640	8
無国籍	1,313	286	22
総数	9,146,108	1,434,280	16

*浅香による計算。

〈図3〉出身地ごとの入国者数

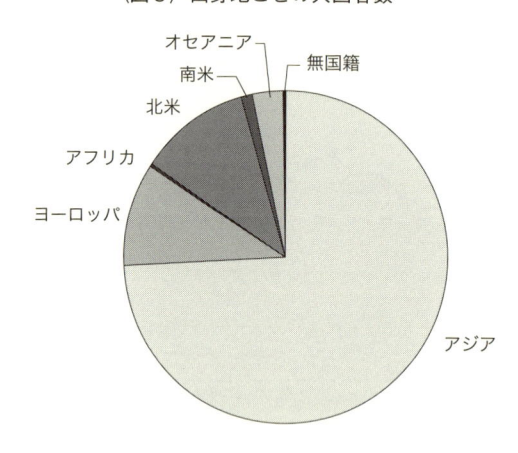

〈図4〉出身地ごとの再入国者数の割合

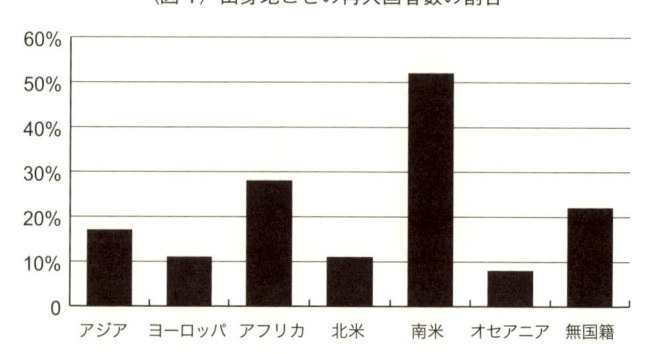

出所：法務省入国管理局、2009年7月10日

者数及び日本人出国者数について（確定版）」[13]によれば、日本に就労、勉学等で中長期にわたり在留している外国人で、里帰りや観光・商用などで一時的に日本を出国し、再び入国する「再入国者」数は、1985年には約226万人の入国者数のうち約27万人であったが、2008年には約915万人の入国者数のうち約143万人となっている。左の図表はこの統計を基に、入国者と再入国者の関係を抜き出し作成したものである。

　2008年の再入国者約143万人の地域別内訳は、アジアが約113万人で中国が約44万人、韓国が約38万人、フィリピンが約10万人、台湾が約7万人、タイが約3万人、インドが約2万人、マレーシアが約1万人、インドネシアが約1万人弱である。同資料によれば、ヨーロッパ約11万人で、英国が約3万人、フランスが約2万人、ドイツが約1万人である。北米は約11万人で、米国が約9万人、カナダが約2万人である。南米は約5万人でブラジルが約4万人、ペルーが約1万人弱である。オセアニアは約2万人で、オーストラリアが約2万人弱である。アフリカは約1万人弱である。日本とアジアを中心に約113万人が行ったり来たりしていることがこれらの数字から分かる。また、南北アメリカ大陸では、約16万人が日本と往来している。ちなみに、再入国者数が100万人を越すのは2000年からである。出身地別に再入国者数の割合を比較し、図式化すると、南米の出身者の割合が52％と際立っていることに気付く。

　人数だけ見ると、113万人のアジアの入国者が際立って多くいるように見えるが、出身地ごとの再入国者数の割合を図式化すると、アジアでは17％、南米では52％と大きく異なっている。これは、南米出身者のほぼ半数が日本と南米の両地域に生活ないしは職業上の拠点があると言えるか、頻繁に行き来していると言えるのではなかろうか。

13　法務省入国管理局「報道発表資料　平成20年における外国人入国者数及び日本人出国者数について（確定版）」2009年3月26日。

第4節　「循環移民」という視座——出稼ぎとデカセギ

　こうした状況をどのように考えるかについては、2005年から国際機関が着目しており、「循環移民（circular migration）」と名付けられ、送り出し国、受け入れ国、移民の三方に「利益」(win-win-win) をもたらしている[14]と考えられている。移民政策は、どの国も国益を第一に考え、優秀な人材を国の発展のために呼び込もうとするのが多くの国の常である。しかし、途上国からやって来た循環移民はたとえ、単純労働者であろうとも、受け入れ国には低賃金労働を引き受け利益をもたらし、送り出し国に送金し、技術移転をするという「開発援助」のような効果をもたらしていることが注目される一因である。Vertovecのまとめによれば、国際移住機関 (the International Organization for Migration : IOM) の *World Migration 2005* の報告の指摘のように、より多くの循環移民は途上国により一層の利益をもたらすとしている。つまり、定住資格や二重国籍により、循環移民が可能となると、貿易や投資機会が海外技術移転を容易にする。頭脳流出が減り、不法移民による社会や家族の負の側面が軽減されるとしている。

　つまり、「循環移民」は永らく移民を引き起こす要因であった低開発の問題を解決する可能性を持っている存在だと捉えられている。

　日本は明治元年（1868年）から、ハワイ移民以来145年の移民の歴史を持ち、かつ移民政策を持っていた。メキシコの榎本移民などのように移住地を購入し入植して日本と自由貿易を行なうという高い理想を持った移住地もあったが、日本人移民の特徴として、「出稼ぎ」というキーワードで語ることができる。すなわち、一攫千金の後は故郷に錦を飾る出稼ぎ戦略である。そのため、北米では移住して同化しないため、日露戦争に日本が勝利すると、黄色人種への警戒感から排日へと向かい、日本人移民は、ブラジルやペルーの南米へと向かった。そこでも、日本人という誇りが強く、出稼ぎが中心であった。日本が敗戦して、ようやく現地に移住を決意したというのが大方の流れであった。

　敗戦国となった日本が再び移民を送り出すのは、仲介者としてすでに移住していた移民たちの働きかけであった。1955年に設置された日本の海外移住審議会は1962年、総理大臣への答申で、「移住は単なる労働力の移動と見られ

神戸移住センター（現海外移住と文化の交流センター）

るべきではなくて、開発能力の現地移動と見られるべきである」「相手国の開発能力と世界の福祉に対する貢献となって、日本および日本人の国際的声価を高めることにならなければならない」と新たな移住理念を出した[15]（海外移住審議会、2000 年 12 月 11 日）。高度経済成長以前の日本は現在の外交の主要な柱である「人間の安全保障」を先取りするような高邁な理念を打ち出している。

1971 年 5 月 22 日の『神戸新聞』[16] 夕刊の記事が興味深いことを指摘している。1971 年 5 月 3 日に出港した最後の移民船「ぶらじる丸」までに、神戸港は 60 年間で 30 万人の移民を送り出した。移民たちは移住前に、神戸移住センター（1928〜1971 年）で訓練を受けてから国を出た。「昭和 30 年代（1955〜1964 年）までの移住者は背水の陣で決意して出かけた」のに対して「昭和 40 年代（1965〜1971 年）の移住者は人種が変わったかのように楽観的で自信に満ちていた」という。外国への不安が消えた上、もし、失敗しても日本に帰国して食べていける経済基盤ができたからである。開拓から就職へと意識が変

---

[14] Steven Vertovec, *Transnationalism*, Routledge Taylor & Francis Group, London and New York, 2009.
[15] 海外移住審議会「海外移住審議会意見　海外日系人社会との協力に関する今後の政策」2000 年 12 月 11 日。
[16] 「30 万人の海外移住六十年　航跡　1」『神戸新聞』夕刊、1971 年 5 月 22 日。

〈図5〉循環移民の概念図

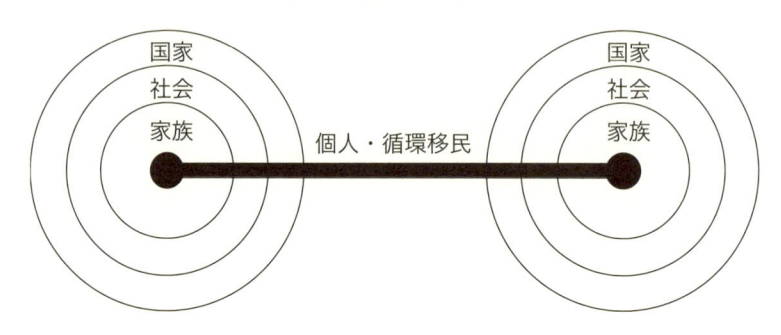

国家／社会／家族　個人・循環移民　国家／社会／家族

〈図6〉国境を越えない個人と国家

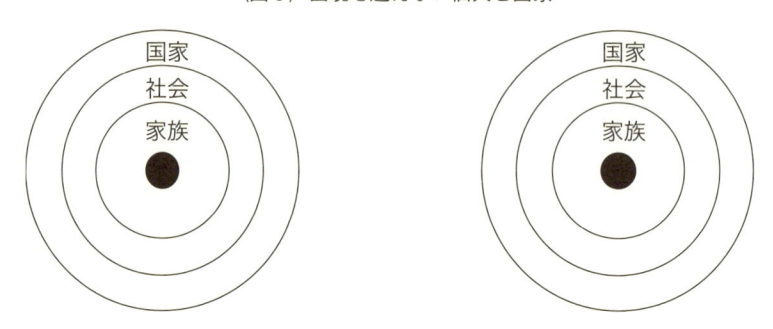

国家／社会／家族　　　国家／社会／家族

　わっていると指摘している。これは、パスポートが日本国籍であるため、日本の景気がよければ、還流してくる可能性を示唆している記事だと考えられる。
　1962年に海外移住審議会が総理大臣に出した答申は、2005年に国際機関が循環移民を位置付けた「開発」を先取りしている。もし、この流れの中に南米への移住者が位置付けられるのであれば、1990年の「入管法」の改正は、活動に制限のない定住者資格を外国籍の日系三世に与えることにより、一世以下3代にわたって国境を越え日本と移住国を〈図5〉の概念図のような関係が継続されることになる。1990年以前は二世、三世になれば移住国に統合され、〈図6〉のように日本とは直接関係を持つことはなかった。ところが、この法改正は、紐帯を回復したと言えるのではないだろうか。1971年に最後の移民船が終了して以来、後続移民が続かないと日系社会が維持継続されないと、一世を中心に永らく言われ続けたことが解消されたのではないかと振り返って思

えるのである。日系人に関しては戦前・戦後からの移民政策の延長線上にあると考察できる。

　1981年から、南北アメリカ大陸で2年ごとに、パンアメリカン日系大会が開催されている。筆者は長年このパンアメリカン日系協会（本部：ペルー、リマ）と横浜のJICAに本部のある海外日系人協会（1957年〜）を研究しており、両協会が開催する日系人大会にはほとんどすべて参加してきた。1980年代、日本と南北アメリカとの距離は外国に行く感じであったが、1990年の後半から人的移動がかなり頻繁になっていて、実像に近い距離に互いにあることを体感する。さらに、ここ数年は、海外に拠点のあった日系人が日本の大都市圏にもマンションを持ち、移住国と日本を頻繁に行き来し、新一世の場合には親の介護で日本を訪れている。これは、外国人の再入国者のように統計には表れてはいない。

　この問題を考察していて、もう一つ、疑問であったのは、ねじれ国会で空転しているかのような国会審議が一つの方向に動いていることである。戦後永らく、国の行方は全国総合計画が示され、その方向に国民も含め日本全体が進んでいた。最近聞かないがどうなったのだろうかということだ。「第5次全国総合開発計画　『21世紀の国土のグランドデザイン』」が、1998年3月31日、橋本内閣の下で閣議決定されている。これは、1962年池田内閣の下で閣議決定され高度経済成長の土台となる「全国総合開発計画」以降続く第5次計画である。名称は「21世紀の国土のグランドデザイン――地域の自立の促進と美しい国土の創造」で2010年から2015年が目標年次となっている。地球時代にふさわしく、多軸型国土構造形成の基礎づくりが基本目標である。しかし、予算の裏付けがないところが、第2次、第3次、第4次総合計画と決定的に異なっている[17]（国土交通省国土計画局総合計画課、1998年3月）。地域の選択と責任に基づく主体的な地域づくりの重視と参加と連携による国土づくりの指針を出している。つまり、東京中心の一極一軸型国土構造から、地方分権型と言える方向に転換しているのである。高度経済成長を目指して、一丸となってきた

---

[17] 国土交通省国土計画局総合計画課「第5次全国総合開発計画　『21世紀の国土のグランドデザイン』」1998年3月。

日本は 1987 年の「第 4 次全国総合開発計画（四全総）」から、多極分散型国土の構築により、統一のないものに変化している。これが、国土計画の土台になっているので、1990 年以降の日系人を含む外国人の急増に対しても国レベルの有効な政策が示されなかったのだと考察できる。厳しい言い方をすれば、世界のグローバル化が進展するなか、日本という国家は羅針盤を失ったかに見える。たとえ、地方分権化が進もうとも、衰退する地域がないように、国民のすべてが発展の恩恵を受けるように、そしてその蓄積がさらなる発展と成長をもたらす政策を国レベルで立案しなければならなかったのだと思う。戦後、生き残った国民その後生まれた国民は、先の大戦で亡くなった人たちの分まで、幸せになりかつ、世界の福祉に貢献しなければならないのではないのか？　それが、戦後日本の経済発展の原動力でありかつ道徳であったように思う。

　さらに「第五次全国総合開発計画」が五全総と呼ばれなかったのは、行政改革を目指した橋本内閣以来、首相官邸主導を取ってきたからであると気付かされる[18]。橋本内閣では「財政構造改革会議」（97 年 1 月から 98 年 7 月）、小渕内閣では「経済戦略会議」（98 年 8 月から 2000 年 4 月）、森内閣・小泉内閣で「経済財政諮問会議」（01 年 1 月〜）、福田内閣で「社会保障会議」（08 年 1 月〜 08 年 11 月）、麻生内閣で「安全社会実現会議」（09 年 4 月〜）と林立してきたからである。問題は、長期的に政策を練るというより、政争の道具となってしまうことだ。

第 5 節　日本の多文化共生政策の問題

　1980 年代後半に始まった日本のバブル景気と若者の 3K 労働の忌避による人手不足が原因となり、南米に住む日系人のデカセギが始まり、1990 年には「入管法」の改正施行により、日系人三世まで定住者資格が与えられた。また、人手不足から、1993 年には外国人研修・技能実習生の受け入れが始まった。2009 年 7 月 8 日には、「改正入管法」が成立した。この間、多文化共生という視座から見た時に、重要な四つの政策の変化があった。

　第一は、2006 年 3 月 29 日付官報で告示され、4 月 29 日から施行された定住資格に犯罪歴証明の提出を義務付けることとなった。第二は、地域における

「多文化共生推進プラン」が、2006年3月27日付で、総務省自治行政局国際室長名で各都道府県・指定都市外国人住民施策担当部局長宛に送られた。財源も示されず、実質「丸投げ」に等しいので、外国人集住都市会議は、積極的に国に働きかけるようになった。第三は2009年1月9日付で、内閣府は定住外国人施策推進室を設置した。雇用情勢の悪化で職を失う定住外国人が増加しているため、就労や子どもの教育など当面の対策を検討し、定住外国人の政策の一元化がなされた。第四が、3年後の2012年に施行される今回の「改正入管法」である。内容は3カ月以上の日本滞在を認められた外国人に「在留カード」を発行し、国の一元管理を目指すものである。従来、出入国は国が管理していても、外国人登録は地方自治体の管理であったため、外国人の日本国内移動の実態を掌握できず、国レベルの政策立案・実現の妨げになっていた。そのため、法務省推定で、約2万人の不法滞在者に登録証が交付されていた。これに加え、7月13日から適用される不法滞在者のための「在留特別許可」についてのガイドラインの改定がなされた。これは、不正入国には厳しく、正規に入国し、ルールを遵守すれば、日本人と同様に生活者としての権利が保証される仕組みである。多民族・多文化共生社会で公平性を維持するためには、出自に関係なく誰でも社会のルールを守り、市民として当該社会に貢献し・社会からも恩恵を受けることが重要である。それこそが文化的特性に基づく偏見を避け、多文化共生するために必要なやり方である。

　法務省入国管理局の「平成20年末現在における外国人登録者統計」(2009年7月) データは、正直なところ驚きを隠せない数字を示している。第一に、経済危機になり仕事の機会が減っているのに外国人登録者数は過去最高となっているからである。第二に、定住者資格があり申請すれば帰国費用がもらえるブラジル人は帰国しているのに、地理的に近い中国やフィリピンからの外国人登録者数は増加しているからである。それも合計で5万6000人もこの1年で増加している。人口圧力の高い国々からの人の移動であり、両国との経済的政治的枠組みの中で現地の開発も視野に入れて考慮しなければならない数字であると考える。第三に、今後1000万人の外国人労働者が必要と言われているが、

18　『日本経済新聞』2009年6月8日。

家族が増え呼び寄せするという移民の生活様式からすれば、現在いる人数だけでも十分に達成できる数字と考えられる。　第四に、日本に棲む外国人労働者に失業手当や生活保護を保証する財源を用意してから受け入れなければならないだろう。受け入れコストと効果を考慮する必要がある。安価な労働力・都合の良い労働力と考え、外国人労働者を受け入れると短期的に利益は出るかもしれないが、周縁化する日本人労働者や若者から雇用機会と就業経験を奪い、長期的な損失をもたらすことが予測される。

　一方、日系人に関しては「循環移民」と近年国際機関で注目されている現象に類する人の移動が確認できる。この意味で、戦前・戦後を通じての日本の移民政策の一貫性は維持されている。とりわけ、移住地の発展に寄与するという高邁な理想はぜひとも継続して実現しなければならないことである。個人の経済的利益を考えるだけではなく、両国の架け橋となるような活躍が移住者にも強く求められる。これは、日本に入国してくる移住者や外国人に対しても言えることである。そうでなければ、無用な文化摩擦、移民排斥の芽となる可能性がある。

　新たな国民を選択するという重要な政策であるにもかかわらず、日本の多文化共生政策は、1990年以前も以後も国民的討論を経ていない。その背景にあるのは、1987年以降多極型分散型国土を四全総で目指したが、国としての統一した姿は失われていったことが原因だと考察できる。さらに「第五次全国総合開発計画」からは、官邸主導が目指されたが、十分な効果は上がっているとは思えない。税金を納める国民が利益を受けなければならないのに、国民不在の政策決定がなされている。法治国家である以上、精緻な議論や法制度は必要だが、もっと国民に分かりやすく国会審議内容を伝えること、選挙でどのような政策が問題となり、方向性を持つのかを具体的に提示することが必要である。

第9章
1990年「出入国管理及び難民認定法」の改正施行がもたらした南北アメリカ日系社会の変化とネットワーク

第1節　地球時代の人口移動

　地球時代の南北アメリカと日本を考察する時、双方の地域に存在する日系社会の存在は重要である。他地域と比較したアメリカ大陸の特徴は、移民を受け入れて国の基盤整備をしてきたことである。人口過剰であった明治時代の日本は、海外へ、特にハワイを皮切りにアメリカ大陸へと活路を求めていった。現在、こうした移住者とその子孫である日系人は南北アメリカ大陸に日系社会を形成している。諸説あるが、外務省の『外交青書』[1]によれば1万人以上の日系人が住んでいる国は、北アメリカではカナダ6万8000人、アメリカ合衆国100万人、メキシコ1万7000人であり、南アメリカではブラジル140万人、ペルー8万人、アルゼンチン3万2000人、ボリビア1万人と続いている。アメリカ大陸以外の地域では、オーストラリアに2万人いる。日系人の総人口はおよそ260万人いると推定されている。この場合の日系人とは日本国籍を持つ永住者、および日本国籍を持たないが日本人の血統をひく者（帰化一世、二世）を含むものである。三世以降の若い世代を含めれば、さらに幾何級数的に人数は増える。

　戦後、安い円を背景として製品輸出をすることによって日本経済は強化された。1980年代になると、自動車輸出をめぐりアメリカ合衆国とは貿易摩擦が生じた。そのため、1985年、プラザ合意によって円高が誘導されると、日本企業はアメリカ合衆国や人件費の安いアジアの国々に生産拠点を移した[2]。一

1　外務省『外交青書　2005』太陽美術、2005年、285頁。

方、少子高齢化により、また若者の３Ｋ（きつい、汚い、危険）労働回避のため国内では労働力が不足していった。これに対して、外国人の単純労働を認めない日本は「文化的に同一である」と当時考えられていた日系人に限り単純労働を許可する入国管理法（「出入国管理及び難民認定法」の略称）の改正を 1990 年に行なった[3]。これにより、2003 年時点での在留資格別外国人登録者数[4]は、日本にはブラジルから 27 万人、ペルーから 5 万人、ボリビアから 5000 人、アルゼンチンから 3700 人、メキシコから 1800 人が来ている。これらの人々はそれ以前の 1985 年にはブラジル人は 2000 人、ペルー人は 500 人しか日本には来ていなかった[5]。日本の人口構成に入国管理法がもたらした政策意味の大きさが理解できる。あまり知られていないが、日本と南北アメリカ大陸には、実際には 1868 年以来 145 年間にわたって太平洋をはさみ人的ネットワークが密に形成されている[6]。

　本章は、このような日本人、日系人の南北アメリカと日本におけるネットワークに着目して、1990 年入国管理法改正以前の日系社会の歴史、グローバル化が進展する 1990 年以降の変化を通して地球時代の南北アメリカと日本の 21 世紀に向けての展望を試みようとするものである。具体的には、第 2 節「人口移動と 1990 年入国管理法改正施行による日本と日系社会の変化」、第 3 節「多文化共生と新たな文化・社会の創造を目指して」、第 4 節「連携を求めて」の順に論じていく。

第 2 節　人口移動と 1990 年入国管理法改正施行による日本と日系社会の変化

（1）1985 年と 1990 年の人口構成変化

　OECD（経済協力開発機構、Organisation for Economic Co-operation and Development）の『国際移住の潮流』[7]によると、日本における国籍別外国人数は 1985 年には 1 位韓国人 68 万 3300 人、2 位中国人（台湾人も含む）7 万 4900 人、3 位アメリカ人 2 万 9000 人、4 位フィリピン人 1 万 2300 人、5 位イギリス人 6800 人、6 位ベトナム人 4100 人、7 位タイ人 2600 人、8 位カナダ人 2400 人、9 位ブラジル人 2000 人、10 位オーストラリア人とマレーシア人各 1800 人、12 位

インドネシア人 1700 人、13 位ペルー人 500 人であった。

ところが、入国管理法が改正され、日系人労働者にのみ単純労働による入国が許可されると、1985 年には全体の 9 位、13 位であったブラジル人とペルー人は、1990 年には 3 位、6 位に躍進する。1998 年まで同順位である。1985 年には 82 万 7200 人だった外国人は 1998 年には 151 万 2100 人と約 2 倍に増加した。1998 年度の 1 位は韓国人で 63 万 8800 人、2 位中国人 27 万 2200 人、<u>3 位ブラジル人 22 万 2200 人</u>、4 位フィリピン人 10 万 5300 人、<u>5 位アメリカ人 4 万 2800 人</u>、<u>6 位ペルー人 4 万 1300 人</u>と増加している。7 位タイ人 2 万 3600 人、8 位インドネシア人 1 万 5000 人、9 位イギリス人 1 万 4800 人、10 位ベトナム人 1 万 3500 人、<u>11 位カナダ人 9000 人</u>、12 位オーストラリア人 7600 人、13 位イラン人 7200 人、14 位マレーシア人 6600 人と続いている（下線部、アメリカ大陸）。

1985 年と 1990 年を比較すると、OECD のこの統計で 1990 年の入国管理法改正以来、ブラジルは 2000 人から 5 万 6400 人への約 28 倍、ペルーは 500 人から 4 万 1300 人への約 82 倍の割合で日本での就労者が増えており、ニューカマーとして日本における韓国人、中国人に続く大きな人口集団を形作るまでとなった。この人口移動は日本に労働力をもたらす一方、すでに形成されていた南アメリカの日系社会からの労働力流出だけでなく構成員の減少をもたらしている。

---

2 「円高の試練　揺れた政策　プラザ合意から 20 年」『朝日新聞』2005 年 9 月 22 日朝刊。
　法務省は、1989 年の入管法改正で日系人に対して「定住者」資格で入国したり在留期間を更新できるようにし、1990 年に告示・施行した。しかし、2005 年 11 月に広島市で発生した偽名の日系ペルー人三世による小学 1 年生女児殺害事件がきっかけとなり、1990 年の告示を改正することとなった。定住資格に犯罪歴証明の提出を義務付けることとなった。これは、2006 年 3 月 29 日付官報で告示し、4 月 29 日から施行された。「日系人ら定住資格申請　犯歴あれば更新認めず　法務省」『中日新聞』2006 年 3 月 28 日夕刊。

3 「定住資格に犯罪歴証明　法務省　日系人対象、来月から」『朝日新聞』2006 年 3 月 28 日夕刊。

4 総務省統計局編集、総務省統計研修所『世界の統計　2005』独立行政法人国立印刷局、財団法人日本統計協会、2005 年 3 月、62 頁。

5 OECD, *Trends in International Migration*, OECD, Paris, 2000, p. 341.

6 浅香幸枝「トランスナショナル・エスニシティ——拡散する日系人の 134 年の歴史（1868〜2001 年）」『アカデミア』人文・社会学編、第 73 号、南山大学、2001 年 6 月。

7 OECD, *op. cit.*, p. 341.

海外日系人協会事務局次長の岡野護は「在日日系人の悩み——海外日系人協会日系人相談センター12年の歩みから」(『季刊　海外日系人』2005年7月)の中で、1985年以降ブラジルなどの南米諸国の経済不振と日本のバブル経済時の急成長による慢性的な労働力不足によって、自動車関連産業を中心に多くの日系人が来日し、就労したと指摘する[8]。また、1985年9月のプラザ合意後、円相場は「1ドル＝260円台」から「1ドル＝120円」に上がり、出稼ぎメリットが出てきたことも原因に挙げている。この報告の中で岡野は、せっかく築き上げてきた日系社会から日本への出稼ぎ現象については戸惑いの気持ちを表わしている。しかし、日本に来る日系人は高賃金だけが目当てで日本に出稼ぎに来るのではない。父祖の地、日本を知りたくてやって来ることも事実である。帰国すれば「日本化」してまた新しい日本の生活様式や流行を日系社会にもたらしている。

(2) 2003年度の国内の外国人と海外の在留邦人[9]

　2003年度の在留資格別外国人登録者数によると総数191万5030人と1998年よりさらに増加し、アジアから142万2979人、北アメリカから6万3271人、南アメリカから34万3635人、ヨーロッパから5万7163人、アフリカから1万60人、オセアニアから1万6076人が日本で生活している。国別に順位を〈表1〉に示す。

　南アメリカ6カ国(コロンビア、ペルー、ブラジル、アルゼンチン、パラグアイ、ボリビア)の合計では34万2298人である。〈表1〉の数字から分かるのは、もともと日系移民の母集団の大きいブラジル、ペルーから日本にやって来る人が多いことである。

　一方、目を海外に向けると2003年の国・都市別海外在留邦人数は、91万1062人である(〈表2〉参照)。

　20位までの内7都市が米国(アメリカ合衆国)であるのも特徴的である。

　国別に上位から順に見ていくと、米国、中国、ブラジルが海外在留邦人の住む主要3カ国となっている(〈表3〉参照)。アメリカ大陸では米国、ブラジル、カナダ、アルゼンチンの4カ国が主要滞在先である。

〈表1〉外国人登録者数（下線部、南北アメリカ）

順位	国名	登録者数（人）
1	韓国・北朝鮮	613,791
2	中国（台湾も含む）	462,396
3	ブラジル	274,700
4	フィリピン	185,237
5	ペルー	53,649
6	アメリカ合衆国	47,836
7	タイ	34,825
8	ベトナム	23,853
9	インドネシア	22,862
10	イギリス	18,230
11	インド	14,234
12	カナダ	11,984
13	オーストラリア	11,582
14	バングラディシュ	9,707
15	マレーシア	9,008
16	パキスタン	8,384
17	スリランカ	7,985
18	ロシア	6,734
19	フランス	6,609
20	イラン	5,621
21	ミャンマー	5,600
22	ネパール	5,181
23	ボリビア	5,161
24	ドイツ	4,893
25	ルーマニア	4,104
26	ニュージーランド	4,042
27	アルゼンチン	3,700
28	モンゴル	3,270
29	コロンビア	3,053
30	ナイジェリア	2,354
31	トルコ	2,309
32	ラオス	2,270
33	シンガポール	2,161
34	カンボジア	2,149
35	パラグアイ	2,035
36	メキシコ	1,827

〈表2〉都市別海外在留邦人数（下線部、南北アメリカ）

順位	国名	在留邦人数（人）
1	ニューヨーク	62,279
2	ロサンゼルス	42,771
3	香港	25,211
4	上海	23,527
5	ロンドン	22,950
6	バンコク	21,728
7	シンガポール	21,104
8	シドニー	17,870
9	バンクーバー	17,468
10	サンパウロ	16,331
11	パリ	14,982
12	ホノルル	14,151
13	サンノゼ	12,939
14	サンフランシスコ	11,269
15	台北	8,878
16	サンディエゴ	8,228
17	シカゴ	7,821
18	マニラ	7,705
19	北京	7,545
20	ソウル	7,357

8　岡野護「在日日系人の悩み――海外日系人協会日系人相談センター12年の歩みから」『季刊海外日系人』第57号、海外日系人協会、横浜、2005年9月、30－35頁。
9　総務省統計局編集、総務省統計研修所、前掲書、59頁、62頁。

〈表３〉国別海外在留邦人数（下線部、南北アメリカ）

順位	国名	在留邦人数（人）
1	アメリカ合衆国	331,677
2	中国	77,184
3	ブラジル	70,782
4	イギリス	50,531
5	オーストラリア	45,128
6	カナダ	37,955
7	フランス	32,372
8	タイ	28,776
9	ドイツ	27,081
10	シンガポール	21,104

順位	国名	在留邦人数（人）
11	韓国	19,685
12	台湾	15,709
13	アルゼンチン	11,958
14	ニュージーランド	11,924
15	インドネシア	11,608

（３）人間の安全保障と多様な文化・生き方

　1990年から2000年の前半にかけて、日本人や海外の日系人、それ以外の外国籍の人々の国際移動が無視できない社会変動の要素となっていることが前述の統計で裏付けられるだろう。

　労働力不足の一因となっている日本国内の勉強も仕事もしようとしないニートについては、若者個人に原因があるというよりは、むしろ「信頼」を育まない〈社会なき社会〉で育てられていることが大きな原因であるとの指摘がある[10]。さらに、1998年以来、病気や負債に悩む中高年の自殺を中心に毎年3万人以上の人々が自殺している[11]。単純に計算すれば2005年までに24万人以上の労働力を失ったことになる。この勢いは止まらず、自殺率はロシアに次ぎ世界第2位である。2010年でも毎年3万人以上の自殺は続いている。

　すなわち、日本は、多様な文化と可能性を持った外国人労働者を受け入れたとしても、経済は発展しているが、問題を抱えた人を救済しにくい社会であることを我々は認識する必要がある。そして、日本で育つ移民の子どもたちもそのような生きにくい世の中、希望を持ちにくい社会で、言語などの文化の違いゆえに二重にハンディを負うことに思いを馳せなければならない。

　2000年9月の「国連ミレニアム・サミット」で日本政府の発案により設立された「人間の安全保障委員会」は、経済移民のための方策として、永住移民とその家族の社会への統合を推進するために、移民、とりわけその二世、三世

が当該社会の市民権を取得しやすくすることによって、これらの移民が母国に戻り、故郷とのつながりを取り戻す傾向があることを指摘している[12]。

さらに、移動する人々の「人間の安全保障」(人々の生にとってかけがえのない自由を守り、それを広げていくこと) の確保と、個人が多様な集団に属し多様なアイデンティティを有する自由の尊重とともに、この地球に生きる人間としてのアイデンティティの必要性をあげている[13]。

「人間の安全保障委員会」は、地球市民であるという自覚を持ちつつ多様なアイデンティティを認め合い、かつ移民やその二世・三世までもの移住先での速やかな市民権の取得により「人間の安全保障」を獲得することを提言している。ここに見られる発想は、適切な移民政策によって外交上の礎ができるというものである。

この延長線に位置付けることができるのが、日本人も多様であり「外国人」対「日本人」という単純な捉え方から脱却して、人の移動によりグローバルな相互依存社会を形成し、一人ひとりがマルチカルチュラルな社会の中で多文化共生能力を伸ばしながら成長を遂げるとするのが一橋大学教授の依光正哲らの考えである[14]。この実現のために「多文化共生庁」を内閣府に設置することを提案している[15]。さらに経団連や IMO (国際移住機関) は、外国人労働を一元的に所轄する専門官庁の創設を提言している[16]。これは、在日外国人への社会保障制度の適用、就労、就学実態などの行政事務を一括管理することを目的としている。筆者は 1983 年以来日系人研究を継続しているが、アメリカ大陸で日系人が統合されたがゆえに出身国と居住国との橋渡しになっている事実から「人間の安全保障委員会」の報告や依光の提言を裏付けるものだと確信する。

---

10 佐藤洋作、平塚眞樹編『ニート・フリーターと学力』明石書店、2005 年、267-268 頁。
11 「自殺対策　民間と連携」『日本経済新聞』2006 年 2 月 2 日朝刊。
12 緒方貞子、アマルティア・セン『安全保障の今日的課題──人間の安全保障委員会報告書』朝日新聞社、2003 年初版、2004 年第 4 刷、96 頁。
13 同上、4 頁、248 – 249 頁。
14 依光正哲編『日本の移民政策を考える──人口減少社会の課題』明石書店、2005 年、210 – 211 頁。
15 同上、206 – 207 頁。
16 「外国人管理　欧州型に　IOM 事務局長、日本に提言」『日本経済新聞』2006 年 3 月 10 日朝刊。

第3節　多文化共生と新たな文化・社会の創造を目指して

(1) 多様な構成員と多様な可能性

　日本における外国人労働者の受け入れは、基本的には専門技術を持つ人々と1990年の入国管理法により定められた、研修生および日系人の単純労働に限られている。しかし、国内に目を転じれば、高い教育を受けながらも子育てのため家庭にいる主婦や、65歳を過ぎてもなお元気な高齢者の人々、ニートと呼ばれる若者たち、さらには1998年以来連続して毎年3万人を超える自殺者の存在がある。こうした人々も日本社会の重要な構成員であり、世界一を誇るロボット技術も利用して、日本社会全体の多様な働き方を実現するという方向性の中で外国人労働者との共存の仕方を考えることが必要である。使い捨ての労働力ではなく、働くことによって社会を支え合うという視点こそ大切だ。仕事をすることは単に給料を得るだけでなく、社会に貢献しているという実感を持つためにも重要である。日本人というアイデンティティは日本社会の中に生活するだけでは形成されない。異なる社会や文化に接することによって日本人だと自覚するのである。外国籍の人であっても、日本生まれで日本人の血をひく日本人よりも日本文化に精通し、よく適応することもありうる。日本人よりも日本人らしくなる場合もある。文化は絶えず変化し続けるものだからだ。多文化共生社会には文化が多様に創生されていく面白さがある。

　外国人労働者は単に労働力として理解されるだけの存在ではない。各自が固有の文化を持ち込み、この日本という土壌で新たな文化を創り上げていく。異なる文化と出会うことにより触発され、自己の実現として新たな文化を自身の拠り所として形成していく。

　2003年9月スイスのバーゼルで、子どもの本を通じて国際理解を推進している国際児童図書評議会の第28回世界大会に出席した時、現地で公開されたのは、移民のための図書館であった。移民たち（中には超過滞在者もいて誇らしげに働いていたのが印象的）が、自ら持ち込む本をボランティアが管理し、そのボランティアにも加わっているという構図だった。おおよそ、バーゼルに働きに来ている人々の国々の本が、そこでは見られ、そこに集まってくることにより、

本を通じて自らの文化に誇りを持ち、また自国語で本を読み、その場で他の移民たちとも交流できるというものだった。現地在住の日本人ガイドによれば、ヨーロッパの中でも賃金の高いスイスへは、隣国のフランス、ドイツ、イタリアから毎朝国境を越えて働きに来て、夕方またそれぞれが帰国するということだった。最低賃金が高いためお手伝いさんを雇うことがなく、自分のことは自分でするということだ。スイス人は高等教育を受けそれにより高賃金を維持しているとのことだった。清潔な街、バリアフリーで安全に公共交通機関を使って移動でき、また、日本のように商品が歩道に出されていても、泥棒する人は存在しないようだった。多様な構成員を一人ひとり大切に扱い、可能性を引き出しているよい手本のように思われた。

（2）統合された多文化共生

2000年半ばには約180カ国から約200万人（超過滞在者約20万人を含む）を超える外国籍住民が共に暮し、定住化が進み、永住資格者も増し、外国人留学生も11万人を超える日本国内と、年間1500万人以上の日本人が海外に行き、帰国子弟の増加、日本企業の海外赴任者の増加により、地域社会の多文化化が加速されている[17]。

ハンチントン（Samuel P. Huntington）は、主たる国民文化を土台として、それに新しい移民が合わせ、同時に出身地ごとの従たる文化も存在することによって衝突を避けることを提案する[18]。つまり、統合された多文化共生の大切さを指摘している。

1981年以来2年ごとに南北アメリカ大陸から日系人が集まって大会をするパンアメリカン日系大会に出席するたびに鮮烈な印象を受けるのは、日系人は日本人という血筋そして日本という伝統文化を受け継ぎながらも、移住した国の人としての特徴を強く持つことである。一見すれば、メキシコ人、ペルー人、ブラジル人、パラグアイ人、ボリビア人、アルゼンチン人、米国人、カナダ人としての行動様式によって識別できる。そして、この大会に出て来られるよう

---

[17] 依光、前掲書、210 – 211頁。
[18] S・ハンチントン「移民と文明　融合なき社会　衝突生む」『日本経済新聞』2006年1月19日夕刊。

な人たちは、それぞれの国の国民文化をよく理解し、それに適応する形で日本文化の力を使って成功している。つまり、ホスト社会をよく理解し、その仕組みが分かってこそ個性の源泉としての日本文化を発揮して活躍できるのである。このように、一つの源となる文化が多様な国々で多様に展開していく様子は壮観である。また、日本に住む日本人として、しっかりしようと無言のうちに励まされる。

このように移民先で市民として受け入れられた日系人は、日本と移住先の国との橋渡しとして、民間外交官のように暮らしている。こうした現実を受け、外務省は移住者の高齢化にともなう福祉問題や自助努力の及ばない人々への支援、日系人の人材育成、経済技術協力における日系人の活用を行なっている。さらに、移住者子弟を対象とした人材育成のための研修員受け入れや、日本語教育のための日本語研修や現地の日本語学校への教師派遣によって日系人が一層の両国の「架け橋」となって活躍できるよう支援している[19]。

（3）南北アメリカ大陸と日本を結ぶ日系人

メディナ・ロペスが指摘するように米州開発銀行（IDB）は日本とアメリカ大陸を結ぶものとして日系人を捉えており、1990年の名古屋IDB総会に続いて2004年には移民送り出し県でもある沖縄でIDB総会を開催している。2005年7月のバンクーバーで開催されたパンアメリカン日系大会では新国際会長にパラグアイの二世F・S・K氏が選出された。氏は元IDB財務最高責任者であり、ワシントンを拠点にパラグアイの経済顧問も務めている。スペイン語、英語、日本語はいずれも流暢である。パラグアイは二重国籍を認めているので、国際的に活躍するには便利である。

2005年11月29日にはIDBとJICAとの今後の連携について緒方貞子JICA理事長とモレノ（Luis Alberto Moreno）IDB総裁が貧困削減や防災など具体的な課題分野をめぐって意見を交わしている[20]。JICAの前身は、日系人の援助をする海外移住事業団である。日本と移住国、双方を愛する約260万人の日系人の存在は重要である。また、これと同じく約180カ国から来ている200万人の日本に住む外国人も同様の意味から大切である。二つの国の「架け橋」として両国を往来するからである。微妙な異文化の違いを理解し、説明で

きることは外交上の無用の摩擦を防ぐ上で重要だ。

（4）インターネット時代の日本人・日系人組織の構造と機能について

2009年9月17日から20日までウルグアイ、モンテビデオのラディソン・ビクトリア・プラサホテルで第15回パンアメリカン日系大会が開催された。

本大会の9月17日の代表者会議ではアルゼンチン、ブラジル、チリ、メキシコ、ペルー、カナダ、アメリカ合衆国東部およびベネズエラ、ウルグアイの各代表が参加してボリビアおよびコロンビア、アメリカ合衆国西部が欠席した。この第15回代表者会議には初めて若者も特別参加した。アルゼンチン、ブラジル、チリ、カナダ、パラグアイ、メキシコ、ウルグアイの7カ国から参加があった。この15回大会の大会テーマは「グローバル化する世界の日系」であった。とりわけ1981年に設立されて以来29年目の大会であり、設立の中心となった二世たちが、その子どもの世代へどのようにパンアメリカン日系協会の精神を引継いでいくのかが重要課題となった。

そのため、各国5名の代表者のうち1名の代表は必ず若手がするという提案が了承された。実は若者たちは、1988年から既に若者グループで集まっていた。しかし、大会のお手伝いをしたり、パーティに参加したり、大会と並行して若者たちの会を開催するということがあっても、第15回大会のように参加者として一緒に大会に出たり会議で意見を言うことはなかった。この大会ではインターネットとか情報機器に強い若手を参加させて新しい時代に適応していく方向が示され、一方資金や助言は大人たちがするという方向で若手リーダーを育成することが決まった。

さらに、日伯国際大学プロジェクトが承認された。これは、世界に誇る技術大国日本の高度な生産技術・学術成果・企業経営理念・東洋医学などを若者に伝えるため設立される。高い倫理観を持つ人材育成を目指しサンパウロに設立し、日本とブラジルそしてラテンアメリカ諸国の学術交流センターとするものである。

19　外務省『外交青書　2005』太陽美術、2005年、284-285頁。
20　『Jica』JICA、2006年1月、40頁。

若者たちの活動については2009年9月19日午前中の全体会「グローバル化する世界と日本」で報告され6カ国の活動が紹介された。1988年のペルー、1997年のブラジル、2000年のパラグアイ、2006年のメキシコ、2008年のアルゼンチン、2009年のボリビアの活動が紹介された。この大会に参加している若者たちは、両親同様恵まれた階層に属し移住国に統合されている。とりわけ興味深かったのはデカセギから帰ってきた子どもたちの教育相談をしていることだった。

　彼らは「Nikkei」について再度考えていたことも明らかになった。全体講演会の報告者であるウルグアイ国際貿易センター会長のネルソン・フィロソフォ氏にとっても筆者にとっても、なぜ若者たちが日系を新たに定義しようとしているのか不思議だった。パンアメリカン日系大会では「日本をルーツにして各国の良き市民であろう」ということがモットーであり、すでに自明のことと考えられたからだった。ネルソン氏から見れば、自身がユダヤ系でありその伝統に確固たる自信を持ち、さらに子息の名古屋留学を通じて大変な日本びいきなことから、なぜ新たにNikkei概念を若者たちが作ろうとしているのか会議で話題となった。ネルソン氏が「伝統」の重要性を問うたからだった。若者たちは自身のアイデンティティをグローバル化する社会の中で摸索しており、かつての親世代が到達した日系とはまた別のアイデンティティを摸索しているようだった。

　おそらく、日系アイデンティティというのは国民国家と国民国家の間で形成されるものなので、二国間の関係が変化すればこれもまた自在に変化していくものなのだと筆者には受け取ることができた。というのは、この大会では南北アメリカの国境を越え、友人になろうとする他に、毎回「日系とは」ということが参加者から語られるからだった。興味深かったのはチリから参加したA・T氏がチリにおける日系人の歴史を振り返りながら、丸山眞男を引用し「日本人は日本人になるのだ。日系人も日系人になるのだ。どんな変化が起ころうとも日本人はいつも日本人であり続けるし、それと同じように日系人もどんな変化起こっても日系人であり続ける」と指摘したことである。つまり、時代の変化、外交上の変化に応じて自在に適応している日系人の姿が浮かび上がってくる。これは移住国と日本との間にあって良き市民であり続けることによって制

限されるアイデンティティでもあるし、またそれゆえに二つの国を結ぶソフトパワーとしての役目を果たしてきたと考えることができる。

　このパンアメリカン日系協会に属している人たちはどのような人かというと、二年に一度その国を代表する五つ星のホテルで開催される会議に国境を越えて自費で参加できる経済基盤を持ち、さらにこの大会は自分たちのポケットマネーと開催地の企業の協賛で賄われている。とりわけ、開催地の国籍を持つ日系人が大会に参加できることは自分たちの国の日系人の歴史を自覚するためにも重要である。参加者の人数はだいたい 500 名規模だが、今回は新型インフルエンザと昨年のアメリカの金融危機が原因となり、さらにカラオケ大会を中止したので、登録者は 240 名となった。いつもならペルーやブラジルの婦人部の合唱隊が参加して賑やかだが、今回は会議中心となった。第 15 回大会は、若手にどのように引き継いでいくかが、第 14 回サンパウロ大会以来の重要な課題であった。筆者は、今までの研究成果と 2006 年から 2008 年の南山大学地域研究センター共同研究「多文化共生の諸相」の研究成果と 2008 年から 2011 年の「ソフトパワーと平和構築」研究会の研究成果を、これからのパンアメリカン日系協会の運営に活かしてもらおうと、移民部会パネル「循環移民とパンアメリカン日系協会の役割と精神」を組織し、「循環移民とパンアメリカン日系協会の役割と精神——パンアメリカン日系協会における日系人のソフトパワー」を講演した。2009 年 9 月 18 日国際会議で報告した会議のフルペーパーと提示資料はパンアメリカン日系協会 12 カ国の支部にファイル送信され、アーカイブ化され会員の利用に供されている。

　一方、2009 年 10 月 14 日から 16 日に、東京の憲政会館と JICA 研究所で開催された第 50 回海外日系人大会は 20 カ国から 200 名が参加した。大会テーマは「海外日系社会と日本——海外日系人大会半世紀を振り返り、共生と繁栄を求めて」だった。10 月 15 日の大会の代表者会議では各国の報告があった。メキシコからは「メキシコと日本の交流 400 周年」を祝って 4 月から関連行事を行なっていることが報告された。4 月に 11 名が千葉県御宿に来て、姉妹都市御宿にメキシコの松 200 本を持って行ったことや、今日のマンガブームから 1897 年中南米初の移民である榎本移民をマンガで描いた『サムライたちのメキシコ——漫画メキシコ榎本殖民史』[21] をスペイン語で訳したことが報告

された。

　また、ペルーでは本年「日本人ペルー移民110周年記念式典」を常陸宮殿下・妃殿下ご臨席の下で行なったことと、日本人移民がリマ県カヤオ港に着いたことからカヤオ市がこれを記念してカヤオ空港の近くの通り3キロを「日本通り」と命名してくれたことが報告された。ペルー日系人協会は沖縄からの桜110本の植樹を皮切りにして、最終的には計600本の桜をこの通りに植えることを計画していて、600本を植え終えた後、将来日本人、日系人、ペルー人で花見を楽しむことを夢見ているとのことだった。さらに、2009年4月の麻生総理とガルシア・ペルー大統領間の電話会談で日秘間の経済連携協定に向けて交渉を開始することが正式に決定されて両国間の関係者の間で協議が進行中であること。また、4月にはペルー政府のデジタルTVにおけるISDB-T方式（日伯方式）採用の公式発表が大統領府で行なわれたと報告があった。

　ブラジルからは、連邦下院議員、伯日議員連盟会長イイホシ・ワルテル氏が報告し、「先駆者たちが大変な苦労を重ねて私たちの国で基盤を確立し尊敬の的になり、多くの分野で重要な地位を占め現地社会で影響を及ぼしているのは、自分のルーツを忘れることがなかったからであり、現在も忘れることがないからだ」と報告している。「日系コミュニティは世界数10カ国の間で分母的な役割を果たし、私たちの類似性が強力な統一したコンセンサスとなって世界を変えるだけの巨大な影響力を持つ可能性がある。こういったシナリオの中で日本は最も重要な立場にあります。ここで、討論される共通の議題以外に、日本は私たちの生命の一部であり続けるからであり、その技術テクノロジーは私たちの習慣に影響を与えその豊かな歴史を忘れさせず、私たちの先祖が残した道徳原理をわきまえることが発展と成果の鍵となる。ブラジルではすでに六世が誕生しており、2008年には日本移民100周年を祝った。祭典では大人たちが伝統的な音楽、踊り、生け花、茶の湯などを鑑賞する傍ら、若者たちはアニメ、マンガ、太鼓を楽しんでいた。ブラジル日本両国の友好の絆が日本の伝統的習慣を長くブラジルに残した大きな要因となっている。さらに、日本政府はいろんな機関を通じて若者および技術者がその文化や知識観念形態と接触できるチャンスを与えてくれた。JICAは世界中にそのプロジェクトを展開して、ブラジルでは留学生制度、日系団体ならびに農業経営援助のボランティア派遣な

ど素晴らしい活動をしているし、また、文部科学省の留学制度はブラジルにおいて日本文化の維持に大きく貢献している。外務省が実施している交流事業も日系コミュニティに大きな影響を与えている。毎年いろいろな分野の技術者が招聘され、講演会、ワークショップ技術視察観光を含め、数日間日本で研修を受けている。外交官や政治家、教師さらに日系団体のリーダーたちは違った視野で世界を見るチャンスが与えられ、新しい発想や取り組み意欲の要因になっている」と指摘している。さらに「姉妹都市の提携協約によって公共政策各種プロジェクト公衆衛生文化都市開発などについて相互に情報交換の機会が与えられている。今年はサンパウロ市と大阪市と姉妹都市協約を結んでから40年目に当たっている。日系コミュニティはすべての分野におけるリーダー養成に力を尽くし、より公平で人情味に富んだ世界を構築するため今後とも日本としっかりした協同体制を強化したい」と述べた。

　ブラジルの日本都道府県人会連合会会長のY・A氏は、「ブラジルへの日本移民はすでに100年を過ぎ、六世代であり360とも言われる日系人団体が存在し、その中に47の県人会があり、そのまとめがブラジル県連が毎年実施している日本の食、文化の祭典『県連日本祭り』いわゆるフェスチバル・ド・ジャポンは海外日系人最大のイベントに成長し、20万人弱の来場者を迎えるほどの催しでありブラジルへの日本文化紹介の大きな媒体である。この祭典には、ブラジル政府、サンパウロ州、サンパウロ市などの行政の協力がなされていて日本からの協力もこれから不可欠になっていく。県連としてはパラグアイ都道府県連合会との交流、沖縄県人会はウチナンチュウ世界大会という国境を越えた動きを構築し始めている。ブラジルには150万人を数える日系人が存在して、30万人とも言われる日系人が日本で就労している。この礎が45支部3500家族の会員を持つ沖縄、96年の歴史を持つ鹿児島であり、47都道府県人会の過去の活躍を踏襲しながら新しいより強固な関係を築くことが求められていて、これからの活躍がますます重要となる」と報告した。

　この代表者会議に参加した人たちは、ウエキ・ミノル・フランシスコ・ゼイ

21　Hisashi UENO and Konohana SAKUYA, *Los samuráis de México: la verdadera historia de los primeros inmigrantes japoneses en Latinoamérica*, 2007.

ヴィエル・パラオ駐日大使や初参加のイギリス、フランスへの永住者があった。米国、ドミニカ共和国、ベネズエラ、アルゼンチン、大韓民国、フィリピン、オーストラリア、オランダ、ドイツから参加もあった。

　また、特筆すべきは、2008年の第49回海外日系人大会で初めて試みられた日本に来ている留学生と「デカセギ」子弟で大学に進学した人たちの「ユース会議」だった。この会議に参加した筆者は、パンアメリカン日系大会の初回はこうであったのではないかと強い感動を覚えたのを記憶している。つまり、移住国からエリートとして日本に留学してきた仲間と同じ日系でありながら、工場労働者から抜け出せないかもしれないと絶望していた日系の若者が出会い交流が始まったからだった。2009年の第50回大会では、この若者たちが中心となり、「日本における外国人子弟の教育問題」をプロジェクト化し、①留学生による親や子を対象とした出前授業、②学校や日系団体への奨学金の情報提供、③目的別に夜DVDやウェブサイトの作成をして問題解決をはかろうとしている。さらに、「自分のメリーを捜そう」と題して絵画コンテストをし、日系の子どもたちが自分の大切なものを絵画に描き、勉強などで頑張る動機付けを作ろうとした。日本財団や海外日系人協会が協力し、キューバ大使館、ペルー大使館、チリ大使館、スペイン大使館、ブラジル大使館、コロンビア大使館、在日ブラジル人を支援する会、日本ブラジル学校協会、セルバンテス文化センターが後援した。

（5）「循環移民」と「開発」の視点から考察

　1990年に改正施行された「出入国管理及び難民認定法」は2009年7月に改正された。1990年の「出入国管理及び難民認定法」改正施行以後から2009年改正までの日本の多文化共生政策決定過程を概観すると、官僚主導で、日本の戦後の移民政策を踏襲していることが分かる。すなわち、後続移民を求めていた移住者一世の希望が「出稼ぎ」から「デカゼギ」へ移行することによって「循環移民」の人の流れをつくり出している。第二次世界大戦の日本の敗北とその後の移住者の移住地への定住化から、戦前のように定住資格を持つ日系人は二つの国を往来している現状が法務省入国管理局「平成20年末現在における外国人登録者統計」（2009年7月）や法務省入国管理局「報道発表資料

日本とブラジルを行ったり来たりする児童をサポートする「カエルプロジェクト」
[提供：中川郷子氏]

——平成20年における外国人入国者数及び日本人出国者数について（確定版）」(2009年3月26日) で確認できることは、第8章で述べた通りである。

　定住者のみが持つことのできる送金や新技術の移住地への移転により、「開発」を促進する可能性が指摘されつつある。しかし、近年の享楽傾向の強い日系人の来日により、日本におけるニッケイ・イメージは悪化傾向にある。自らの二国における機会の多さを自覚し、パンアメリカン日系協会のある13カ国で統合されたNikkeiを実現するモットーである「それぞれの国において良き市民たれ」は日本においても実現されなければならないことである。

　官僚主導の2009年の法改正であっても、評価できることは、日本人の移住は世界の福祉に貢献するためになされるのだと目標を志高く掲げたことである。これは、「人間の安全保障」との関連でも、日本がこれからも維持発展させるべき概念であると言える。このようなことは、自由貿易協定の締結の促進という大枠の中で、各国民の福祉と教育を保証・促進させることによって、十分実現可能なのではないかと思われる。また、145年の日本人の海外発展の歴史の整合性が保たれたことである。

　かつて、人口過剰で海外に出かけた日本人だが、移住と工業化で、現在は人

口不足が懸念されている。人の国際移動が当たり前のように語られる昨今だが、もし、十分な仕事や生活が保証されていれば、家族を置いて移動したりはしないように思う。自分が生まれ育った所を開発して豊かにするということも各国の政策目標にしなければ、人の移動は加速し、均衡の取れた発展は達成できないと考える。

　日本と移住国とを自在に行ったり来たりできる日本国籍を持つ永住者や、外国籍の日系人たちが、自分たちの二重の機会を自覚して、良き市民であることを目指せば、「開発」のあり方はさらに、実情に即したものになるし、両国のそれぞれの良さを両国民に伝える架け橋となることだろう。これは、「漂泊と定住」のサイクルが日本人のディアスポラの拡大にともないより拡張していくことを示している。その時大切なのは、「トランスナショナル・エスニシティ」で日本の良さを現地のために使い両地域をより良くすることである。

第4節　連携を求めて

　海外での成功は自身の努力以外に、運の良し悪しも左右することが、長年の日系人研究から分かる。本章で取り上げたのは、運の良かった人たちであり、運がたとえ悪くてもめげずに「死ぬ気になればやれないことはない」と頑張って生きてきた人たちである。1987年以来なぜ、こんなにも継続して研究を続けてきたかと言えば、国際関係のキーパーソンとも言えるこの日系人が、生活やビジネスの中で持っている情報が優れていること、時代の変化の先端にいることだけでなく、おそらく、日本に棲み続けるよりは苦難があったろうと推測できるのに、自分の人生を信じ、明るく生きている生き様に心打たれ、共感したからだと思う。また、彼らを通して、日本人としてしなければならないことを自覚するからだと思われる。各国に適応して日本から良いところを移転させる日系人の行動には、日本のどこが世界から普遍的に受け入れられるかを明らかにしている。

　Nikkei というアイデンティティは、日本と移住国の間で良き市民という枠組みの中で社会に統合されながら、時代の変化に応じて変化しながら、維持されている。おそらく、当該社会と摩擦を起こさないのは、このように自在に変化

して適応するからであり、たとえば移住国で必要な技術、文化、考え方を日本から取り入れて役立てている。パンアメリカン日系協会に集う Nikkei は南北アメリカ 13 カ国でさまざまに変化しながらそれぞれの国で花開いている。

さらに、日本に住む日系人と海外の日系人社会との連携は、今まであまり意識的に進められてきたとは言えない。パンアメリカン日系協会の会員たちの多くは、移住国で高等教育を受け統合され、社会的地位を築いているので、留学とかビジネスで日本を訪れることが中心で、自身は「デカセギ」とはあまり関係がなかったからである。しかし、日本にデカセギに来ている「日系人」が、日本で「日系人イメージ」を形成することが分かり、その子弟の教育問題が明らかになり、問題を持ちながらも送金や新しい技術の獲得により「開発」の担い手となることが分かると、連携していくことが可能な段階となったと言える。日伯国際大学構想は、そのような文脈で実現していくことができるように思う。

国外就労者情報援護センター CIATE（ブラジル版ハローワーク）で日本語を学び、仕事に活かそうとする受講者［提供：二宮正人氏］

◆ 第3部のまとめと暫定的結論

「漂泊と定住」という視点で日本国内における人口移動を見た時、人は仕事や勉強をするために、また旅行のために日本国内・国外を移動している。グローバル化の結果、日本では東京圏、名古屋圏を中心に人が移動しており、仕事のない地域では空洞化も進んでいる。単純労働が可能なラテンアメリカからの日系労働者とその家族は自動車工場など製造業の盛んな地域に集まり、8県28都市の外国人集住都市が形成されている（2011年4月現在）。

人の移動は、万遍なく日本の各地に入って来るというものではなく、仕事を求めて、また日系人の場合、先祖の国を見聞するために労働需要のある地域へと集住してくる。そのため、日本全体では外国人が増加したということは集住した地域でないと実感としてつかめなかった。

法務省入国管理局「報道発表資料——平成20年における外国人入国者数及び日本人出国者数について（確定版）」（2009年3月26日）から算出すると、南米からの再入国者の割合は2008年の時点で52％であり、外国人登録者の再入国の平均割合16％を大きく上回る特徴がある。これは日本と出身地、あるいはそれ以外の国との間を行ったり来たりしている数字による裏付けである。南米以外の地域の外国人登録者と比較して、世界規模で日系人の「漂泊と定住」が復活している証拠と考えることができる。

そうであるならば、1955年に設置された日本の海外移住審議会は1962年、総理大臣への答申で、「日本人移民がラテンアメリカで開発の担い手、近代化のモデル」と考えた。それに応えるかのように日系人が「トランスナショナル・エスニシティ」というアイデンティティを形成し貢献したように、日本にやって来る日系人も日本においてこのようなアイデンティティを形成するならば、ラテンアメリカの生まれた国・地域の良さを日本で活かすことも可能となるのではないか。そのような可能性を、来日する日系人は持っている。

日本の多文化共生政策は、基本的には1990年に日系人に日本の労働市場を開いた「出入国管理及び難民認定法」の改正に起因している。現代日本人と同じ文化を持っていると考えられたラテンアメリカの日系人の持ち込む文化は移

住地の影響を強く受け、すでに変容していた。言語・価値観・行動様式も同一と考えていた文化が異なっていたことに対応する政策である。もう一方の極が1980年後半の国際化・国際協力という流れから来るものである。移民政策という一貫した流れでは戦前の流れを汲み、「漂泊と定住」の領域を日本ととりわけラテンアメリカに再開したと考えることができる。

　柳田に源流を発するこの社会変動論「漂泊と定住」から、この多文化共生政策を見れば、定住者が漂泊者のもたらす新情報・貿易によって、定住社会は刺激を受け変化し活性化する。漂泊者である日系人の出身地との交流も人を通じて密になっていくことが分かる。近年、「循環移民」が開発の役割を担うとして注目されているが、「漂泊と定住」はそれ以前にこの役割を国内・国外の人の移動により位置付けていた。日本人移民の事例でディアスポラ理論やプッシュ・プル理論の有効性は確認できるものの、「漂泊と定住」理論の先見性と「トランスナショナル・エスニシティ」の差別を避け、憧れを作り出すことにより現地と共存していく知恵は、世界の多文化共生を目指す時に、日本人発、日系人発の有効な方法を提示している。

結論　21世紀の日本の多文化共生政策のための提言

　「漂泊と定住」「トランスナショナル・エスニシティ」の鍵概念を用いて、「第1部　日本・ラテンアメリカ関係の歴史的背景」「第2部　パンアメリカン日系協会と海外日系人協会」「第3部　日本の多文化共生とラテンアメリカ」を考察・分析してきた。それをまとめると、拡散する日系人の145年の歴史は、第1期　第二次世界大戦前までの拡散期、第2期　第二次世界大戦中の緊張期、第3期　敗戦後からの協調期、第4期　1975年から1990年に至る国際社会での日本の地位上昇期、第5期　1990年からの日系人の日本への還流期の五つに大きく分類できる。明治以来、人口過剰な日本は国策として移民を送り出していた。「出稼ぎ」という言葉は国内においても国外に対しても使われていた。それは移民するという言葉と比較すると甘美で安らぐニュアンスを持っている。ちょっと漂泊してまた故郷に帰って来ることが想定されているからである。この言葉はラテンアメリカの日系人の間では、「デカセギ」「dekasegui」と日常茶飯事のように使われる。北米の日系人がその言葉を聞くと、一瞬戸惑った表情を見せる。北米では定住しなければ差別の対象となるからである。それと比較すると、かつてのスペイン帝国であったラテンアメリカはスペイン本国と行ったり来たりして人々が移動しており、「出稼ぎ」「デカセギ」「dekasegui」に対して違和感がないと観察できる。したがって、第5期に日系人三世までが定住者資格で高賃金の日本へ働きに行けるようになると、第1期の時期と同様に日本とラテンアメリカを「漂泊と定住」でつなぎ、デカセギが始まった。これは近年「循環移民」と呼ばれ送り出し国、受け入れ国、移民の三方にwin-win-winをもたらすと考えられている（Vertovec 2009 他）。出移民の原因となる低開発を、これらの移民が送金、技術移転によって解決するという見方である。

　第2期から第4期において、パンアメリカン日系協会に集う日系二世は、この「漂泊と定住」が中断された時期に、子ども時代から中堅の時代を過ごしている。そこで試みられたのが、「トランスナショナル・エスニシティ」というNikkeiアイデンティティで、漂泊して定住者となった者が主人公となって現地に日本文化の良さを使って、貢献することとなった。これは決して生易しいことではなかった。なぜならば、「60％生まれた国の人、60％日本人」とし

て120％分の働きと努力を常にしているからである。100％を越えた20％こそが、Nikkeiの素晴らしさである。このトランスナショナル・エスニシティはwin-win-win-winと四つwinが必要である。受け入れ国一送り出し国一移民一受け入れの住民の四方よしの構図となっている。商売上手でビジネスの手本とされる近江商人の「三方よし」というのは、売り手、買い手、その地域の人に役立つものという考えである。この考えは日本ではよく支持されたものであり、Nikkeiの人たちもビジネスの成功のために身に付いている行動である。出かけて行く移民だけが利益を得るのではなく、受け入れ住民も利益を得るwinというのがこのNikkeiアイデンティティの特徴である。

「和して同ぜず」というあり方も、一見同化したように見えるが、自分の文化ルーツを失うものではない。ハンチントンが指摘する「日本人移民と日本文明はつながっていない」のではなく、実は統合されながらも、日本の良さを現地で活かそうとしていたのである。鶴見和子の指摘した「漂泊者は定住者からいわれのない差別を受けるが、その一方で渇仰される」という振幅の大きい受け入れられ方をする。漂泊した地で貢献すれば、差別されず憧れの対象となることを日本人移民は知っており、そのように生きてきたのだと考察できる。これは開発を進めていく上で重要な視点である。異なって見えるものは排除されやすい。だからこそ、それを防ぐために、違ってはいるが、それゆえに違いを出して貢献するという姿勢が大切なのである。2011年の第16回パンアメリカン日系大会の共通論題は、"Porque ser Nikkei no es ser diferente, sino el que hace la diferencia"（Nikkeiは異なる者ではないので、違いを出せる者である）であった。これは、「和して同ぜず」という日本人の重要な価値観と同じなのではないかと、筆者は9月3日のパネル報告で問題提起した。3名のパネリストの研究報告の後、質疑応答は長く続きその後も意見交換は続いていた。同日の閉会式で、新一世のY・N会長がこの「和して同ぜず」を引用され、筆者らの長年の研究に謝辞を表された。

パンアメリカン日系協会は、そのルーツを1967年までさかのぼることができる。ペルーとブラジルの学生同士のスポーツ・文化交流から始まり、1979年の米国のJACLとの交流に触発され、1981年にメキシコで第1回パンアメリカン二世大会が誕生することとなった。この間、日系社会で実質的な運営責

任者となった二世たちが移住記念行事の運営にも携わる中で交流して、二世独自の国境を越えたエスニック・アイデンティティを持とうとした。1987年のアルゼンチン大会で自分たちの共通性を探そうとした際にようやく浮上したのが「日本文化」であった。しかし、北米では1988年に米国とカナダの戦時賠償問題解決が済むまで「アメリカ性」が強調されてきたように思うが、これを境に「日本文化」に目が向くようになった。この時点では、両親を通して見たサブ・カルチャーを含む日本文化であった。まだ現実の日本とはつながっていない。遠いイメージとしての日本である。1990年になり日本の入国管理法が改正施行されると、ブラジルやペルーを中心に多くの日系人が日本へとやって来た。また、フジモリ大統領誕生によって、急速に日本と日系人のつながりが強化された。それにともない、1981年にはまったく別物であったパンアメリカン日系協会と海外日系人協会は関係強化する。2007年7月にはサンパウロで第48回海外日系人大会・第14回パンアメリカン日系大会の合同大会が開催されるまでとなった。今後もこの流れは、南北アメリカ大陸と日本との国際関係が強固である限り続いていくと考えられる。2011年の第16回パンアメリカン日系大会では、2010年から「横のつながり」に加えて日本との「縦のつながり」も同時に強化していると会長の挨拶があった。

　パンアメリカン日系大会に集まってくるリーダーや人々は、社会の一線で活躍するだけでなく、地道に日系社会や生まれた国、そして日本との橋渡しになろうとする人が多いように思う。筆者が永きにわたってこのパンアメリカン日系協会を研究し続けた理由は、彼らが、社会から与えられるだけの人ではなく、自分の能力を社会に還元してより良い社会を作ろうとしているその志に強く惹きつけられたからだと思う。また、「漂泊と定住」理論の作成者、柳田は、旅を通して社会変動を観察する人であった。筆者自身も、年に一度は海外に出て国際会議などで世界中から集まって来る人々を通して絶えず世界の変化を体感している。日本語では表わせない表現があり、スペイン語、英語なら素直に表現されるものがある。例えば、親しみを表わす抱擁と頬にするキス、そして臆面もなくする自己主張と本音を言うこと。これらは日本の文化体系の中では抑えられていることなので、表現するとスッキリ気分が軽くなる。南北アメリカ各地で現地化している日本人や日系人に、スペイン語圏、英語圏の持つ文化で

の日本文化の展開の妙を筆者は感じるのだと思う。この部分で私はパンアメリカン日系大会に集う人々と共感し合い、同じだと思う。パンアメリカン日系協会のリーダーたちは「トランスナショナル・エスニシティ」としてNikkeiを摸索しているが、Nikkeiは日本という領土を離れ、文化レベルで他の文化を包摂する原理に近いもののように考察できる。そこには、「漂泊と定住」で自分たちに良いものはその出自にこだわらず取り込んでしまう日本文化の神髄と言ってよいような原理があり、それだからこそ、日系人リーダーたちは自分たちも現地の国で貢献することによって良き者として取り込まれよう、統合されようとしたのではないか？　これは、きわめて日本的な行動だったのだと考えられる。日本文明が東洋と西洋をうまく融合し、日本自身の核は残したままだとエンリケ・ゴメス・カリーリョは指摘した。もし、そうであるならば、地球を一つと捉えるならば、この原理は21世紀にかなり有効なものなのではなかろうか？

　移民研究の現地調査をしていると「人生到る所に青山あり」という言葉をよく耳にする。青山を得るか否かは、実は人間一人ひとりの仕事なのだと思う。どんなに栄華を極めようとも、何人もこの世を去って行かなければならない。そうであるならば、生きた証として、人間の棲む社会を少しでも良くして彼岸へと旅立ちたいというのが、本来の人間の姿ではあるまいか。そこに道徳なり倫理は発生する。

　パンアメリカン日系協会の軌跡を振り返る時、日系移民はその社会の発展に寄与し、さらに出自の文化の役立つものを提供することにより現地社会に受け入れられてきた。同時に、文化力で二国間の架け橋となっている。日本国内の多文化共生政策はこのことを十分に考慮して、外国人労働者問題が外交問題に発展することを防ぐ必要があると考える。

　日本の多文化共生政策は個人レベル、家族レベル、地域社会レベル（小学校区や中学校区などの単位）レベル、くに（尾張のくに、三河のくにといった）レベル、国民国家レベル、国際関係レベル、インターネットレベルにかかわっている。

　第1の個人レベルは人が移動することにより、伝統文化に異文化が接触する可能性によって、親や兄弟姉妹とは異なるアイデンティティが生じることである。

　第2の家族レベルは、家族関係の中で父方、母方のそれぞれのルーツによっ

て決定される利益によってアイデンティティが選択事項となることである。家族の経済的、政治的戦略によって、国籍の違う家族というのもすでに存在している。

　第3に、「小学校区」サイズの地域社会レベルでは個人、家族が社会化し、真に力を持つための基礎部分であり、これがないと孤立した家族となってしまい、有効な救援施策が届かない。また、互いに可視的であり、助け合うことが可能なレベルである。日本人移民はこのレベルで子どもの教育に力を入れ、自分たちの資源を有効に利用してきた。日本においてもまだ一番の基礎部分であると考えられる。

　第4に、「くに」レベルであるが、これは海外に出た時や棲み慣れた土地から一歩出た時に感じる共同の文化である。おくに言葉、おくに自慢、どちらのくにの出身ですかと聞く時に、現在でも健在な文化単位である。

　第5の国民国家レベルが、国家によるパスポート管理による国境の元締めであるならば、場合によっては、くには地理的に日本国より近い外国のくにと近い場合がある。

　第6の国際関係レベルは国民国家と国民国家の外交関係やそれ以外のアクターがかかわるものである。

　第7のインターネットレベルは、2000年以降、とりわけ、ここ数年で一般化したものである。若者やネットに強い人たちを中心にヴァーチャルな共同体を創り上げている。第16回パンアメリカン日系大会の準備は20代の若者たちが中心に行なった。そこではフェイスブックなどで情報交換を巧みに利用していた。

　このように多文化共生といった場合、日本に棲む外国人の文化を尊重しながら、共に生きていくと言うだけでなく、日本人も外国人も7レベルで多文化の影響を受ける存在となっている。「漂泊と定住」概念で漂泊してそこにあるものを取り込み新たな変化を作り出していくことは、愉快で、世界大に拡がっていく可能性である。そこに「トランスナショナル・エスニシティ」の倫理性、原理性を加え、具体的なデータ、現状をもとに老いも若きも皆知恵を出し合って生きていく。本当の異文化理解はこのような一人ひとりを基本として第1〜第4レベルまでの日常生活を形作り、第5・6レベルでは、戦争・紛争を

回避する努力が必要である。第7レベルは、第5・6レベルがうまく機能しない時に、草の根の個人レベルからの対抗である。

　本書は、米国、カナダ、イギリス、オーストラリア、フランス、ドイツと比較して、日本が移民受け入れに積極的ではないから、まるで日本が遅れた国のように論ずる論調に対して、日本には、日本の国益を考え、自国の文化伝統に則る受け入れ方があるという立場から論じてきた。パンアメリカン日系大会や海外から日本を見た時、とりわけラテンアメリカから見た時、私たちはもっと自信を持って自分たちの伝統を大切にし、そこを土台に日本ファンの外国人を多様な194カ国から幅広く受け入れ、人がつなぐ国際関係を形成すればよいと考える。ラッセル・キングによれば、人類の97％は生まれ育った所で生活して死に、3％の人が移動するというのが大枠であれば、鶴見のいう「漂泊と定住」で仕事を求めて出稼ぎに行っても帰ってくることは、当然推定されており、政治的、経済的要因により、定住することになっても、機会があれば「くに」には戻りたいであろう。

　もし、そうであるならば、交通・通信手段の発達した今日にあって、人々は一カ所だけでなくルーツのある「くに」、機会のある「くに」へと複数の漂泊と定住、循環移民を繰り返すことが可能である。国際関係レベルにおいては重国籍が認められれば国境を自由に動くであろう。インターネット上ではすでに、一部制限のある国を除いて、同じ興味を持つ人たちのヴァーチャルな共同体は形成されている。

　トランスナショナル・エスニシティについては、日本は1968年から2009年まで米国に次ぐ世界第2のGDPの国であり、ジャポニスムの影響とジャパン・クール、技術といったプラスイメージがある限り、日本をルーツに持つ人々に受け継がれ、世界各地で変容発展していくと考えられる。実際、国際結婚、異人種との結婚により、すでに見かけは日本人とは思えない人が血統上日系人であったり、日本人である。ここで残す日本文化は、パンアメリカン日系協会のリーダーたちにならえば、「正直・勤勉・責任・技術・清潔・我慢・一番・頑張る・社員を大切にする」である。

　これは、2011年3月11日に東日本大震災発生以来、報道で伝えられる日本人の姿と重なっており、世界に感動と共感を呼んでいる姿である。この姿は、

エンリケ・ゴメス・カリーリョの著作にも見られるし、第二次世界大戦後の日本の姿でもある。ロナルド・ドーアは、「天災と国民性を考える」[1]で、過去20年間、日本のエリート意識や社会政策の方向性が自己責任、規制緩和、自由化、民活、小さい政府などのように米国型個人主義に転向していたが、この天災で「持ちつ持たれつ」の精神が復活し「お上」が国民のためにベストをつくすこともありえるという意識も復活していると指摘している。

　筆者は、多文化共生政策の決定過程を分析した結果、かつての経済企画庁のように入金と出金を見据えて、日本の総合国力を常に考え、全省庁の政策立案者が意見調整しながら、研究者や利害関係者も集い政策の土台を作る組織が必要なのではないかと考えている。2001年以来、経済企画庁の一部は内閣府にあるが、与党の影響を強く受け、国家100年の計を独立して考えることは困難となっている。第8章で記したように草野が2001年以来、政策決定過程の検証が必要だと指摘するのはこのような背景があったからであると分かった。明日の国民を選ばなければならないのに、人口統計から1000万人必要という数字しか出てこないのは、データ不足と言わざるを得ない。本来なら、日本のどの地域でどのような開発をしているので、どんな助っ人を何人、どんな技術をどれだけ欲しいという議論が出なければおかしいのである。しかしながら、このような国民全体の議論や情報収集はここ10年ほど聞いたことがない。データに基づかないので、相手を罵倒したりするしかないのである。現実とデータが確認されれば、どの政党が政権をとろうと、政策の振れはほとんど差がないと考えることができる。

　日本のコミュニケーション体系では、反対意見は敵のような受け取られ方をするが、違うから価値があり、ミスを事前に防ぐ効用があることを自覚する必要がある。多文化共生政策は、このような大きな国家体系の中にこそ位置付けなければならない。日本人が代々にわたって生き延びるために諸外国と人を通してつながっていく必要があるからである。天災や人災で日本人が滅ぶことはあってはならないと考える。また、このように自国民を大切にするからこそ、同様に外国人も大切なのだと自覚できる。

---

[1] ロナルド・ドーア「天災と国民性を考える」『中日新聞』2011年3月20日朝刊。

参考文献

アイリーン・スナダ・サラソーン編、南条俊二訳　1991　『The 一世——パイオニアの肖像』　読売新聞社
青木保　1978　『文化の翻訳』　東京大学出版会
青木保　1988　『文化の否定性』　中央公論社
青木保　1990　『「日本文化論」の変容——戦後日本の文化とアイデンティティー』　中央公論社
青木保　2010　『作家は移動する』　新書館
青柳まちこ編　2003　『文化交流学を拓く』　世界思想社
赤木妙子　2000　『海外移民ネットワークの研究——ペルー移住者の意識と生活』　芙蓉書房出版
赤澤史朗　2005　『年報・日本現代史「帝国」と植民地　——「大日本帝国」崩壊六〇年』　現代史料出版
赤司英一郎、荻野文隆、松岡榮志編　2008　『多言語・多文化社会へのまなざし——新しい共生への視点と教育』　白帝社
明石純一　2010　『入国管理政策——「1990年体制」の成立と展開』　ナカニシヤ出版
赤地・ヘスス・K、春日・カルロス・T、村上・マヌエル・S、オオタ・ミシマ・マリア・エレーナ、芝山・エンリケ、田中・レネ　2002　「メキシコの日系コミュニティ」（全米日系人博物館企画、アケミ・キクムラ＝ヤノ編、小原雅代他訳『アメリカ大陸日系人百科事典——写真と絵で見る日系人の歴史』）　明石書店
アケミ・キクムラ＝ヤノ編、小原雅代他訳　2002　『アメリカ大陸日系人百科事典——写真と絵で見る日系人の歴史』　明石書店
浅香幸枝　1987.11.8　「パンアメリカン二世大会——アイデンティティと連帯と」関西外国語大学　日本イスパニア学会
浅香幸枝　1988.10.30　「1980年代パンアメリカン日系大会の歴史と問題点」慶應義塾大学、日本国際政治学会、トランスナショナル部会　日本国際政治学会
浅香幸枝　1988.12.17　「トランスナショナル・エスニシティ——1980年代パンアメリカン日系大会の事例研究」南山大学、日本ラテンアメリカ学会定例研究会　日本ラテンアメリカ学会
浅香幸枝　1987.6　「ラテンアメリカにおける移民史研究の最近の動向——対外意識を中心として」『外交時報』1239号　外交時報社
浅香幸枝　1990　「トランスナショナル・エスニシティ——1980年代パンアメリカン日系大会の事例研究」『ラテンアメリカ研究年報』10号　日本ラテンアメリカ学会
浅香幸枝　1991.10　「トランスナショナル・エスニシティと国際協力——パンアメリカン日系協会における国際協力に関する一考察」『国際政治　ラテンアメリカ——1980年代の国際関係と政治』第98号　日本国際政治学会
浅香幸枝　1993.2　「パンアメリカン日系協会のリーダーが見たアメリカ大陸における日本のイメージの変遷1940年–1992年」『国際政治　環太平洋国際関係史のイメージ』第102号　日本国際政治学会

浅香幸枝　2001.1　「トランスナショナル・エスニシティ――越境する日本性：パンアメリカン日系協会の20年の歴史とリーダーたち」『アカデミア　人文・社会科学』第72号　南山大学

浅香幸枝　2001.6　「トランスナショナル・エスニシティ――拡散する日本人の134年の歴史（1868年–2001年）」『アカデミア 人文・社会科学』第73号　南山大学

浅香幸枝　2004　「ラテンアメリカのジャポニスム――エンリケ・ゴメス・カリーリョに見る日本へのまなざし」（南山大学ラテンアメリカ研究センター編『ラテンアメリカの諸相と展望』）行路社

浅香幸枝　2005　「『半分ニワトリ』に見る移民の心性」（篠田知和基編『神話・象徴・文化』）楽浪書院

浅香幸枝　2006　「1990年入国管理法改正が与えた南北アメリカ日系社会への影響と日本社会の多文化形成」（二村久則、山田敬信、浅香幸枝編『地球時代の南北アメリカと日本』）ミネルヴァ書房

浅香幸枝　2009　「日本の多文化共生政策――内発的発展論の視座から」（浅香幸枝編『地球時代の多文化共生の諸相――人が繋ぐ国際関係』）行路社

浅香幸枝　2010.3　「日本の多文化共生政策決定過程――1990年『出入国管理及び難民認定法』改正施行以後から2009年改正まで」『ククロス――国際コミュニケーション論集』第7号　名古屋大学大学院国際開発研究科

浅香幸枝編　2009　『地球時代の多文化共生の諸相――人が繋ぐ国際関係』行路社

赤坂憲雄編　1992　『叢書・史層を掘る　第5巻　漂泊する眼差し』新曜社

朝日新聞社　2005.9.22　「円高の試練　揺れた政策　プラザ合意から20年」『朝日新聞』朝刊　朝日新聞社

朝日新聞社　2006.3.28　「定住資格に犯罪歴証明　法務省　日系人対象、来月から」『朝日新聞』夕刊　朝日新聞社

朝日新聞社　2008.12.26　『朝日新聞』夕刊　朝日新聞社

朝日新聞社　2009.7.8　『朝日新聞』夕刊　朝日新聞社

朝日新聞社　2009.7.10　『朝日新聞』夕刊　朝日新聞社

東栄一郎　2002　「日本人海外渡航史」（全米日系人博物館企画、アケミ・キクムラ＝ヤノ編『アメリカ大陸日系人百科事典――写真と絵で見る日系人の歴史』）明石書店

東栄一郎　2002　「日系アメリカ人史概略」（全米日系人博物館企画、アケミ・キクムラ＝ヤノ編、小原雅代他訳『アメリカ大陸日系人百科事典――写真と絵で見る日系人の歴史』）明石書店

麻生太郎　2008　『自由と繁栄の弧』幻冬舎

足立伸子編　2008　『ジャパニーズ・ディアスポラ――埋もれた過去闘争の現在不確かな未来』新泉社

アップデイト編集部編　1990　『日本人は国境を越えられるか――公正なる地球社会との共存を求めて』ほんの木

阿部彩　2008　『子どもの貧困――日本の不公平を考える』岩波書店

天沼香　1989　『日本人と国際化』吉川弘文館

綾部恒雄　1993　『現代世界とエスニシティ』弘文堂

荒このみ、生井英考編　2007　『文化の受容と変貌』ミネルヴァ書房

有賀貞　2010　『国際関係史――16世紀から1945年まで』東京大学出版会

アルゼンチン日本人移民史編纂委員会編　2002　『アルゼンチン日本人移民史　第1巻　戦前編』社団法人　在亜日系団体連合（F.A.N.A: Federación de Asociaciones Nikkei en la

Argentina）らぷらた報知社（ブエノスアイレス）
アルゼンチン日本人移民史編纂委員会編　2006　『アルゼンチン日本人移民史　第2巻　戦後編』　社団法人　在亜日系団体連合（F.A.N.A: Federación de Asociaciones Nikkei en la Argentina）らぷらた報知社（ブエノスアイレス）
アレキサンダー・キング、ベルトラン・シュナイダー共著、田草川弘訳　1992　『第一次地球革命――ローマクラブ・リポート』　朝日新聞社
アレックス・ヘイリー著、安岡章太郎、松田銑共訳　1977　『ルーツ・上』　社会思想社
アレックス・ヘイリー著、安岡章太郎、松田銑共訳　1977　『ルーツ・下』　社会思想社
アンソニー・W. マークス著、富野幹雄、岩野一郎、伊藤秋仁訳　2007　『黒人差別と国民国家――アメリカ・南アフリカ・ブラジル』　春風社
イアン・ティレル著、藤本茂生、山倉明弘、吉川敏博、木下民生訳　2010　『トランスナショナル・ネーション　アメリカ合衆国の歴史』　明石書店
飯田市歴史研究所編　2007　『満州移民――飯田下伊那からのメッセージ』　現代史料出版
飯野正子　1997　『日系カナダ人の歴史』　東京大学出版会
井口泰　2008.1　「ビジョンなき『人口減少社会』ニッポン　活力維持へ長期的視点で移民政策を」『週間エコノミスト』　毎日新聞社
生野恵理子　2000　「日本における日系ボリビア人社会」（ボリビア日本人移住100周年移住史編纂委員会編『日本人移住100周年誌――ボリビアに生きる』）　ボリビア日系協会連合会
石川榮吉　2008　『欧米人の見た開国期日本――異文化としての庶民生活』　風響社
石川友紀　1997　『日本移民の地理学的研究』　榕樹書林
石川友紀　1999　『日系移民資料集　南米編　別巻：南米編解説』　日本図書センター
石川友紀監修　1998　『日系移民資料集　南米編　第1巻：水野竜「南米渡航案内」（明治39年・京華堂書店）』　日本図書センター
石川友紀監修　1998　『日系移民資料集　南米編　第2巻：横山源之助「南米渡航案内」（明治41年・成功雑誌社）』　日本図書センター
石川友紀監修　1998　『日系移民資料集　南米編　第3巻：田中誠之助「日本人の新発展地南米ブラジル」（大正8年・海外発展社）』　日本図書センター
石川友紀監修　1998　『日系移民資料集　南米編　第4巻：永田稠「南米一巡」（大正10年・日本力行会）』　日本図書センター
石川友紀監修　1998　『日系移民資料集　南米編　第5巻：朝日胤一「邦人発展資料　総南米」（大正10年・南米調査会）』　日本図書センター
石川友紀監修　1998　『日系移民資料集　南米編　第6巻：山岡光太郎「南米と中米の日本人」（大正11年・南米研究会）』　日本図書センター
石川友紀監修　1998　『日系移民資料集　南米編　第7巻：梅田又次郎「南米で職に就くまで」（大正12年・帝国植民協会）』　日本図書センター
石川友紀監修　1998　『日系移民資料集　南米編　第8巻：富田謙一・影山知二「南米ペルー大統領レギーア秘露と日本」（大正8年・日秘協会）』　日本図書センター
石川友紀監修　1998　『日系移民資料集　南米編　第9巻：高岡熊雄「ブラジル移民研究」（大正14年・宝文館）』　日本図書センター
石川友紀監修　1998　『日系移民資料集　南米編　第10巻：浜田勘太郎「南米実情と移民の告白」（大正14年・海外移民研究会）』　日本図書センター
石川友紀監修　1999　『日系移民資料集　南米編　第11巻：結城朝八「南米と移民」（古今書院昭和3年刊）』　日本図書センター

石川友紀監修　1999　『日系移民資料集　南米編　第12巻：八重野松男「今日のブラジル」（ジャパン・タイムス社昭和4年刊)』　日本図書センター

石川友紀監修　1999　『日系移民資料集　南米編　第13巻：崎山比佐衛「南米の大自然」（海外植民学校出版部昭和4年刊)』　日本図書センター

石川友紀監修　1999　『日系移民資料集　南米編　第14巻：辻小太郎「ブラジルの同胞を訪ねて」（日伯協会昭和5年刊)』　日本図書センター

石川友紀監修　1999　『日系移民資料集　南米編　第15巻：吉山基徳「我等の発展地メキシコ」（日本植民通信社昭和5年刊)』　日本図書センター

石川友紀監修　1999　『日系移民資料集　南米編　第16巻：山本三生「日本地理大系　海外発展地篇　上巻」（改造社昭和6年刊)』　日本図書センター

石川友紀監修　1999　『日系移民資料集　南米編　第17巻：藤田敏郎「海外在勤四半世紀の回顧」（昭和6年刊)』　日本図書センター

石川友紀監修　1999　『日系移民資料集　南米編　第18巻：山田辰實「南米秘露と広島県人」（広島県海外協会昭和6年刊)』　日本図書センター

石川友紀監修　1999　『日系移民資料集　南米編　第19巻：大島喜一「南米アルゼンチン」（植民社昭和6年刊)』　日本図書センター

石川友紀監修　1999　『日系移民資料集　南米編　第20巻：野田良治「南米の核心に奮闘せる同胞を訪ねて」（博文館昭和6年刊)』　日本図書センター

石川友紀監修　1999　『日系移民資料集　南米編　第21巻：拓務省拓務局「移植民講習会講演集」（昭和7年)』　日本図書センター

石川友紀監修　1999　『日系移民資料集　南米編　第22巻：十蔵寺宗雄編「南米案内　上　ブラジル編」移民講座第2巻（昭和7年・日本植民協会)』　日本図書センター

石川友紀監修　1999　『日系移民資料集　南米編　第23巻：十蔵寺宗雄編「南米案内　下　アルゼンチン外十二箇国編」移民講座第3巻（昭和7年・日本植民協会)』　日本図書センター

石川友紀監修　1999　『日系移民資料集　南米編　第24巻：鈴木貞次郎「伯国日本移民の草分け」（昭和8年・日伯協会・神戸市)』　日本図書センター

石川友紀監修　1999　『日系移民資料集　南米編　第25巻：輪湖俊午郎「バウル管内の邦人」チエテ移住地（昭和14年・サンパウロ市)』　日本図書センター

石川友紀監修　1999　『日系移民資料集　南米編　第26巻：田中耕太郎「ラテン・アメリカ紀行」（昭和15年・岩波書店)』　日本図書センター

石川友紀監修　1999　『日系移民資料集　南米編　第27巻：天野芳太郎「中南米の横顔」（昭和15年・朝日新聞社)』　日本図書センター

石川友紀監修　1999　『日系移民資料集　南米編　第28巻：日本人花卉園芸連合組合「亜国の花卉園芸」（昭和16年・ニッパル花卉産業組合・ブエノスアイレス市)』　日本図書センター

石川友紀監修　1999　『日系移民資料集　南米編　第29巻：青柳郁太郎「ブラジルに於ける日本人発展史　上巻」（昭和16年・ブラジルに於ける日本人発展史刊行委員会)』　日本図書センター

石川友紀監修　1999　『日系移民資料集　南米編　第30巻：青柳郁太郎「ブラジルに於ける日本人発展史　下巻」（昭和17年・ブラジルに於ける日本人発展史刊行委員会)』　日本図書センター

石川義孝編　2007　『人口減少と地域——地理学的アプローチ』　京都大学学術出版会

石黒浩　2009　『ロボットとは何か――人の心を映す鏡』　講談社
石田甚太郎　1986　『ボリビア移民聞書――アンデスの彼方の沖縄と日本』　現代企画室
石原千秋　2007　『百年前の私たち――雑書から見る男と女』　講談社
石丸和人　1998.5　「移住者支援業務の拡大進む海外日系人協会――鏑木常務理事・事務局長に聞く」『海外日系人』42号　海外日系人協会
泉邦寿、松尾弌之、中村雅治　2005　『グローバル化する世界と文化の多元性』　Sophia University Press
泉靖一　1967　『フィールド・ノート〔野帖〕――文化人類学・思索の旅』　新潮社
市井三郎、布川清司　1972　『伝統的革思想論』　平凡社
近藤敦　2001　『外国人の人権と市民権』　明石書店
伊藤一男　1973　『北米百年桜』　日貿出版社
伊藤一男　1984　『明治海外日本人』　PMC出版
伊藤一男　1990　『桑港日本人列伝』　PMC出版
伊藤一男、海外日系新聞協会編　1981.10　「ニッポンを拒否する日系二世への考察――パンアメリカン二世大会に出席して」『海外日系人』10号　海外日系人協会
伊藤一男・本誌編集委員会、海外日系新聞協会編　1979.5　「なぜ日本だけ在外選挙をしないのか」『海外日系人』5号　海外日系人協会
伊藤一男・本誌編集委員会、海外日系新聞協会編　1984.5　「日系人知らずの日系人――JACLに訴える」『海外日系人』15号　海外日系人協会
伊藤一男編　1986.6　『季刊汎』1号　PMC出版
伊藤俊太郎監修、吉澤五郎、染谷臣道編　2003　『文明間の対話に向けて――共生の比較文明学』　世界思想社
糸川英夫　1987　『日本が危ない――危機逆転への戦略』　講談社
犬養道子　1988　『国境線上で考える』　岩波書店
井上健治、久保ゆかり編　1997　『子どもの社会的発達』　東京大学出版会
井上眞理子編　2010　『家族社会学を学ぶ人のために』　世界思想社
移民研究会編　2008　『日本の移民研究――動向と文献目録1（明治初期-1992年9月）』　明石書店
移民研究会編　2008　『日本の移民研究――動向と文献目録2（1992年10月-2005年9月）』　明石書店
移民保護協会編　2000　「海外出稼案内／移民保護協会編（内外出版協会明治35年刊）」『近代欧米渡航案内記集成　第1巻』　ゆまに書房
伊豫谷登士翁　2001　『グローバリゼーションと移民』　有信堂高文社
イリイチ・フォーラム編　1981　『人類の希望――イリイチ日本で語る』　新評論
入江隆則　1992　『日本がつくる新文明』　講談社
岩井茂樹　2010　『日本人の肖像　二宮金次郎』　角川学芸出版
岩男壽美子　2007　『外国人犯罪者――彼らは何を考えているのか』　中央公論新社
岩崎久美子編　2007　『在外日本人のナショナル・アイデンティティ――国際化社会における「個」とは何か』　明石書店
岩崎信彦、ケリ・ピーチ、宮島喬、ロジャー・グッドマン、油井清光編　2003　『海外における日本人、日本のなかの外国人　グローバルな移民流動とエスノスケープ』　昭和堂
岩下明裕　2006　『国境・誰がこの線を引いたのか――日本とユーラシア』　北海道大学出版会

岩下哲典　2006　『江戸の海外情報ネットワーク』　吉川弘文館
岩田正美　2008　『社会的排除——参加の欠如・不確かな帰属』　有斐閣
岩渕功一　2001　『トランスナショナル・ジャパン』　岩波書店
岩渕功一　2007　『文化の対話力——ソフト・パワーとブランド・ナショナリズムを越えて』　日本経済新聞出版社
ウイリアム・アンダーソン著、クライヴ・ヒックス写真、板倉克子訳　1998　『グリーンマン——ヨーロッパ史を生きぬいた森のシンボル』　河出書房新社
上野英信　1977　『出ニッポン記』　潮出版社
上野征洋編　2002　『文化政策を学ぶ人のために』　世界思想社
上村敏之、田中宏樹編　2008　『検証　格差拡大社会』　日本経済新聞出版社
上村知清　2000　「米国旅行案内／上村知清著（日米図書出版社大正8年刊）」『近代欧米渡航案内記集成　第6巻』　ゆまに書房
上村知清　2000　「欧州旅行案内／上村知清著（海外旅行案内社昭和2年刊）」『近代欧米渡航案内記集成　第8巻』　ゆまに書房
上山春平　1971　『日本の思想——土着と欧化の系譜』　サイマル出版会
T. K. ウォールス著、間宮國夫訳　1997　『テキサスの日系人』　芙蓉書房出版
臼井久和、内田孟男編　1990　『新国際学——混沌から秩序へ　1　地球社会の危機と再生』　有信堂高文社
臼井久和、内田孟男編　1991　『新国際学——混沌から秩序へ　2　多元的共生と国際ネットワーク』　有信堂高文社
内田樹　2009　『日本辺境論』　新潮社
内野吾郎、戸田義雄共編　1978　『民族と文化の発見』　大明堂
内山勝男　1993　『舞楽而留ラプソディー』　PMC出版
エイミー・ガットマン編、佐々木毅他訳　1996　『マルチカルチュラリズム』　岩波書店
江口孝夫　2001　『「夢」で見る日本人』　文藝春秋
衛藤瀋吉　1983　『無告の民と政治（新版）』　東京大学出版会
衛藤瀋吉編　1980　『日本をめぐる文化摩擦』　弘文堂
遠藤正敬　2010　『近代日本の植民地統治における国籍と戸籍：満洲・朝鮮・台湾』　明石書店
エンリケ・ゴメス・カリージョ著、児嶋桂子訳　2001　『誇り高く優雅な国、日本——垣間見た明治日本の精神』　人文書院
OECD編、小島克久、金子能宏訳　2010　『格差は拡大しているか——OECD加盟国における所得分布と貧困』　明石書店
OECD編、神谷浩夫監訳　2007　『地図でみる世界の地域格差——都市集中と地域発展の国際比較』　明石書店
OECD編、門清訳　2009　『科学技術人材の国際流動性——グローバル人材競争と知識の創造・普及』　明石書店
大石裕、山本信人編　2008　『イメージの中の日本——ソフト・パワー再考』　慶應義塾大学出版会
大川真由子　2010　『帰還移民の人類学——アフリカ系オマーン人のエスニック・アイデンティティ』　明石書店
大島清次　1988　「ジャポニスム」『世界大百科事典』第12巻　平凡社
Ota Mishima, Ma. Elena 著、古屋英男訳　1978　『19世紀におけるメキシコと日本——メ

キシコの外交政策と日本の主権の確立』　駐日メキシコ大使館
大津透　2010　『天皇の歴史　01 巻　神話から歴史へ』　講談社
大野俊　1991　『ハポン――フィリピン日系人の長い戦後』　第三書館
大野俊、飯島真里子　2010　『日本在住のフィリピン日系人の市民権・生活・アイデンティティ――質問票配布による全国実態調査報告書』　九州大学
大村敦志　2008　『他者とともに生きる――民法から見た外国人法』　東京大学出版会
大森元吉　1996　『協調と発展の人類学』　御茶の水書房
緒方貞子　1996　『難民つくらぬ世界へ (岩波ブックレット No.393)』　岩波書店
緒方貞子　2002　『私の仕事――国連難民高等弁務官の十年と平和の構築』　草思社
緒方貞子、アマルティア・セン　2003　『安全保障の今日的課題――人間の安全保障委員会報告書』　朝日新聞社
岡野護　2005.9　「在日日系人の悩み――海外日系人協会日系人相談センター 12 年の歩みから」『季刊　海外日系人』第 57 号　海外日系人協会
岡部一明　1991　『多民族社会の到来――国境の論理を問う外国人労働者』　御茶の水書房
岡本雅享　2005　『日本の民族差別――人種差別撤廃条約からみた課題』　明石書店
小川正　2001　『「魂なき教育」への挑戦』　関西大学出版部
奥田孝晴、山脇千賀子、藤巻光浩　2008　『新編　グローバリゼーション・スタディーズ――国際学の視座』　創成社
奥田道大、鈴木久美子編　2001　『エスノポリス・新宿／池袋――来日 10 年目のアジア系外国人調査記録』　ハーベスト社
奥田安弘　1996　『家族と国籍――国際化の進むなかで』　有斐閣
奥田安弘　2002　『数字でみる子どもの国籍と在留資格』　明石書店
奥田安弘　2008　『外国人の法律相談チェックマニュアル　第 3 版』　明石書店
小熊英二　1995　『単一民族神話の起源――〈日本人〉の自画像の系譜』　新曜社
小熊英二　1998　『〈日本人〉の境界――沖縄・アイヌ・台湾・朝鮮植民地支配から復帰運動まで』　新曜社
押川文子編　2004　「特集 1 パスポートをめぐる力学　国籍・市民権・移動」『地域研究』第 6 巻 2 号　国立民族学博物館地域研究企画交流センター
小内透編　2009　『講座トランスナショナルな移動と定住――定住化する在日ブラジル人と地域社会　第 2 巻　在日ブラジル人の教育と保育の変容』　御茶の水書房
小内透編　2009　『講座トランスナショナルな移動と定住――定住化する在日ブラジル人と地域社会　第 1 巻　在日ブラジル人の労働と生活』　御茶の水書房
小内透編　2009　『講座トランスナショナルな移動と定住――定住化する在日ブラジル人と地域社会　第 3 巻　ブラジルにおけるデカセギの影響』　御茶の水書房
大日方純夫編　2003　『民族・戦争と家族』　吉川弘文館
S. カースルズ、M. J. ミラー著、関根政美・関根薫監訳　2011　『国際移民の時代　第 4 版』名古屋大学出版会
海外移住審議会　2000.12.11　「海外移住審議会意見　海外日系人社会との協力に関する今後の政策」　海外移住審議会
海外日系新聞協会編　1979.10　「海外日系人協会の歩み」『海外日系人』6 号　海外日系人協会
海外日系新聞協会編　1981　「日本をルーツにもってパンナム二世の連帯を――パンアメリカン二世大会他　メキシコ報告」『海外日系人』10 号　海外日系人協会

海外日系新聞協会編　1981.10　『海外日系人』10号　海外日系人協会
海外日系新聞協会編　1982.5　「パンアメリカン日系協会が発足」『海外日系人』11号　海外日系人協会
海外日系新聞協会編　1983.10　『海外日系人』14号　海外日系人協会
海外日系新聞協会編　1983.10　「文化交流の具体的実施などを討議　第二回米州日系連絡協議会が開催　パンナム二世大会に連動して」『海外日系人』14号　海外日系人協会
海外日系新聞協会編　1984.5　『海外日系人』15号　海外日系人協会
海外日系人協会　1999.11　「柳谷理事長報告」『海外日系人』45号　海外日系人協会
海外日系人協会　2002.8.2　「海外日系人協会事業概要」　海外日系人協会
外国人集住都市会議　2008.10.15　「みのかも宣言——すべての人が参加する地域づくり」　外国人集住都市会議
外務省　2005　『外交青書　2005』　太陽美術
外務省　2011.4　『平成23年版　外交青書　要旨』　外務省
外務省　2011.4.23　「東日本大震災」（2011年4月23日にアクセス）　http://www.mofa.go.jp/mofaj/saigai/index.html#link_3　外務省
外務省大臣官房領事移住部　1971　『わが国民の海外発展　移住百年の歩み（本編）』　外務省
カサマツ・エミ　2002　「パラグアイ日系史概略」（全米日系人博物館企画、アケミ・キクムラ＝ヤノ編、小原雅代他訳『アメリカ大陸日系人百科事典——写真と絵で見る日系人の歴史』）　明石書店
カサマツ・エミ　2002　「補完資料」（全米日系人博物館企画、アケミ・キクムラ＝ヤノ編、小原雅代他訳『アメリカ大陸日系人百科事典——写真と絵で見る日系人の歴史』）　明石書店
梶田純子　2009　「第6章　多文化共生を求めて——オールドカマーとニューカマーの共存の事例」（浅香幸枝編『地球時代の多文化共生の諸相——人が繋ぐ国際関係』）　行路社
梶田孝道　1988　『エスニシティと社会変動』　有信堂高文社
梶田孝道　1993　『新しい民族問題——EC統合とエスニシティ』　中央公論社
梶田孝道、丹野清人、樋口直人　2005　『顔の見えない定住化——日系ブラジル人と国家・市場・移民ネットワーク』　名古屋大学出版会
片岡幸彦編　2001　『地球村の思想——グローバリゼーションから真の世界化へ』　新評論
片岡幸彦編　2006　『下からのグローバリゼーション——「もうひとつの地球村」は可能だ』　新評論
片山潜　2000　「渡米の秘訣／片山潜著（渡米協会刊）」『近代欧米渡航案内記集成　第4巻』　ゆまに書房
加藤恭子　2008　『私は日本のここが好き！——外国人54人が語る』　ポプラ社
加藤淳平　1988　『日本の文化交流——新しい理念を求めて』　サイマル出版会
加藤知弘　2009　『南蛮船の見える町——わがバテレン・宗麟・瓜生島』　石風社
金井紀年　1990.12　「ペルー藤森大統領就任式参列記」『南加日商ニュース』8号　南加日系商工会議所
金井紀年　1990.8　「パナ　メキシコ市大会」『南加日商ニュース』7号　南加日系商工会議所
金子郁容　2008　『日本で「一番いい」学校——地域連携のイノベーション』　岩波書店
樺山紘一ほか編　2001　『20世紀の定義　4　越境と難民の世紀』　岩波書店
亀山哲三　1996　『南洋学院——戦時下ベトナムに作られた外地校』　芙蓉書房出版

カレル・ヴァン・ウォルフレン著、篠原勝訳　1994　『人間を幸福にしない日本というシステム』　毎日新聞社
河合隼雄　1982　『昔話と日本人の心』　岩波書店
河合隼雄　1998　『日本人の心のゆくえ』　岩波書店
川崎賢一　2006　『トランスフォーマティブ・カルチャー──新しいグローバルな文化システムの可能性』　勁草書房
川島正樹　2005　『アメリカニズムと「人種」』　名古屋大学出版会
川添登編　1984　『生活学へのアプローチ』　ドメス出版
川田順造　2010　『文化を交叉させる──人類学者の眼』　青土社
河西秀哉　2010　『「象徴天皇」の戦後史』　講談社
川村千鶴子　2001　『創造する対話力──多文化共生社会の航海術』　税務経理協会
川村千鶴子　2008　『「移民国家日本」と多文化共生論』　明石書店
姜尚中、森巣博　2002　『ナショナリズムの克服』　集英社
神崎宣武　2009　『「旬」の日本文化』　角川学芸出版
神原正明　2001　『快読・日本の美術──美意識のルーツを探る』　勁草書房
菊井禮次　2002　『現代国際社会と日本の役割──真の国際貢献とは何か』　ミネルヴァ書房
北村崇郎　1992　『一世としてアメリカに生きて』　草思社
吉川元、加藤普章編　2000　『マイノリティの国際政治学』　有信堂高文社
吉川元編　2003　『国際関係論を超えて──トランスナショナル関係論の新次元』　山川出版社
木村芳五郎、井上胤文　2000　「最新正確布哇渡航案内／木村芳五郎、井上胤文著（博文館明治37年刊）」『近代欧米渡航案内記集成．第3巻』　ゆまに書房
木本博之　2010　『行政書士の実務帰化・永住・在留許可申請業務』　法学書院
京極高宣　2010　『共生社会の実現──少子高齢化と社会保障改革』　中央法規出版
共同通信社ペルー特別取材班編　1997　『ペルー日本大使公邸人質事件』　共同通信社
共同通信社編　1990　『われら地球市民──世界に飛び出した日本人』　共同通信社
共立総合研究所　調査部　2007.12.20　「ブラジル人の消費が地域経済に及ぼす経済的影響力の試算について」　共立総合研究所調査部
清川輝基　2003　『人間になれない子どもたち──現代子育ての落し穴』　枻出版社
日下公人　2003　『日本人の通信簿──日本人は世界の優等生か？劣等生か？』　小学館
草野厚　1997　『政策過程分析入門』　東京大学出版会
草野厚　2007　『日本はなぜ地球の裏側まで援助するのか』　朝日新聞社
草野厚　2008　『政策過程分析の最前線』　慶應義塾大学出版会
草柳大蔵　2000　『礼儀覚え書──品格ある日本のために』　グラフ社
工藤隆　2010　『21世紀日本像の哲学──アニミズム系文化と近代文明の融合』　勉誠出版
国弘正雄　1976　『異文化に橋を架ける──国際化時代の語学教育』　ELEC出版部
国本伊代　2002　「日本人ボリビア移住小史」（全米日系人博物館企画、アケミ・キクムラ＝ヤノ編、小原雅彦他訳『アメリカ大陸日系人百科事典──写真と絵で見る日系人の歴史』）　明石書店
黒沢文貴、斉藤聖二、櫻井良樹編　2001　『国際環境のなかの近代日本』　芙蓉書房出版
桑原武夫　1988　『日本文化の活性化──エセー一九八三年－八八年』　岩波書店
高坂正堯　1981　『文明が衰亡するとき』　新潮社

高坂正堯　1992　『日本存亡のとき』　講談社
神戸新聞　1971.5.22　「30万人の海外移住六十年　航跡　1」　神戸新聞
神戸港移民船乗船記念碑実行委員会編　2001　『神戸港移民船乗船記念碑建立記念誌』　神戸港移民船乗船記念碑実行委員会
国際協力事業団　1986.9　『海外移住統計』業務資料 No.761　国際協力事業団
国際日本文化研究センター　1993　『アメリカ・ヨーロッパ・日本における『日本イメージ』——比較調査研究』　国際日本文化研究センター
国土交通省国土計画局総合計画課　1998.3　『第5次全国総合開発計画『21世紀の国土のグランドデザイン』』　国土交通省国土計画局総合計画課
小坂井敏晶　2002　『民族という虚構』　東京大学出版会
コバヤシ・オードリー、アユカワ・ミッジ　2002　「日系カナダ史概略」（全米日系人博物館企画、アケミ・キクムラ＝ヤノ編、小原雅代他訳『アメリカ大陸日系人百科事典——写真と絵で見る日系人の歴史』）　明石書店
小林一宏　2001　「序」（エンリケ・ゴメス・カリージョ著、児嶋桂子訳『誇り高く優雅な国、日本——垣間見た明治日本の精神』）　人文書院
小林正観　2010　『もうひとつの幸せ論』　ダイヤモンド社
小林雅之　2008　『進学格差——深刻化する教育費負担』　筑摩書房
小林陽太郎、小峰隆夫編　2004　『NIRA チャレンジ・ブックス　人口減少と総合国力——人的資源立国をめざして』　日本経済評論社
駒井洋　2006　『グローバル化時代の日本型多文化共生社会』　明石書店
駒井洋編　2004　『講座　グローバル化する日本と移民問題　第 II 期　第5巻／移民をめぐる自治体の政策と社会運動』　明石書店
駒井洋監修、駒井洋、江成幸編　2009　『叢書　グローバル・ディアスポラ　4　ヨーロッパ・ロシア・アメリカのディアスポラ』　明石書店
駒井洋監修、中川文雄、田島久歳、山脇千賀子編　2010　『叢書　グローバル・ディアスポラ　6　ラテンアメリカン・ディアスポラ』　明石書店
小松和彦　2001　『神になった人びと』　淡交社
小南ミヨ子　1986　『海外に飛び立つ花嫁たち』　講談社
コンダカル・ラハマン　2009　「第5章　ビジネスにおける在日日系人の挑戦」（浅香幸枝編『地球時代の多文化共生の諸相——人が繋ぐ国際関係』）　行路社
近藤敦編、駒井洋監修　2002　『外国人の法的地位と人権擁護』　明石書店
佐伯弘文　2010　『移民不要論——少子化、人口減少何が悪い』　産経新聞出版
嵯峨井建　1998　『満洲の神社興亡史——日本人の行くところ神社あり』　芙蓉書房出版
堺屋太一　1991　『日本とは何か』　講談社
阪田安雄　2004　「移住者統計」（海外移住資料館企画・編集『われら新世界に参加す——海外移住資料館展示案内』）　国際協力機構横浜国際センター
坂中英徳、浅川晃広　2007　『移民国家ニッポン——1000万人の移民が日本を救う』　日本加除出版
坂本義和、大串和雄編　1991　『地球民主主義の条件——下からの民主化をめざして』　同文舘出版
相良亨　1998　『日本人の心と出会う』　花伝社
崎谷満　2008　『DNAでたどる日本人10万年の旅——多様なヒト・言語・文化はどこから来たのか？』　昭和堂

佐久間孝正　2006　『外国人の子どもの不就学——異文化に開かれた教育とは』　勁草書房
桜井德太郎　1977　『霊魂観の系譜——歴史民俗学の視点』　筑摩書房
佐々木健一　1998　『エスニックの次元——《日本哲学》創始のために』　勁草書房
佐々木宏幹　1996　『神と仏と日本人——宗教人類学の構想』　吉川弘文館
佐々木敏二　1999　『日本人カナダ移民史』　不二出版
佐々木信夫　2010　『道州制』　筑摩書房
佐藤育代　1995　『海外で差別されたことありますか——はだかの"名誉白人"』　主婦の友社
佐藤信一、太田正登編　2008　『グローバル時代の国際政治史』　ミネルヴァ書房
斉藤広志　1978　『外国人になった日本人——ブラジル移民の生き方と変わり方』　サイマル出版会
佐藤洋作、平塚眞樹編　2005　『ニート・フリーターと学力』　明石書店
佐野芳和　1989　『新世界へ——鎖国日本からはみ出た栄寿丸の十三人』　法政大学出版局
鯖田豊之　1971　『世界のなかの日本——国際化時代の課題』　研究社出版
サミール・アミン著、山崎カヲル訳　1983　『階級と民族』　新評論
サンパウロ新聞社編　2009　『100年——ブラジルへ渡った100人の女性の物語』　フォイル
ジークリット・ルヒテンベルク編、山内乾史監訳　2008　『移民・教育・社会変動——ヨーロッパとオーストラリアの移民問題と教育政策』　明石書店
ジェフ・バーグランド　2003　『日本から文化力——異文化コミュニケーションのすすめ』　現代書館
塩川伸明　2008　『民族とネイション——ナショナリズムという難問』　岩波書店
ジグムント・バウマン著、奥井智之訳　2008　『コミュニティ——安全と自由の戦場』　筑摩書房
篠田知和基、丸山顯德編　2005　『世界の洪水神話——海に浮かぶ文明』　勉誠出版
嶋津拓　2008　『海外の「日本語学習熱」と日本』　三元社
島貫兵太夫　2000　「最近渡米策／島貫兵太夫著（日本力行会明治37年刊）」『近代欧米渡航案内記集成　第3巻』　ゆまに書房
清水睦美　2006　『ニューカマーの子どもたち——学校と家族の間の日常世界』　勁草書房
志村史夫　1992　『体験的・日米摩擦の文化論』　丸善
JICA　2006.3.19　「JICA事業のあらまし」11頁、「JICA概要」13頁（URL: http://www.jica.go.jp）　JICA
上智大学イベロアメリカ研究所　1991　『ラテンアメリカ主要国における対日イメージ調査その2——17ヵ国9都市調査の最終報告書』　上智大学イベロアメリカ研究所
ジョセフ・S.ナイ著、北沢格訳　2008　『リーダー・パワー——21世紀型組織の主導者のために』　日本経済新聞出版社
ジョセフ・ロスチャイルド著、内山秀夫訳　1989　『エスノポリティクス——民族の新時代』　三省堂
ジョン・W.ダワー著、斎藤元一訳　1987　『人種偏見——太平洋戦争に見る日米摩擦の底流』　ティビーエス・ブリタニカ
ジョン・トムリンソン著、片岡信訳　1993　『文化帝国主義』　青土社
ジョン・ネスビッツ、木村尚三郎著、長井京子訳　1992　『日本という存在——ジャパンズ・アイデンティティ』　日本経済新聞社

白水繁彦編　2008　『移動する人びと、変容する文化——グローバリゼーションとアイデンティティ』　御茶の水書房
新海英行、加藤良治、松本一子編　2001　『在日外国人の教育保障——愛知のブラジル人を中心に』　大学教育出版
新川啓介　1998　『人質たちの1世紀——ペルー日本大使公邸人質事件と日系人』　集英社
新川敏光編　2008　『多文化主義社会の福祉国家——カナダの実験』　ミネルヴァ書房
新保満　1996　『石をもて追わるるごとく——日系カナダ人社会史』　御茶の水書房
杉原薫、玉井金五編　1986　『大正大阪スラム——もうひとつの日本近代史』　新評論
須崎愼一編　2005　『戦後日本人の意識構造——歴史的アプローチ』　梓出版社
鈴木一代　1997　『異文化遭遇の心理学——文化・社会の中の人間』　ブレーン出版
J.F. スタイナー著、森岡清美訳　2006　『人種接触の社会心理学——日本人移民をめぐって』　ハーベスト社
鷲見一夫　1989　『ODA援助の現実』　岩波書店
諏訪春雄責任編集　2006　『グローバル化時代の日本人』　勉誠出版
セイコウ・ルイス・イシカワ・コバヤシ　2009　「第14章　移住者が繋ぐ両国関係——多文化共生—相互理解と対話」(浅香幸枝編『地球時代の多文化共生の諸相——人が繋ぐ国際関係』)　行路社
関根政美　1994　『エスニシティの政治社会学——民族紛争の制度化のために』　名古屋大学出版会
全カナダ日系人協会　1989　『裏切られた民主主義』　全カナダ日系人協会
全米日系人博物館企画、キクムラ＝ヤノ・アケミ編、小原雅代他訳　2002　『アメリカ大陸日系人百科事典——写真と絵で見る日系人の歴史』　明石書店
総務省自治行政局国際室長　2006.3.27　各都道府県・指定都市外国人住民施策担当部局長宛「地域における多文化共生推進プランについて」総行国第79号　総務省
総務省統計局編集　総務省統計研修所　2005　『世界の統計　2005』　国立印刷局（財）日本統計協会
園田英弘編　2001　『流動化する日本の「文化」——グローバル時代の自己認識』　日本経済評論社
田岡功　2009　「パラグアイにおける日本と日系人——移住者として市長として大使としての体験から」(浅香幸枝編『地球時代の多文化共生の諸相——人が繋ぐ国際関係』)　行路社
高木眞理子　1992　『日系アメリカ人の日本観——多文化社会ハワイから』　淡交社
高階秀爾　2000　「ジャポニスムとは何か」(ジャポニスム学会編『ジャポニスム入門』)　思文閣出版
高橋哲哉、山影進編　2008　『人間の安全保障』　東京大学出版会
高橋徹　2003　『日本人の価値観・世界ランキング』　中央公論新社
高谷好一　1997　『多文明世界の構図——超近代の基本的論理を考える』　中央公論社
タキエ スギヤマ・リブラ著、竹内洋・井上義和・海部優子訳　2000　『近代日本の上流階級——華族のエスノグラフィー』　世界思想社
滝本二郎　2000　「千五百円三ヶ月間欧米見物案内／滝本二郎著（欧米旅行案内社昭和4年刊）」『近代欧米渡航案内記集成　第9巻』　ゆまに書房
滝本二郎　2000　「米国旅行案内／滝本二郎著（欧米旅行案内社昭和5年刊）」『近代欧米渡航案内記集成　第10巻』　ゆまに書房
澤岻悦子　2000　『オキナワ・海を渡った米兵花嫁たち』　高文研

田口佳史　2007　『清く美しい流れ──日本人の生き方を取り戻す』　PHPエディターズ・グループ
嶽釜徹編　2009　『ドミニカ共和国日本人農業移住者50年の道　青雲の翔』　ドミニカ日本人移住50周年記念祭執行委員会、記念誌編纂委員会
竹沢泰子　1994　『日系アメリカ人のエスニシティ』　東京大学出版会
竹沢泰子　2005　『人種概念の普遍性を問う──西洋的パラダイムを超えて』　人文書院
タケダ・アリエル　2002　「日本人移民と日系チリ人」（全米日系人博物館企画、アケミ・キクムラ＝ヤノ、小原雅代他訳『アメリカ大陸日系人百科事典──写真と絵で見る日系人の歴史』）明石書店
竹田いさみ　1991　『移民・難民・援助の政治学──オーストラリアと国際社会』　勁草書房
竹中和郎、駒井洋編　1985　『地球社会のなかの日本──国際社会学のすすめ』　有斐閣
武光誠　2010　『地方別・並列日本史』　PHP研究所
橘木俊詔、森剛志　2009　『新・日本のお金持ち研究──暮らしと教育』　日本経済新聞出版社
田中克彦　1978　『言語からみた民族と国家　岩波現代選書13』　岩波書店
田中克彦　1989　『国家語をこえて──国際化のなかの日本語』　筑摩書房
田中恭子　2002　『国家と移民──東南アジア華人世界の変容』　名古屋大学出版会
田中圭治郎　1986　『教育における文化的同化──日系アメリカ人の場合』　本邦書籍
田中聡　2002　『妖怪と怨霊の日本史』　集英社
田中史生　2009　『越境の古代史──倭と日本をめぐるアジアンネットワーク』　筑摩書房
田中道代　1997　『ニューヨークの台湾人──「元大日本帝国臣民」たちの軌跡』　芙蓉書房出版
田辺俊介　2010　『ナショナル・アイデンティティの国際比較』　慶應義塾大学出版会
田村紀雄　2008　『海外の日本語メディア──変わりゆく日本町と日系人』　世界思想社
中日新聞社　1991.3.24　『中日新聞』　中日新聞社
中日新聞社　1991.4.7　『中日新聞』　中日新聞社
中日新聞社　2006.3.28　「日系人ら定住資格申請　犯歴あれば更新認めず　法務省」『中日新聞』夕刊　中日新聞社
中日新聞社　2008.5.23　『中日新聞』夕刊　中日新聞社
中日新聞社　2009.1.10　『中日新聞』夕刊　中日新聞社
中部経済産業局　2007.5　『東海地域の製造業に働く外国人労働者の実態と共生に向けた取組事例に関する調査報告書』　中部経済産業局地域経済部産業人材政策課
朝報社編　2000　「立身致富海外渡航案内／朝報社編（楽世社明治44年刊の複製）」『近代欧米渡航案内記集成　第5巻』　ゆまに書房
辻惟雄　2005　『日本美術の歴史』　東京大学出版会
筒井淳也　2008　『親密性の社会学──縮小する家族のゆくえ』　世界思想社
綱沢満昭　1980　『日本の農本主義』　紀伊國屋書店
坪居壽美子　2010　『かなりやの唄──ペルー日本人移民激動の一世紀の物語』　連合出版
鶴木眞　1976　『日系アメリカ人』　講談社
鶴見和子　1976　「国際関係と近代化・発展論」（武者小路公秀・蝋山道雄編『国際学　理論と展望』）　東京大学出版会
鶴見和子　1977　『漂泊と定住と　柳田国男の社会変動論』　筑摩書房

鶴見和子　1985　『殺されたもののゆくえ――わたしの民俗学ノート』　はる書房
鶴見和子　1995.3　「日本移民学会第3回大会・特別講演　移民研究の意味――私にとって、日本にとって」『移民研究年報』創刊号　日本移民学会
鶴見和子　1998　『コレクション鶴見和子曼荼羅　2（人の巻）日本人のライフ・ヒストリー』　藤原書店
鶴見和子　1998　『コレクション鶴見和子曼荼羅　4（土の巻）柳田国男論』　藤原書店
鶴見和子　1999　『コレクション鶴見和子曼荼羅　9（環の巻）内発的発展論によるパラダイム転換』　藤原書店
鶴見和子、市井三郎編　1974　『思想の冒険――社会と変化の新しいパラダイム』　筑摩書房
鶴見俊輔、山本明編　1979　『抵抗と持続』　世界思想社
デイ多佳子　2000　『日本の兵隊を撃つことはできない――日系人収容所の裏面史』　芙蓉書房出版
テツオ・ナジタほか編　1988　『戦後日本の精神史――その再検討』　岩波書店
手塚和彰　2005　『外国人と法　第3版』　有斐閣
デュラン・れい子　2007　『一度も植民地になったことがない日本』　講談社
寺澤宏美　2009　「第7章　在日ペルー人の宗教行事「奇跡の主」――異文化受容の視点から」（浅香幸枝編『地球時代の多文化共生の諸相――人が繋ぐ国際関係』）　行路社
東海大学教養学部国際学科編　2005　『日本の外交と国際社会――日本は世界にどう向き合ってきたのか』　東海大学出版会
東京大学社会科学研究所編　1992　『現代日本社会　第7巻　国際化』　東京大学出版会
東洋大学国際共生社会研究センター編　2008　『国際共生社会学』　朝倉書店
戸上宗賢編　2001　『交錯する国家・民族・宗教――移民の社会適応』　不二出版
富田正史　1996　『「多文化ネイション」に向けて』　晃洋書房
ドミニク・モイジ著、櫻井祐子訳　2010　『「感情」の地政学――恐怖・屈辱・希望はいかにして世界を創り変えるか』　早川書房
豊田市美術館監修　2008　『Blooming――ブラジル-日本　きみのいるところ』　フォイル
D.トレンハルト編、宮島喬他訳　1994　『新しい移民大陸ヨーロッパ――比較のなかの西欧諸国・外国人労働者と移民政策』　明石書店
長井 信一　1997　『国際関係論の軌跡――文明接触の座標から』　世界思想社
長尾一紘　2000　『外国人の参政権』　世界思想社
中岡三益編　1991　『難民移民出稼ぎ――人々は国境を越えて移動する』　東洋経済新報社
神奈川大学人文学研究所編　2007　『世界から見た日本文化――多文化共生社会の構築のために』　御茶の水書房
神奈川大学人文学研究所編　2008　『在日外国人と日本社会のグローバル化――神奈川県横浜市を中心に』　御茶の水書房
永田宏　2009　『命の値段が高すぎる！――医療の貧困』　筑摩書房
永田由利子　2002　『オーストラリア日系人強制収容の記録――知られざる太平洋戦争』　高文研
永谷健　2007　『富豪の時代――実業エリートと近代日本』　新曜社
中西輝政　2006　『日本人としてこれだけは知っておきたいこと』　PHP研究所
中野秀一郎、今津孝次郎編　1996　『エスニシティの社会学――日本社会の民族的構成』　世界思想社

永野慎一郎　2010　『韓国の経済発展と在日韓国企業人の役割』　岩波書店
中野 達司　2010　『メキシコの悲哀――大国の横暴の翳に』　松籟社
中村牧子　1999　『人の移動と近代化――『日本社会』を読み換える』　有信堂高文社
中村雄二郎、上野千鶴子　1999　『日本社会』　岩波書店
中森蒋人　1987　『日本人は地球人になれるか――歴史に学ぶ 38 章』　日本評論社
中山洋子　2006.3.6　「日系魂　ラテンに乗せ」『中日新聞』朝刊　中日新聞社
ナタン・レルナー著、斎藤恵彦、村上正直共訳　1983　『人種差別撤廃条約』　世界人権宣言 35 周年中央実行委員会
ナヤン・チャンダ著、友田錫、滝上広水訳　2009　『グローバリゼーション人類 5 万年のドラマ　上』　NTT 出版
ナヤン・チャンダ著、友田錫、滝上広水訳　2009　『グローバリゼーション人類 5 万年のドラマ　下』　NTT 出版
成田龍一　1998　『「故郷」という物語――都市空間の歴史学』　吉川弘文館
南山大学ラテンアメリカ研究センター編　2004　『ラテンアメリカの諸相と展望』　行路社
西岡香織　1997　『シンガポールの日本人社会史――「日本人小学校」の軌跡』　芙蓉書房出版
西川潤　2005　『グローバル化時代の外国人――少数者の人権―日本をどうひらくか』　明石書店
西川長夫　2001　『国境の越え方――国民国家論序説』　平凡社
西川長夫　2002　『戦争の世紀を越えて――グローバル化時代の国家・歴史・民族』　平凡社
西川長夫　2006　『〈新〉植民地主義論：グローバル化時代の植民地主義を問う』　平凡社
西川長夫　2008　「多文化主義の不正義」『言語文化研究』19 巻 4 号　立命館大学国際言語文化研究所
西川長夫、原毅彦　2000　『ラテンアメリカからの問いかけ――ラス・カサス、植民地支配からグローバリゼーションまで』　人文書院
西島章次、堀坂浩太郎、ピーター・スミス編　2002　『アジアとラテンアメリカ――新たなパートナーシップの構築』　彩流社
日外アソシエーツ株式会社編　2009　『事典　日本の地域ブランド・名産品』　日外アソシエーツ
日墨協会、日墨交流史編集委員会編　1990　『日墨交流史』　PMC 出版
ニッケイ新聞編集局報道部　2006　『海を渡ったサムライたち――邦字紙記者が見たブラジル日系社会』　ルネッサンスブックス
ニッケイ新聞報道部取材版編　2008　『百年目の肖像　邦字紙が追った 2008 年』　ニッケイ新聞（サンパウロ）
二宮正人　2002　「ブラジル日本移民の歴史概略」（全米日系人博物館企画、アケミ・キクムラ＝ヤノ編、小原雅代他訳『アメリカ大陸日系人百科事典――写真と絵で見る日系人の歴史』）明石書店
二宮正人　2009　「ブラジルにおける多文化共生政策について――比較法的側面を手掛かりとして」（浅香幸枝編『地球時代の多文化共生の諸相――人が繋ぐ国際関係』　行路社
二宮正人編　2005　『地域コラボラドーレス研修セミナー報告』　国外就労者情報援護センター（CIATE）
日本アルゼンチン交流史編集委員会編　1998　『日本アルゼンチン交流史――はるかな友と

100年』 日本アルゼンチン修好100周年記念事業組織委員会
日本経済新聞社　1990.6.11-12 『日本経済新聞』 日本経済新聞社
日本経済新聞社　1991.5.4 『日本経済新聞』 日本経済新聞社
日本経済新聞社　2006.2.2 「自殺対策　民間と連携」『日本経済新聞』朝刊　日本経済新聞社
日本経済新聞社　2006.3.10 「外国人管理　欧州型に　IOM事務局長、日本に提言」『日本経済新聞』朝刊　日本経済新聞社
日本経済新聞社　2009.1.10 『日本経済新聞』夕刊　日本経済新聞社
日本経済新聞社　2009.3.6 『日本経済新聞』夕刊　日本経済新聞社
日本経済新聞社　2009.6.8 『日本経済新聞』 日本経済新聞社
日本経済新聞社　2009.7.8 『日本経済新聞』夕刊　日本経済新聞社
日本経済新聞社　2009.7.10 『日本経済新聞』夕刊　日本経済新聞社
日本チリ交流史編集委員会編　1997 『日本チリ交流史――Historia de las relaciones Japón-Chile』 日本チリ修好100周年記念事業組織委員会
日本統計協会　2006 『統計でみる日本　2007』 日本統計協会
日本比較政治学会編　2009 『日本比較政治学会年報第11号――国際移動の比較政治学』 ミネルヴァ書房
日本ペンクラブ編、北上次郎選　1993 『海を渡った日本人』 福武書店
出入国管理法令研究会編　2005 『外国人のための入国・在留・登録手続の手引――日中対訳』 日本加除出版
NIRA・シティズンシップ研究会編　2001 『多文化社会の選択――シティズンシップの視点から』 日本経済評論社
根木昭　2001 『日本の文化政策――「文化政策学」の構築に向けて』 勁草書房
野村達朗　1992 『「民族」で読むアメリカ』 講談社
野本寛一　2010 『地霊の復権：自然と結ぶ民俗をさぐる』 岩波書店
バーバラ・スターリングス、カブリエル・ツェケリー、堀坂浩太郎編　1991 『ラテンアメリカとの共存――新しい国際環境のなかで』 同文舘出版
芳賀徹　2010 『藝術の国日本――画文交響』 角川学芸出版
萩原滋、国広陽子編　2004 『テレビと外国イメージ――メディア・ステレオタイピング研究』 勁草書房
朴三石　2008 『外国人学校――インターナショナル・スクールから民族学校まで』 中央公論新社
橋本健二　2009 『「格差」の戦後史――階級社会日本の履歴書』 河出書房新社
橋本淳司　2010 『67億人の水――「争奪」から「持続可能」へ』 日本経済新聞出版社
初瀬龍平、定形衛、月村太郎編　2001 『国際関係論のパラダイム』 有信堂高文社
服部英二　2003 『文明間の対話』 麗澤大学出版会
服部英二、鶴見和子　2006 『「対話」の文化――言語・宗教・文明』 藤原書店
花見忠　1982 『変貌する国際社会――これからの国際人の条件』 有斐閣
花見忠、桑原靖夫編　1989 『明日の隣人　外国人労働者』 東洋経済新報社
馬場伸也　1980 『アイデンティティの国際政治学』 東京大学出版会
馬場伸也　1983 『比較文化叢書　7　地球文化のゆくえ　比較文化と国際政治』 東京大学出版会
浜口恵俊編　1993 『日本型モデルとは何か――国際化時代におけるメリットとデメリッ

ト』　新曜社
原田清編、ブラジル日本移民百周年記念協会編集協力　2010　『ブラジルの日系人』　トッパン・プレス印刷出版会社
浜野保樹　2005　『模倣される日本――映画、アニメから料理、ファッションまで』　祥伝社
浜本隆志、森貴史　2008　『文化共生学ハンドブック』　関西大学出版部
早川智津子　2008　『外国人労働の法政策』　信山社出版
林知己夫　1996　『日本らしさの構造――こころと文化をはかる』　東洋経済新報社
林富平　2000　「欧米視察案内／林富平著（米国實業視察團大正9年刊）」『近代欧米渡航案内記集成　第7巻』　ゆまに書房
パラグアイ日本人会連合会（パラグアイ日本人移住70年誌編纂委員会）編　2007　『パラグアイ日本人移住70年誌――新たな日系社会の創造：1936〜2006』　パラグアイ日本人会連合会
半沢弘　1979　『土着の思想――近代日本のマイノリティーたち』　紀伊國屋書店
S・ハンチントン　2006.1.19　「移民と文明　融合なき社会　衝突生む」『日本経済新聞』夕刊　日本経済新聞社
平野健一郎　2000　『国際文化論』　東京大学出版会
平野健一郎、牧田東一監修　2007　『「対日関係」を知る事典』　平凡社
平野健一郎編　1999　『国際文化交流の政治経済学』　勁草書房
広井良典　2009　『コミュニティを問いなおす――つながり・都市・日本社会の未来』　筑摩書房
広井良典　2009　『グローバル定常型社会――地球社会の理論のために』　岩波書店
フェリス女学院大学編　2008　『多文化・共生社会のコミュニケーション論――子どもの発達からマルチメディアまで』　翰林書房
深井慈子　2005　『持続可能な世界論』　ナカニシヤ出版
福沢諭吉　2000　「西洋旅案内／福沢諭吉著（慶應義塾出版局慶応3年刊）」（『近代欧米渡航案内記集成　第1巻』）　ゆまに書房
福田茂夫、佐藤信一、堀一郎編　2003　『世紀転換期の国際政治史』　ミネルヴァ書房
藤崎康夫　1983　『航跡――ロシア船笠戸丸』　時事通信社
藤崎康夫編、山本耕二写真協力　1997　『日本人移民　1　ハワイ・北米大陸』　日本図書センター
藤崎康夫編、山本耕二写真協力　1997　『日本人移民　2　ブラジル』　日本図書センター
藤崎康夫編、山本耕二写真協力　1997　『日本人移民　3　中南米』　日本図書センター
藤崎康夫編、山本耕二写真協力　1997　『日本人移民　4　アジア・オセアニア』　日本図書センター
藤田結子　2008　『文化移民――越境する日本の若者とメディア』　新曜社
藤本西洲、秋広秋郊　2000　「海外苦学案内／秋広秋郊、藤本西洲著（博報堂明治37年刊）」『近代欧米渡航案内記集成　第2巻』　ゆまに書房
藤原正彦　2005　『国家の品格』　新潮社
渕上英二　1995　『日系人証明――南米移民、日本への出稼ぎの構図』　新評論
ブライアン・キーリー著、OECD編、濱田久美子訳　2010　『OECDインサイト3　よくわかる国際移民――グローバル化の人的側面』　明石書店
フレデリック・マルテル著、根本長兵衛、林はる芽監訳　2009　『超大国アメリカの文化力

──仏文化外交官による全米踏査レポート』　岩波書店
文化庁監修　2009　『文化芸術立国の実現を目指して──文化庁 40 年史』　ぎょうせい
文協 40 年史編纂委員会編　1998　『文協 40 年史──ブラジル日本文化協会創立 40 周年記念』　ブラジル日本文化協会
ペドロ・シモン　2000　「ルベン・ダリオ──詩歌に捧げられた一生涯」『ラテンアメリカ文学研究』　行路社
ベネディクト・アンダーソン著、白石さや、白石隆訳　1997　『増補　想像の共同体──ナショナリズムの起源と流行』　NTT 出版
ペルー沖縄県人会　1987　『ペルー移民七五周年記念誌』　ペルー沖縄県人会
法務省入国管理局　2009.7　「平成 20 年末現在における外国人登録者統計」　法務省入国管理局
法務省入国管理局　2006.3.29　「在留資格『定住者』で入国在留する日系人の方の入管手続について」(www.immi-moj.go.jp/keiziban/happyou/nikkei.html)　法務省入国管理局
法務省入国管理局　2009.3.26　「報道発表資料──平成 20 年における外国人入国者数及び日本人出国者数について（確定版）」　法務省入国管理局
細谷雄一　2007　『外交──多文明時代の対話と交渉』　有斐閣
堀坂浩太郎　2010　「IBSA（インド・ブラジル・南ア）対話フォーラム──もうひとつのルーラ外交」『ラテンアメリカ時報』第 1391 号　ラテン・アメリカ協会
ボリビア日系人協会連合会、柳田利夫、アメミヤ・コージー・カズコ　2002　「補完資料」（全米日系人博物館企画、アケミ・キクムラ＝ヤノ編、小原雅代他訳『アメリカ大陸日系人百科事典──写真と絵で見る日系人の歴史』）　明石書店
本田財団編　1981　『技術と文化の対話──エコ・テクノロジーの提唱』　三修社
前山隆　1981　『非相続者の精神史──或る日系ブラジル人の遍歴』　御茶の水書房
前山隆　1982　『移民の日本回帰運動』　日本放送出版協会
馬郡健次郎　2000　「欧米大学生活／馬郡健次郎著（春陽堂昭和 5 年刊）」『近代欧米渡航案内記集成　第 11 巻』　ゆまに書房
馬郡健次郎　2000　「欧羅巴案内／馬郡健次郎著（内外社昭和 8 年刊）」『近代欧米渡航案内記集成　第 12 巻』　ゆまに書房
マサカツ・ハイメ・アシミネ・オオシロ　2009　「第 15 章　多文化共生の架け橋──移住者が繋ぐ両国関係」（浅香幸枝編『地球時代の多文化共生の諸相──人が繋ぐ国際関係』）　行路社
増田四郎　1981　『社会史への道』　日本エディタースクール出版部
増田義郎、柳田利夫　1999　『ペルー　太平洋とアンデスの国──近代史と日系社会』　中央公論新社
松尾弌之　2000　『民族から読みとく「アメリカ」』　講談社
松尾知明　2007　『アメリカ多文化教育の再構築──文化多元主義から多文化主義へ』　明石書店
松岡正剛　2009　『日本流』　筑摩書房
松田武　2008　『戦後日本におけるアメリカのソフト・パワー──半永久的依存の起源』　岩波書店
松本仁助、香西茂、島岡宏編　1997　『共生の国際関係──国際学の試み』　世界思想社
松元雅和　2007　『リベラルな多文化主義』　慶應義塾大学出版会
松本雅美　2009　「第 4 章　すべての子どもたちに学ぶ歓びを──ムンド・デ・アレグリア

学校の挑戦」(浅香幸枝編『地球時代の多文化共生の諸相――人が繋ぐ国際関係』 行路社
馬渕明子　1995　「ジャポニスム」『ブリタニカ国際大百科事典』8巻　TBSブリタニカ
馬渕仁　2010　『クリティーク　多文化、異文化――文化の捉え方を超克する』　東信堂
マリア・エヅレウザ・フォンテネレ・レイス著、二宮正人編・訳　2001　『在日ブラジル人――二国関係の人的絆』Kaleidos-Primus Consultoria e Communicação Integrada S/C Ltda., São Paulo Brasil
マルク・クレポン著、白石嘉治編訳　2004　『文明の衝突という欺瞞――暴力の連鎖を断ち切る永久平和論への回路』　新評論
M. ミード著、太田和子訳　1981　『地球時代の文化論――文化とコミットメント』　東京大学出版会
三浦信孝、松本悠子編　2008　『グローバル化と文化の横断』　中央大学出版部
三重野卓　2008　『共生社会の理念と実際』　東信堂
水野由美子　2007　『〈インディアン〉と〈市民〉のはざまで――合衆国南西部における先住社会の再編過程』　名古屋大学出版会
三田千代子　2009　『「出稼ぎ」から「デカセギ」へ――ブラジル移民100年にみる人と文化のダイナミズム』　不二出版
道中隆　2009　『生活保護と日本型ワーキングプア――貧困の固定化と世代間継承』　ミネルヴァ書房
三橋利光　2008　『国際社会学の挑戦――個人と地球社会をつなぐために』　春風社
ミネ・オークボ画・文、前山隆訳　1984　『市民13660号――日系女性画家による戦時強制収容所の記録』　御茶の水書房
宮崎正勝　2000　『ジパング伝説――コロンブスを誘った黄金の島』　中公新書
宮崎正勝　2007　『ザビエルの海――ポルトガル「海の帝国」と日本』　原書房
宮永國子　2000　『グローバル化とアイデンティティ』　世界思想社
宮永國子編　2007　『グローバル化とパラドックス』　世界思想社
三輪公忠　1986　『日本・1945年の視点』　東京大学出版会
三輪公忠編　1997　『日米危機の起源と排日移民法』　論創社
武者小路公秀　1967　『国際政治と日本』　東京大学出版会
武者小路公秀　1980　『地球時代の国際感覚』　ティビーエス・ブリタニカ
武者小路公秀編　2009　『人間の安全保障――国家中心主義をこえて』　ミネルヴァ書房
村井孝夫、編集・海外日系新聞協会　1983.10　「日系人の自主的連帯運動深まる第二回パンアメリカン日系大会　7月ペルーの首都リマで」『海外日系人』14号　海外日系人協会
村井忠政編　2007　『トランスナショナル・アイデンティティと多文化共生――グローバル時代の日系人』　明石書店
村井吉敬　1982　『小さな民からの発想――顔のない豊かさを問う』　時事通信社
村上淳一　1992　『仮想の近代――西洋的理性とポストモダン』　東京大学出版会
村上由見子　1993　『イエロー・フェイス――ハリウッド映画にみるアジア人の肖像』　朝日新聞社
村川庸子　2007　『境界線上の市民権――日米戦争と日系アメリカ人』　御茶の水書房
村野英一　2004　『南米の日系パワー――新しい文化の胎動』　明石書店
メキシコ大使館　2005　『条約から条約へ』　JFEネット株式会社
毛受敏浩、鈴木江理子編　2007　『「多文化パワー」社会――多文化共生を超えて』　明石書

店
籾山洋介　2006　『日本語は人間をどう見ているか』　研究社
百瀬宏、小倉充夫編　1992　『現代国家と移民労働者』　有信堂高文社
森茂岳雄、中山京子編　2008　『日系移民学習の理論と実践――グローバル教育と多文化教育をつなぐ』　明石書店
モリモト・アメリア　2002　「ペルーの日本人移民とその子孫（1899〜1998 年）」（全米日系人博物館企画、アケミ・キクムラ＝ヤノ編、小原雅代他訳『アメリカ大陸日系人百科事典――写真と絵で見る日系人の歴史』）　明石書店
安井三吉　2005　『シリーズ中国にとっての 20 世紀　帝国日本と華僑――日本・台湾・朝鮮』　青木書店
安田喜憲　1997　『森を守る文明・支配する文明』　PHP 研究所
柳田國男　1978　『新編　柳田國男集　第四巻』　筑摩書房
柳田利夫文、義井豊写真　1999　『ペルー日系人の 20 世紀――100 の人生 100 の肖像』　芙蓉書房出版
矢野暢　1988　『日本の国際化を考える』　日刊工業新聞社
矢野暢　1989　『国土計画と国際化』　中央公論社
薮中三十二　2010　『国家の命運』　新潮社
山内久明、柏倉康夫、阿部齊編　2004　『表象としての日本――西洋人の見た日本文化』　放送大学教育振興会
山内昶　1998　『青い目に映った日本人――戦国・江戸期の日仏文化情報史』　人文書院
山内昌之　2000　『文明の衝突から対話へ』　岩波書店
山内昌之、民族問題研究会編　1991　『入門・世界の民族問題』　日本経済新聞社
山折哲雄　2005　『日本文明とは何か――パクス・ヤポニカの可能性』　角川書店
山折哲雄編　2008　『日本人の宗教とは何か――その歴史と未来への展望』　太陽出版
山岸俊男　2008　『日本の「安心」はなぜ、消えたのか――社会心理学から見た現代日本の問題点』　集英社インターナショナル
山口一男文、森妙子挿絵　2008　『豊かな個性は価値創出の泉　ダイバーシティ――生きる力を学ぶ物語』　東洋経済新報社
山下清海編　2008　『エスニック・ワールド――世界と日本のエスニック社会』　明石書店
山城正雄　1995　『帰米二世――解体していく「日本人」』　五月書房
山田千香子　2000　『カナダ日系社会の文化変容――「海を渡った日本の村」三世代の変遷』　御茶の水書房
山田迪生　1993.11〜1995.6　「日本移民船始末記」（『世界の艦船』）1993 年 11 月〜1995 年 6 月号　海人社
山田睦男　2001.12.11〜13　国際シンポジウム「ラテンアメリカの出移民――ヨーロッパ、北米、日本との地域比較」　国立民族学博物館
山根吾一編　2000　「最近渡米案内／山根吾一編（渡米雑誌社明治 39 年刊）」『近代欧米渡航案内記集成　第 4 巻』　ゆまに書房
山本厚子　1988　『メキシコに生きる日系移民たち』　河出書房新社
山本厚子　1991　『パナマから消えた日本人』　山手書房新社
山本岩夫、ウェルズ恵子、赤木妙子編　2007　『南北アメリカの日系文化』　人文書院
山本薫子　2008　『横浜・寿町と外国人――グローバル化する大都市インナーエリア』　福村出版

山本英政　2005　『ハワイの日本人移民——人種差別事件が語る、もうひとつの移民像』明石書店
山本真弓編、臼井裕之、木村護郎クリストフ　2004　『言語的近代を超えて——〈多言語状況〉を生きるために』明石書店
山本吉宣　1989　『国際的相互依存』東京大学出版会
山本吉宣他編　1989　『講座　国際政治　1　国際政治の理論』東京大学出版会
吉田忠則　2009　『見えざる隣人——中国人と日本社会』日本経済新聞出版社
吉野耕作　1997　『文化ナショナリズムの社会学——現代日本のアイデンティティの行方』名古屋大学出版会
吉村大次郎　2000　「最近視察青年之渡米／吉村大次郎著（中庸堂書店明治 35 年刊）」『近代欧米渡航案内記集成　第 2 巻』ゆまに書房
米山俊直　2002　『私の比較文明論』世界思想社
米山裕、河原典史編　2007　『日系人の経験と国際移動——在外日本人・移民の近現代史』人文書院
読売新聞社　2008.8.5　『読売新聞』（オンライン版）読売新聞社
寄川条路編　2009　『グローバル・エシックス——寛容・連帯・世界市民』ミネルヴァ書房
依光正哲編　2005　『日本の移民政策を考える——人口減少社会の課題』明石書店
ラッセル・キング編、蔵持不三也監訳、リリィ・セルデン訳　2008　『図説　人類の起源と移住の歴史　旧石器時代から現代まで』柊風舎
羅府新報社　1989.7.22　「大会二日目、交流も深く、広く代表団は『出稼ぎ問題』討議」『羅府新報』羅府新報社
ラムニエル・イサベル　2002　「日系アルゼンチン史概略」（全米日系人博物館企画、アケミ・キクムラ＝ヤノ編、小原雅代他訳『アメリカ大陸日系人百科事典——写真と絵で見る日系人の歴史』）明石書店
L. L. ラングネス、G. フランク著、米山俊直、小林多寿子訳　1993　『ライフヒストリー研究入門——伝記への人類学的アプローチ』ミネルヴァ書房
リチャード・ルイス著、阿部珠理訳　2004　『文化が衝突するとき——異文化へのグローバルガイド』南雲堂
リン・ハント編、筒井清忠訳　1993　『文化の新しい歴史学』岩波書店
リュシアン・スフェーズ著、田中恒寿訳　1997　『象徴系の政治学』白水社
レイン・リョウ・ヒラバヤシ、アケミ・キクムラ・ヤノ、ジェイムズ・A・ヒラバヤシ編、移民研究会訳　2006　『日系人とグローバリゼーション　北米、南米、日本』人文書院
歴史学研究会編　1988　『事実の検証とオーラル・ヒストリー——澤地久枝の仕事をめぐって』青木書店
歴史学研究会編　1988　『オーラル・ヒストリーと体験史——本多勝一の仕事をめぐって』青木書店
ロナルド・ドーア　2011.3.20　「天災と国民性を考える」『中日新聞』朝刊　中日新聞社
ロビン・コーエン、ポール・ケネディ著、山之内靖監訳、伊藤茂訳　2003　『グローバル・ソシオロジー　1　格差と亀裂』平凡社
若槻泰雄　1972　『排日の歴史——アメリカにおける日本人移民』中央公論社
渡戸一郎、井沢泰樹編　2010　『多民族化社会・日本——〈多文化共生〉の社会的リアリティ

を問い直す』　明石書店
渡辺京二　2010　『黒船前夜――ロシア・アイヌ・日本の三国志』　洋泉社
渡辺京二　2005　『逝きし世の面影』　平凡社
綿貫健治　2007　『ソフトパワー・コミュニケーション――フランスからみえる新しい日本』　学文社
渡会環　2009　「YOSAKOI ソーランが繋ぐ『ブラジル』と『日本』」（浅香幸枝編『地球時代の多文化共生の諸相――人が繋ぐ国際関係』）　行路社

Abreu Gómez, Ermilo　1954　*Enrique Gómez Carillo*　Gráfica Panamericana, México
Altamirano Rua, Teófilo　1996　*Migración el fenómeno del siglo: peruanos en Europa Japón Australia*　Pontificia Universidad Católica del Perú Fondo Editorial, Lima
Amado Herrera, Eloy　1973　*Enrique Gómez Carillo: Biografía mínima*　Guatemala
Andolina, Robert / Laurie, Nina / Radcliffe, Sarah A.　2009　*Indigenous Development in the Andes: Culture Power and Transnationalism*　Duke University Press, Durham and London
Aoyagi, Hiroshi　2005　*Islands of Eight Million Smiles: Idol Performance and Symbolic Production in Contemporary Japan*　Harvard University Asia Center
Asaka, Sachie　2004.3　"Imagen original de los migrantes japoneses a través del "Japonismo" en el triple contexto de fuerza económica, política y cultural"　ACTA FIEALC 2003
Asaka, Sachie　2005.9.27　"Nueva identidad transnacional de los líderes NIKKEI de origen japonés en el Continente de las Americas en la época de la globalización"　Mesa de Identidad 1, XII FIEALC, Roma
Asaka, Sachie　2008.3　'La política multicultural en Japón y sus perspectivas', *Perspectivas Latinoamericanas* no. 4　Centro de estudios latinoamericanos, Universidad Nanzan
Asaka, Sachie　2010.9　'Globalizing Diversity and Tolerance through Children's Books: A Case Study of Japanese Picture Books Loved by Many Readers', The Seminar Sessions Presentation, *The 32nd IBBY World Congress, Congress Theme: The Strength of Minorities*, September 11, 2010 at Santiago de Compostela.
Asociación Panamericana NIKKEI　1981　"Antecedentes de la Constitución de la Asociación Panamericana NIKKEI"　Asociación Panamericana NIKKEI
Asociación Panamericana NIKKEI　1981　1er Simposio Nisei sobre la Inmigración Japonesa, "Programa General"　Asociación Panamericana NIKKEI
Asociación Panamericana NIKKEI　1981　Primera Convención Panamericana Nisei México 81　Asociación Panamericana NIKKEI
Asociación Panamericana NIKKEI　1981　"Acta de la Constitución de la Asociación Panamericana NIKKEI"　Asociación Panamericana NIKKEI
Asociación Panamericana NIKKEI　1983　II Convención Panamericana NIKKEI "Perú 1983", "Programa: Conferencia Empresarial NIKKEI"　Asociación Panamericana NIKKEI
Asociación Panamericana NIKKEI　1983　II Convención Panamericana NIKKEI "Perú 1983", "Sub-comité Asociación Panamericana", Lima, 17 de julio, 1983　Asociación Panamericana NIKKEI
Asociación Panamericana NIKKEI　1986　III COPANI, *O NIKKEI E SUA AMERICANIDADE*, 1986, São Paulo　Asociación Panamericana NIKKEI

Asociación Panamericana NIKKEI　　1983　　"Programa General", 1er Simposio Nisei sobre la Inmigración Japonesa, Lima　　Asociación Panamericana NIKKEI

Cédric, Audebert and Doraï, Mohamed Kamel eds.　　2010　　*Migration in a Globalised World: New Research Issues and Prospects*　　Amsterdam University Press

Chan, Sucheng　　2006　　*Chinese American Transnationalism*　　Temple University Press, Philadelphia

Chang, Michael　　2004　　*Racial Politics in an Era of Transnational Citizenship The 1996 "Asian Donorgate" Controversy in Perspective*　　Lexinton Books, Lanham, Maryland

Chen, Xiangming　　2005　　*As Borders Bend: Transnational Spaces on the Pacific Rim (Pacific Formations: Global Relations in Asian and Pacific Perspectives)*　　Rowman & Littlefield Publishers, Inc.

Embajada de México en Japón　　2005　　*Del Tratado al Tratado*　　JFE NET Corporation

Ewell, Judith / Beezley, William H. (Editor)　　1989　　*The Human Tradition in Latin America: The Nineteenth Century*　　Sr Books

Fontenelle Reis, Maria Edileuza / Ninomiya, Masato (org.)　　2001　　*Brasileiros no Japão: O elo humano das relações bilaterais*　　Kaleidos-Primus Consultoria e Communicação Integrada S/C Ltda., São Paulo Brasil

Frynas, Jedrzej George (Editor) / Pegg, Scott (Editor)　　2003　　*Transnational Corporations and Human Rights*　　Palgrave Macmillan

Fukumoto, Mary　　1997　　*Hacia un nuevo sol*　　Asociación Peruano Japonesa del Perú, Lima

Geiger, Martin (Editor) / Pecoud, Antoine (Editor) / Pcoud, Antoine (Editor)　　2010　　*The Politics of International Migration Management (Migration, Minorities and Citizenship)*　　Palgrave Macmillan

Glazer, Nathan / Patrick Moynihan, Daniel (Editor)　　1975　　*Ethnicity: Theory and Experience*　　Harvard University Press

Gómez Carrillo, Enrique　　1906　　*De Marsella a Tokio - Sensaciones de Egipto, la India, la China y el Japón (Prólogo de Ruben Darío)*　　Casa Editorial Garnier Hermanos, Paris

Gómez Carrillo, Enrique　　1912　　*El Japón heroico y galante*　　Renacimiento sociedad anónima editorial, Madrid

Gonzalez Davision, Fernando　　1996　　'Gómez Carillo, Enrique', *"Encyclopedia of Latin American History and Culture vol. 3*　　Simon & Schuster Macmillan New York

Goulbourne, Harry (Editor)　　2001　　*Race and Ethnicity: Critical Concepts in Sociology (Vol. 1: Debates and Controversies)*　　Routledge

Goulbourne, Harry (Editor)　　2001　　*Race and Ethnicity: Critical Concepts in Sociology (Vol. 2: Solidarities and Communities)*　　Routledge

Goulbourne, Harry (Editor)　　2001　　*Race and Ethnicity: Critical Concepts in Sociology (Vol. 3: Racism: Exclusion and Privilege)*　　Routledge

Goulbourne, Harry (Editor)　　2001　　*Race and Ethnicity: Critical Concepts in Sociology (Vol. 4: Integration, Adaptation and Change)*　　Routledge

Gullon, Ricardo　　1993　　*Diccionario de literatura española e hispanoamérica A-M*　　Alianza, Madrid

Honda, Harry K.　　1989.7.20-22　　"PANA: An Inter-American Movement", Pan American NIKKEI Association The 5th Convention of PANA, Los Angeles, California　　Pan American NIKKEI Association

Horowitz, Donald L.. 1985 *Ethnic Groups in Conflict* University of California Press
Hung Hui, Juan 1992 *Chinos en América (Colecciones MAPFRE 1492)* Editorial MAPFRE
Huntington, Samuel P. 2001 'Japan's role in global politics', *International Relations of the Asia-Pacific*, Volume 1 Oxford University Press
Imai, Keiko 2004.3 "Imagen de Japón en los periódicos argentinos enfocando las épocas de la guerra chino japonesa y ruso japonesa" ACTA FIEALC 2003
JACL 1996 "A Lesson in American History: The Japanese American Experience" JACL
Kasamatsu, Emi 2005 *Historia de la Asociación Panamericana Nikkei: Presencia e inmigración japonesas en las Américas* Editorial Servilibro, Asunción Paraguay
King, Russell 2010 *The Atlas of Human Migration: Global Patterns of People on the Move* Earthscan
King, Russell 2010 *People on the Move: An Atlas of Migration* University of California Press
Kobayashi, Kazuhiro 1977 *México a través de los siglos* Geirin-shobo
Laden, Anthony Simon / Owen, David (Editor) 2007 *Multiculturalism and Political Theory* Cambridge University Press
LeBaron, Michelle 2003 *Bridging Cultural Conflicts: A New Approach for a Changing World* Jossey-Bass
Martin, Gerald 1997 'Guatemala 19th- and 20th- Century Prose and Poetry', edited by Verity Smith, *Encyclopedia of Latin American Literature* Fitzroy Dearborn Publishers, Chicago and London
Martínez Montiel, Luz María 1992 *Negros en América (Colecciones MAPFRE 1492)* Editorial MAPFRE
McGhee, Derek 2008 *The End of Multiculturalism?: Terrorism, Integration and Human Rights* Open University Press
Miki, Arthur K. 2003 *The Japanese Canadian Redress Legacy: A Community Revitalized* National Association of Japanese canadians, Winnipeg MB Canada
Miki, Roy 2004 *Redress: Inside the Japanese Canadian Call for Justice* Raincoast Books, Vancouver, B.C., Canada
Miki, Roy / Kobayashi, Cassandra 1991 *Justice in Our Time - The Japanese Canadian Redress Settlement* Talonbooks, Vancouver, B.C., Canada
Morimoto, Amelia 1987 *Primer Seminario Sobre Poblaciones Inmigrantes* Consejo Nacional Ciencia y Tecnología, Lima
Murakami, Yusuke 2004 *Sueños distintos en un mismo lecho* IEP Ediciones, Lima
Murakami, Yusuke 2007 *Perú en la Era del Chino: La Política No Institucionalizada y el Pueblo en Busca de un Salvador* Inst. de Estudios Peruanos Lima
The National Publication of the Japanese American Citizens League 1989.7.21-28 *Pacific Citizen* The National Publication of the Japanese American Citizens League
Nayak, Anoop 2004 *Race, Place and Globalization: Youth Cultures in a Changing World* Berg Publishers
Nivón, Raúl 2004.3 "Japonismo en España-Portugal en los siglos XVI-XVII. La imagen de Japón vista a través de cartas e informes de los primeros europeos" ACTA FIEALC 2003
Nye Jr., Joseph S. 2008 *Understanding International Conflicts: An Introduction to Theory and History Seventh Edition* Longman, New York

Nye Jr., Joseph S. 2002 'The Information Revolution and American Soft Power', *Asia-Pacific Review*, vol. 9, No. 1 Oxford University Press

OECD 2000 *Trends in International Migration* OECD, Paris

Pan American NIKKEI Association 1989 "The 5th Convention of PANA" Pan American NIKKEI Association

Parekh, Bhikhu 2008 *A NEW POLITICS OF IDENTITY: Political Principles for an Independent World* Palgrave Macmillan

Riveros Arce, Gilberto Luis 1991 *Nikkei Presente y Futuro / VI Convención Panamericana NIKKEI 1991* Compgrafh, Asunción Paraguay

Schiller, Nina Glick (Editor) / Faist, Thomas (Editor) 2010 *Migration, Development, and Transnationalization: A Critical Stance (Critical Interventions)* Berghahn Books

Shibata, Yuko / Matsumoto, Shoji / Hayashi, Rintaro / Iida, Shortaro 1977 *The Forgotten History of the Japanese Canadians: Volume I* New Sun Books, Vancouver, B.C., Canada

Sorokin, Pitirim 1985 *Social and Cultural Dynamics: A Study of Change in Major Systems of Art, Truth, Ethics, Law, and Social Relationships* Transaction Publishers

Suzuki, Tessa Morris 1998 *Cultura, etnicidad y globalización. la experiencia japonesa* Siglo veintiuno editores

Togo, Kazuhiko 2005 *Japan's Foreign Policy, 1945-2003: The Quest for a Proactive Policy* Brill Academic Publishers

Ueno, Hisashi / Konohana, Sakuya 2008 *Los Samuráis de México* Kyoto International Manga Museum

Vertovec, Steven 2009 *Transnationalism* Routledge Taylor & Francis Group, London and New York

Willis, Katie / Yeoh, Brenda S. A. 2004 *State/Nation/Transnation: Perspectives on Transnationalism in the Asia Pacific (Routledge Research in Transnationalism)* Routledge

Yamada, Mutsuo (org.) 2003 *Emigración Latinamaericana: Comparación Interregional entre América del Norte, Europa y Japón* Japan Center for Area Studies, Osaka Japan

Yanaguida, Toshio 1992 *Japoneses en América (Colecciones MAPFRE 1492)* Editorial MAPFRE

Yesaki, Mitsuo 2005 *Watari-dori (Birds of Passage)* Peninsula Publishing Company, Vancouver, B.C., Canada

Yesaki, Mitsuo/ Steves, Harold and Kathy 1998 *Steveston - Cannery Row: An Illustrated History* Lulu Island Printing Ltd., Richmond, B. C., Canada

● 著者紹介

浅香幸枝 (あさか・さちえ)

1957 年、名古屋市生まれ。
1981 年、南山大学外国語学部イスパニヤ科卒業。国際ロータリー財団奨学生として、メキシコ国立自治大学留学 (1979 年 7 月～ 1980 年 5 月)。
1983 年、上智大学大学院外国語学研究科国際関係論専攻博士前期課程修了、国際学修士。
1986 年より東京経済大学非常勤講師を経て、南山大学、名古屋大学、愛知県立大学、中部大学非常勤講師。
1990 年、名古屋聖霊短期大学国際文化学科専任講師、1994 年より 2000 年まで同助教授。
2000 年、南山大学総合政策学部総合政策学科、助教授、名称変更により准教授 (2007 年)。ラテンアメリカ研究センター研究員。
2008 年 9 月より 2009 年 9 月まで、名古屋大学大学院国際開発研究科国内研究者として国内留学。
2009 年 10 月より 2012 年 3 月まで、名古屋大学大学院国際開発研究科非常勤講師を兼任。
2012 年 2 月 29 日、名古屋大学大学院国際開発研究科 博士論文提出により博士 (学術) を授与される (学位記番号 論国開博第 18 号)。

【主要著書】
『地球時代の「ソフトパワー」——内発力と平和のための知恵』(編著、行路社、2012 年)
『地球時代の多文化共生の諸相——人が繋ぐ国際関係』(編著、行路社、2009 年)
『地球時代の南北アメリカと日本』(共編著、ミネルヴァ書房、2006 年)
『ラテンアメリカの諸相と展望』(共著、行路社、2004 年)
『ラテンアメリカ　新しい社会と女性』(共著、新評論、2000 年)
『ラテンアメリカ　子どもと社会』(共著、新評論、1994 年)
『ラテンアメリカ　家族と社会』(共著、新評論、1992 年)
『ラテンアメリカ　都市と社会』(共著、新評論、1991 年)
『ラテンアメリカの家族構造と機能に関する研究』(共著、総合研究開発機構〔NIRA〕、1989 年)
『ラテンアメリカ　社会と女性』(共著、新評論、1985 年) ほか

地球時代の日本の多文化共生政策
──南北アメリカ日系社会との連携を目指して

2013年3月31日　初版第1刷発行

　　著　者　　浅　香　幸　枝
　発行者　　石　井　昭　男
　発行所　　株式会社 明石書店
　　〒101-0021 東京都千代田区外神田6-9-5
　　　　電　話　03 (5818) 1171
　　　　ＦＡＸ　03 (5818) 1174
　　　　振　替　00100-7-24505
　　　　http://www.akashi.co.jp

組版／装丁　明石書店デザイン室
印刷／製本　モリモト印刷株式会社

ISBN978-4-7503-3792-0

〈(社) 出版者著作権管理機構 委託出版物〉
本書の無断複写は著作権法上での例外を除き禁じられています。複写される場合は、そのつど事前に、(社) 出版者著作権管理機構（電話 03-3513-6969、FAX 03-3513-6979、e-mail: info@jcopy.or.jp）の許諾を得てください。

多文化社会の偏見・差別 形成のメカニズムと低減のための教育
加賀美常美代・横田雅弘・坪井健・工藤和宏編著
異文化間教育学会企画
●2000円

多文化社会日本の課題 多文化関係学からのアプローチ
多文化関係学会編
●2400円

多文化共生のためのテキストブック
松尾知明
●2400円

多文化共生政策へのアプローチ
近藤敦編著
●2400円

在日外国人と多文化共生 地域コミュニティの視点から
佐竹眞明編著
●3200円

多民族化社会・日本 〈多文化共生〉の社会的リアリティを問い直す
渡戸一郎・井沢泰樹編著
●2500円

3・11後の多文化家族 未来を拓く人びと
川村千鶴子編著
●2500円

移民政策へのアプローチ ライフサイクルと多文化共生
川村千鶴子・近藤敦・中本博皓編著
●2800円

多文化ソーシャルワークの理論と実践 外国人支援者に求められるスキルと役割
石河久美子
●2600円

現代国際理解教育事典
日本国際理解教育学会編著
●4700円

国際移動と教育 東アジアと欧米諸国の国際移民をめぐる現状と課題
江原裕美編著
●3900円

グローバル時代の国際理解教育 実践と理論をつなぐ
日本国際理解教育学会編著
●2600円

よくわかる国際移民 グローバル化の人間的側面
ブライアン・キーリー著　OECD編　濱田久美子訳
OECDインサイト 3
●2400円

日英対訳 ニューカマー定住ハンドブック【第2版】 日本で働き、暮らし、根付くために
有道出人・樋口彰介
●2300円

実践事例でわかるビザの実務と理論
岸本和博
●2500円

詳解 国際結婚実務ガイド 国別手続きの実際から日本での生活まで
榎本行雄編著　森川英一・中井正人著
●2000円

〈価格は本体価格です〉

多文化社会ケベックの挑戦 文化的差異に関する調和の実践
ジェラール・ブシャール、チャールズ・テイラー編
竹中豊、飯笹佐代子、矢頭典枝訳
ブシャール=テイラー報告
●2200円

移民のヨーロッパ 国際比較の視点から
竹沢尚一郎編著
●3800円

ラティーノのエスニシティとバイリンガル教育
佐藤郡衛、片岡裕子編著
●3900円

アメリカで育つ日本の子どもたち バイリンガルの光と影
佐藤郡衛
●2400円

異文化間教育 文化間移動と子どもの教育
牛田千鶴
●2500円

トランスナショナルな「日系人」の教育・言語・文化 過去から未来に向かって
森本豊富、根川幸男編著
●3400円

日系移民学習の理論と実践 グローバル教育と多文化教育をつなぐ
森茂岳雄、中山京子編著
●6800円

言語と貧困 負の連鎖の中で生きる世界の言語的マイノリティ
松原好次、山本忠行編著
●4200円

カナダへ渡った広島移民 世界人権問題叢書82
移民の始まりから真珠湾攻撃前夜まで
ミチコ・ミッヂ・アユカワ著 和泉真澄訳
●4000円

日系アメリカ人強制収容と緊急拘禁法
人種・治安・自由をめぐる記憶と葛藤
和泉真澄
●5800円

アメリカ大陸コメ物語 コメ食で知る日系移民開拓史
松本紘宇著 北山雅彦訳
●2500円

ブラジル日本移民 百年の軌跡
叢書グローバル・ディアスポラ6 ラテンアメリカン・ディアスポラ
丸山浩明編著
駒井洋監修 中川文雄、田島久歳、山脇千賀子編著
●4500円

写真花嫁・戦争花嫁のたどった道 女性移民史の発掘
島田法子編著
●5000円

トランスナショナル・アイデンティティと多文化共生 グローバル時代の日系人
明石ライブラリー108 村井忠政編著
●5300円

アメリカ大陸日系人百科事典 写真と絵で見る日系人の歴史
アケミ・キクムラ=ヤノ編 小原雅代ほか訳
●6800円

〈価格は本体価格です〉

多文化共生キーワード事典【改訂版】

多文化共生キーワード事典編集委員会（編）　A5判／並製　2000円

多文化社会とマイノリティ、移民と日本人、在日外国人、教育、政府・自治体、市民運動・NPOの各テーマ別に多文化共生社会にかかわる最新の用語を集めた、「読む事典」。多文化共生の時代を開くための基礎を知り、理解するためのわかりやすいはじめの一歩。

《《《《《《《《《《 内容構成 》》》》》》》》》》

第1章　多文化社会とマイノリティ
メルティングポット・サラダボウル／公民権運動／アファーマティブ・アクション／黒人奴隷制度／日系アメリカ人／アパルトヘイト／難民／被差別部落／セクシュアル・マイノリティ／アメリカの多文化主義／オーストラリアの多文化主義政策／先住民

第2章　移民と日本人
移民国家／日本人移民／ハワイ移民／アメリカ移民／ブラジル移民［一世・二世・三世］／移民政策／移民送出政策

第3章　在日外国人
在日コリアン／中国帰国者／日系ブラジル人／留学生・就学生（日本語教育機関在籍者）／研修生・技能実習生／国際結婚／DV／難民政策／外国人看護師／介護福祉士／人身売買（人身取引）／トラフィッキング

第4章　教育
識字／夜間中学／日本語教育／民族学校／ニューカマーの子どもと教育／バイリンガル教育／開発教育／母語・継承語

第5章　政府・自治体
自治体の外国人施策／医療保険制度／社会保障法と外国人／公務員の国籍条項／外国人の参政権／外国人登録／在留資格／戸籍／ODA

第6章　市民運動・NPO
戦後補償／民族差別と市民運動／外国人労働者／市民権／災害と外国人／ボランティア／エンパワーメント／NGO・NPO

資料編　「多文化共生」関係法令等一覧

まんが クラスメイトは外国人

多文化共生20の物語

「外国につながる子どもたちの物語」編集委員会（編）　みなみななみ〔まんが〕　A5判／並製　1200円

在日韓国・朝鮮人、日系ボリビア人、ベトナムやクルドの難民、フィリピンの移民など、日本には数多くの「外国につながる子どもたち」が暮らしています。その子どもたちがどのように日本に住み、どのような問題と直面しているのか、まんがで考えます。

●内容構成●

●第1話　ディエゴの物語〜海をこえてきた転校生　●第2話　ユへの物語〜私が日本で生まれた理由　●第3話　ナミの物語〜おばあちゃんと中国　●第4話　リカルドの物語〜沖縄とボリビアのあいだで　●第5話　フォンの物語〜ベトナムからの小さな船　●第6話　ネプローズの物語〜ふるさとには帰れない　●第7話　武来杏の物語〜やっと一緒に暮らせた　●第8話　ピアンカの物語〜学校に行きたい　●第9話　カルロスの物語　●第10話　ジョシーの日本語教室　●第11話　ソフィーラの物語〜お母さんと話しがしたい　●第12話　栄子の物語〜震災で起こったこと　●第13話　タオの体験〜外人といわないで　●第14話　高校進学の壁　●第15話　アリの物語〜増えてるの？　●第16話　アレックスの物語〜ぼくたちの進路は？　●第17話　外国人犯罪　●第18話　美里のほんとうの名前　●第19話　リリアンの体験〜私の生き方　●第20話　スンジャの物語〜ひとさし指の自由　●第21話　だいき＆こうたの物語〜ジュワニと友だちになれてよかった

〈価格は本体価格です〉